国家出版基金项目
NATIONAL PUBLICATION FOUNDATION

新时代社会主义核心价值体系研究丛书

总主编 韩 震

光荣与梦想

富强、民主、文明、和谐

石碧球 著

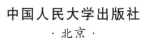

中国人民大学出版社

·北京·

图书在版编目（CIP）数据

光荣与梦想：富强、民主、文明、和谐/石碧球著.
北京：中国人民大学出版社，2025.1. --（新时代社会
主义核心价值体系研究丛书/韩震总主编）. -- ISBN
978-7-300-33479-0

Ⅰ. D616

中国国家版本馆 CIP 数据核字第 2024AK0193 号

国家出版基金项目

新时代社会主义核心价值体系研究丛书

总主编　韩　震

光荣与梦想：富强、民主、文明、和谐

石碧球　著

Guangrong yu Mengxiang：Fuqiang，Minzhu，Wenming，Hexie

出版发行	中国人民大学出版社		
社　　址	北京中关村大街 31 号	邮政编码	100080
电　　话	010 - 62511242（总编室）	010 - 62511770（质管部）	
	010 - 82501766（邮购部）	010 - 62514148（门市部）	
	010 - 62515195（发行公司）	010 - 62515275（盗版举报）	
网　　址	http://www.crup.com.cn		
经　　销	新华书店		
印　　刷	涿州市星河印刷有限公司		
开　　本	720 mm×1000 mm　1/16	版　　次	2025 年 1 月第 1 版
印　　张	21.25　插页 1	印　　次	2025 年 1 月第 1 次印刷
字　　数	224 000	定　　价	88.00 元

版权所有　侵权必究　　印装差错　负责调换

总　序

自党的十八大报告提出关于社会主义核心价值观的"三个倡导"以来，我国在培育和弘扬社会主义核心价值观方面取得了很大成绩。这首先表现在有关理论的构建与阐发方面，譬如，通过一系列理论阐释，明确了社会主义核心价值观的基本内容、结构和层次，对价值观的内涵进行了具有时代性、民族性的科学阐发，从而构建了比较完整的社会主义核心价值体系。另外，我们提出了全人类共同价值，破解了西方所谓"普世价值"的魔咒，让中国获得了处理国际关系的道德制高点和话语力量。正因为在理论研究和阐释方面取得的可喜成果，党的二十大提出今后努力的方向是"广泛践行社会主义核心价值观"。也就是说，今后的工作主要是在方方面面践行社会主义核心价值观。价值观的意义就在于自觉信仰和日常践行。

其次，宣传教育领域在培育和弘扬社会主义核心价值观方面发挥了极为重要的作用：一是在全国范围内，"社会主义核心价值观广泛传播"，上上下下有关社会主义核心价值观的宣传和学习强度、影响广度及理解深度都是空前的，社会主义核心价值观已经深入人心；二是社会主义核心价值观融入国民教育全过程，在培养德智体美劳全面发展的社会主义建设者和接班人方面充分发挥了引领作用，社会主义核心价值观已经全面系统深入地融入大中小学的教材，进入各级各类学校课堂，进入广大学生的头脑。

最后，更为重要的是，培育和弘扬社会主义核心价值观在实践方面取得了很大成效。一是通过与群众活动相结合，把抽象的价值观念与具体的生活世界联系起来，让大道理落细、落小、落实，创新弘扬价值观的载体，让人们在日常践行中弘扬社会主义核心价值观；二是把社会主义核心价值观与道德建设结合起来，不仅让价值观落地找到最切实的载体，而且深刻体现了道德规范的时代性要求，如在《新时代公民道德建设实施纲要》中，社会主义核心价值观的引领明显提升了公民道德建设的政治站位，拓展了公民道德建设的历史视野；三是将社会主义核心价值观融入经济制度、政治规范、社会政策、文化建设和生态文明建设之中，让社会主义核心价值观机制化，使价值理想熔铸成现实的历史进程；四是逐渐将社会主义核心价值观入法入规，从而使价值观的软要求变成社会的硬约束；五是在培育和践行社会主义核心价值观方面，抓住关键少数，要求党员领导干部、社会公众人物在弘扬和践行社会主义核心价值观方面起模范带头作用，从而使社会风气得到明显改观。

这些成效的取得，主要有两方面的原因。一方面，我们所倡导的社会主义核心价值观是建立在社会主义核心价值体系的基础之上的，这为培育和弘扬社会主义核心价值观奠定了哲学基础、社会主义性质和中华价值传统的理论框架。我们倡导的社会主义核心价值观，是在马克思主义的世界观和方法论指导下开展的。根据唯物史观，我们认为价值观是以一定的社会生产关系为基础的，也必然伴随着社会发展而发展或升华。社会主义核心价值体系规定了社会主义核心价值观的社会主义性质。我们在谈自由、民主、平等等价值概念的时候，是完全超越西方资本主义社会所理解的那种抽象范畴的。另一方面，有中华优秀传统文化作为深厚的历史根基。作为注重伦理道德的民族，中华民族悠久灿烂的文化成为涵养社会主义核心价值观的宝贵资源，文化自信有力支撑了中国人民的价值观自信。

这些经验给我们今后深入研究和广泛践行社会主义核心价值观提供了坚实的新起点。正因如此，习近平总书记在党的二十大报告中明确指出："我们要坚持马克思主义在意识形态领域指导地位的根本制度，坚持为人民服务、为社会主义服务，坚持百花齐放、百家争鸣，坚持创造性转化、创新性发展，以社会主义核心价值观为引领，发展社会主义先进文化，弘扬革命文化，传承中华优秀传统文化，满足人民日益增长的精神文化需求，巩固全党全国各族人民团结奋斗的共同思想基础，不断提升国家文化软实力和中华文化影响力。"这为我们深入研究和广泛践行社会主义核心价值观提供了根本遵循。

中华民族伟大复兴进入关键时期。一方面，我国的发展已经站在新的历史起点上，社会主要矛盾发生了历史性变化，人民对美好生活有了新期待。另一方面，世界百年未有之大变局加速演进，国际力量对比正经历深刻调整，世界进入新的动荡变革期，我国发展的国际环境不断出现新矛盾和新挑战。我们既有比过去有利的发展基础和条件，也面临许多前所未有的困难和问题，战略机遇和风险挑战并存，不确定性和难预料的因素明显增多。所有这些都需要我们进一步研究、阐释、传播社会主义核心价值观，用社会主义核心价值观凝聚人心、汇聚民力。呈现给读者的这套书，力求在党的十八大以来关于社会主义核心价值观研究成果的基础上有所推进、有所深入、有所拓展，为深入研究、阐释和传播社会主义核心价值观尽我们的绵薄之力。

当然，限于学识和理论水平，可能力有不逮，甚至有不少错谬之处，敬请广大读者批评指正。

韩 震

2023 年 9 月 1 日

于北京师范大学哲学思维与发展战略研究中心

目 录

导论

中华民族伟大复兴与国家层面的价值目标

2012 年 11 月 29 日，习近平总书记在国家博物馆参观《复兴之路》展览后，发表重要讲话，用"雄关漫道真如铁""人间正道是沧桑""长风破浪会有时"三个诗句，从过去、现在、未来三个角度，回顾了中华民族昨天的苦难辉煌，概括了中华民族今天的使命担当，展望了中华民族明天的光明前景，生动地诠释了中国人民寻求中华民族伟大复兴中国梦的历史进程，也宣示了中国共产党人的历史使命，指明了当代中国的未来发展方向。

实现中华民族伟大复兴，是中华民族近代以来最伟大的梦想。这一伟大梦想，既是历史的、现实的，也是未来的。"只有创造过辉煌的民族，才懂得复兴的意义；只有经历过苦难的民族，才对复兴有深切的渴望。"① 中华民族是世界上最古老而伟大的民族，创造了绵延 5 000 多年的灿烂文明，为人类文明进步作出了不可磨灭的贡献。然而，近代以后，因为西方列强的野蛮入侵、侮辱欺凌，也因为封建腐朽统治闭关自守和以天朝上国自居，我国错失了工业革命的机遇，大幅落后于时代，与现代化文明隔离，中华民族遭受了前所未有的劫难，国家蒙辱、人民蒙难、文明蒙尘，几度面临亡国灭种的危险。这种前所未有的屈辱史，凝成了一代代中国人的痛苦记忆，并逐渐激起他们寻求复兴的强烈意愿。

为挽救民族危亡，先进的中国人没有屈服，不断奋起抗争，上下求索，前赴后继，进行了许多可歌可泣、气壮山河的斗争。鸦片战争之后，从太平天国运动到洋务运动，从戊戌变法到辛亥革命，从魏源的

---

① 曲青山. 从五个维度认识和把握中国梦的创新意义. 中国国家博物馆馆刊，2018（12）.

《海国图志》到孙中山的《建国方略》，一批又一批仁人志士苦苦追寻，各种救国方案轮番出台，但均以失败告终，未能改变中国人民的悲惨命运。直到在马克思列宁主义同中国工人运动的紧密结合中中国共产党应运而生后，中华民族和中国人民才迎来了实现民族复兴的曙光。

中国共产党始终把为中国人民谋幸福、为中华民族谋复兴作为自己的初心使命，义无反顾地肩负起争取民族独立、人民解放和实现国家富强、人民幸福的责任，书写了中华民族几千年历史上最恢宏的史诗。"一百年来，中国共产党团结带领中国人民进行的一切奋斗、一切牺牲、一切创造，归结起来就是一个主题：实现中华民族伟大复兴。"①在新民主主义革命时期，以毛泽东同志为主要代表的中国共产党人团结带领中国人民，浴血奋战、百折不挠，推翻了帝国主义、封建主义、官僚资本主义三座大山，建立了人民当家作主的中华人民共和国，实现了民族独立、人民解放，宣告了中国人民从此站起来了，中华民族任人宰割、饱受欺凌的时代一去不复返，中国的发展从此开启了新纪元，为实现中华民族伟大复兴创造了根本的社会条件；在社会主义革命和建设时期，以毛泽东同志为主要代表的中国共产党人团结带领中国人民，自力更生、发愤图强，完成社会主义革命，消灭一切剥削制度，确立社会主义基本制度，推进社会主义建设，实现了中华民族有史以来最为广泛而深刻的社会变革，为实现中华民族伟大复兴奠定了根本政治前提和制度基础；在改革开放和社会主义现代化建设新时期，以邓小平、江泽民、胡锦涛同志为主要代表的中国共产党人团结带领中国人民，解放思想、

---

① 习近平. 在庆祝中国共产党成立 100 周年大会上的讲话. 人民日报, 2021 - 07 - 02 (2).

锐意进取，确立党在社会主义初级阶段的基本路线，坚定不移推进改革开放新的伟大革命，开创、坚持、捍卫、发展了中国特色社会主义，不断解放和发展生产力，我国实现了从生产力相对落后的状况到经济总量跃居世界第二的历史性突破，实现了人民生活从温饱不足到总体小康、奔向全面小康的历史性跨越，推进了中华民族从站起来到富起来的伟大飞跃，中国大踏步赶上了时代，为实现中华民族伟大复兴提供了充满新的活力的体制保证和快速发展的物质条件；在中国特色社会主义新时代，以习近平同志为核心的党中央带领中国人民，以伟大的历史主动精神、巨大的政治勇气、强烈的责任担当，统筹国内国际两个大局，贯彻党的基本理论、基本路线、基本方略，统揽伟大斗争、伟大工程、伟大事业、伟大梦想，坚持稳中求进工作总基调，出台一系列重大方针政策，推出一系列重大举措，推进一系列重大工作，战胜一系列重大风险挑战，解决了许多长期想解决而没有解决的难题，办成了许多过去想办而没有办成的大事，推动党和国家事业取得历史性成就、发生历史性变革，中华民族迎来了从站起来、富起来到强起来的伟大飞跃，为全面建成社会主义现代化强国、实现中华民族伟大复兴提供更为完善的制度保证、更为坚实的物质基础、更为主动的精神力量。

党和人民百年奋斗所取得的伟大成就，使具有 5 000 多年文明历史的中华民族全面迈向现代化，让中华文明在现代化进程中焕发出新的蓬勃生机；使具有 500 年历史的社会主义主张在世界上人口最多的国家成功开辟出具有高度现实性和可行性的正确道路，让科学社会主义在 21 世纪焕发出新的蓬勃生机；使具有 70 多年历史的新中国建设取得举世瞩目的成就，中国这个世界上最大的发展中国家在短短 30 多年里摆脱贫困并跃升为世界第二大经济体，彻底摆脱被开除球籍的危险，创造了人类社会发展史上惊天动地的发展奇迹，使中华民族焕发出新的蓬勃生机，对推进中华民族伟大复兴历史进程具有决定性意义。为此，习近平总书记强调："现在，我们比历史上任何时期都更接近中华民族伟大复兴的目标，比历史上任何时期都更有信心、有能力实现这个目标。"[①]

尽管中华民族伟大复兴在中国展现出前所未有和无比灿烂的光明前景，但中国共产党和中国人民今天依然奋斗在实现国家富强、民族振兴、人民幸福的中华民族伟大复兴中国梦的伟大征程中。"面对浩浩荡荡的时代潮流，面对人民群众过上更好生活的殷切期待，我们不能有丝毫自满，不能有丝毫懈怠，必须再接再厉、一往无前，继续把中国特色社会主义事业推向前进，继续为实现中华民族伟大复兴的中国梦而努力奋斗。"[②] 新时代新征程，世界百年未有之大变局加速演进，中华民族伟大复兴进入关键时期，战略机遇和风险挑战并存。为此，距离实现中华民族伟大复兴的目标越近，我们越不能松懈，越要加倍努力，最大范围内动员广大人民群众为之奋斗。"行百里者半九十。中华民族伟大复兴，绝不是轻轻松松、敲锣打鼓就能实现的。全党必须准备付出更为艰巨、更为艰苦的努力。"[③]

习近平总书记指出：实现中国梦必须走中国道路，必须弘扬中国精

---

① 习近平. 习近平谈治国理政：第 1 卷. 2 版. 北京：外文出版社，2018：35－36.
② 同①39.
③ 习近平. 习近平谈治国理政：第 3 卷. 北京：外文出版社，2020：12.

神，必须凝聚中国力量①。这一简洁而又深邃的思想就是要告诉我们：要实现中华民族伟大复兴的中国梦，不只是要继续拓展和走好适合中国国情的发展道路，坚持道路自信、理论自信和制度自信，更需要有精神力量的推动和共同理想的引导，不断提高国家文化软实力，坚持文化自信。"文化自信是更基础、更广泛、更深厚的自信，是一个国家、一个民族发展中最基本、最深沉、最持久的力量，没有高度文化自信、没有文化繁荣兴盛就没有中华民族伟大复兴。"② 自信才能自强。有文化自信的民族，才能立得住、站得稳、行得远。中华文明历经数千年而绵延不绝、迭遭忧患而经久不衰，这是人类文明的奇迹，也是我们自信的底气。要寻求中华民族伟大复兴，就必须有先进文化的积极引领，有强大的精神力量和共同理想的牵引，把文化自信融入全民族的精神气质与文化品格中，养成昂扬向上的风貌和理性平和的心态。

坚持文化自信，提高国家文化软实力，最为关键的就是要培育和践行社会主义核心价值观，坚定社会主义核心价值观自信。"核心价值观是文化软实力的灵魂、文化软实力建设的重点。这是决定文化性质和方向的最深层次要素。"③ "人类社会发展的历史表明，对一个民族、一个国家来说，最持久、最深层的力量是全社会共同认可的核心价值观。"④ 党的十八大以来，习近平总书记高度重视社会主义核心价值观建设，坚持把培育和弘扬社会主义核心价值观作为凝魂聚气、强基固本的基础工

①　习近平. 习近平谈治国理政：第1卷. 2版. 北京：外文出版社，2018：39-40.
②　中共中央关于党的百年奋斗重大成就和历史经验的决议. 北京：人民出版社，2021：44.
③　把培育和弘扬社会主义核心价值观作为凝魂聚气强基固本的基础工程. 人民日报，2014-02-26（1）.
④　习近平. 青年要自觉践行社会主义核心价值观. 人民日报，2014-05-05（2）.

程，有效整合社会意识，凝聚社会共识，培根铸魂、启智润心，不断夯实中国特色社会主义的思想道德基础，建设具有强大凝聚力和引领力的社会主义意识形态，使社会主义核心价值观逐渐内化为人们的精神追求，外化为人们的自觉行动，成为全国各族人民共同价值取向的最大公约数，更好彰显中国精神、构筑中国价值、凝聚中国力量，使全党全国各族人民文化自信显著增强，国家和人民的凝聚力和向心力明显提升，为中国共产党和中国人民奋进新征程、建功新时代提供了坚强的思想保证、坚定的理想信念和强大的精神动力，巩固了全党全国各族人民团结奋斗的共同思想基础，不断增加实现中华民族伟大复兴的精神力量。

"大学之道，在明明德，在亲民，在止于至善。"核心价值观作为凝聚人心、汇聚民力的强大力量，其本质是一种德，既是个人的德，也是国家的德，社会的德。"国无德不兴，人无德不立。如果一个民族、一个国家没有共同的核心价值观，莫衷一是，行无依归，那这个民族、这个国家就无法前进。"①2014 年 5 月，习近平总书记在上海考察工作时，用"三德"对三个层面的社会主义核心价值观进行了精准的概括。"三德"，一是"明大德"，这是国家层面的社会主义核心价值观，是价值目标，指的是富强、民主、文明、和谐；二是"守公德"，这是社会层面的社会主义核心价值观，是价值取向，指的是自由、平等、公正、法治；三是"严私德"，这是个人层面的社会主义核心价值观，是价值准则，指的是爱国、敬业、诚信、友善。这其中，国家层面的社会主义核心价值观，建设富强、民主、文明、和谐的社会主义现代化国家，回答

---

① 习近平. 青年要自觉践行社会主义核心价值观. 人民日报，2014 - 05 - 05（2）.

了我们要建设一个什么样的国家的重大问题，也即寻求个人的幸福、社会的福祉和文明的进步，深刻地表达了国家的意志和根本目标，是全体中国人民共同梦想的最大公约数。

在社会主义核心价值体系中，富强、民主、文明、和谐这一国家层面的社会主义核心价值观是一个民族、一个国家最根本的精神内核，是当代中国精神的集中体现。它深刻地体现了国家的价值理想、价值共识和价值目标，体现了中国人民的普遍意愿和整体利益，承载着实现中华民族伟大复兴的光荣与梦想，在国家政治经济文化发展中起着"中轴"和"稳定器"的作用，是中国共产党带领中国人民自近代以来寻求民族复兴之路上所取得伟大成就的重要价值牵引力、凝聚力和向心力，更是当代中国全体中华儿女同心同德为民族复兴大业赓续奋斗的最持久、最深沉的力量。

富强就像是国家的基石，支撑国家的稳定和发展，体现了国家经济实力和综合国力的提升，旨在通过不断推动经济发展和科技创新，实现国家繁荣强盛和人民共同富裕，是全面建设社会主义现代化和建成社会主义现代化强国的应然状态。

民主好比国家的血脉，贯穿和疏通着国家的各个部分，旨在通过协调政治的运作和机能，推动实现全体公民平等参与政治、经济和社会事务，促进治理体系的透明和公平，通过保障国家政治体系健康运行，不断促进社会的公平正义，实现社会的和谐与稳定。

文明就像国家的根基，承载着一个民族的历史、文化和价值观，是国家发展的基础和灵魂，旨在通过关注社会的道德风尚和文化建设，推动社会成员树立正确的价值观和道德规范，提升国民的整体素养和文化素质，从而促进社会的进步和增强国家的文化自信，铸就国家的强盛与繁荣。

和谐好比国家的活力，维系着国家的健康与生命，旨在通过社会各方面的协调发展，推动不同群体之间的理解与包容，致力于解决社会矛盾和问题，在促进社会稳定、增强社会凝聚力、提升个人幸福感、推动经济发展、促进文化繁荣和构建良好国际关系方面发挥着重要作用，实现社会的全面和谐与可持续发展。

习近平总书记在《复兴文库》序言中指出，"当前，世界百年未有之大变局加速演进，中华民族伟大复兴进入关键时期"[①]。在当今中国，着眼于世界之变、时代之变、历史之变，要想实现第二个百年奋斗目标，实现中华民族伟大复兴的中国梦，我们更加需要坚定文化自信，增加文化自觉，用国家层面的社会主义核心价值观凝心聚力，最大限度把各阶层各方面的智慧和力量凝聚起来，构建全体国民广泛的价值共识和共同的价值追求，最大限度把全社会全民族的积极性、主动性、创造性发挥出来，找到最大公约数，画出最大同心圆，形成心往一处想、劲往一处使的生动局面，为全面建成社会主义现代化强国、实现中华民族伟大复兴汇聚磅礴伟力，凝聚强大精神力量。

---

① 习近平. 在复兴之路上坚定前行：《复兴文库》序言. 人民日报，2022 - 09 - 27（1）.

第一章

国家层面社会主义核心价值观的内涵解读

社会主义核心价值观是中国特色社会主义理论体系的重要组成部分，是引领国家发展方向和社会进步的重要思想基石。"富强、民主、文明、和谐"作为国家层面的社会主义核心价值观，既继承和发展了马克思主义经典作家的价值学说，又从中华优秀传统文化和传统价值观中汲取丰富营养，同时又在全球化背景下借鉴和批判了西方的价值观念，最终形成了中华民族独特的精神追求，蕴含着丰富而深刻的内涵。这些价值观不仅承载着国家经济、政治、文化、社会、生态文明领域的核心追求，还反映了全社会共同的价值认同和道德准则，彰显了中国人民在新时代的社会理想和国家发展方向，指引着中国走向社会主义现代化强国的光辉未来，推动国家实现中华民族的伟大复兴，谱写出新时代中国特色社会主义的壮丽篇章。

第一节

正本清源话富强

在国家层面社会主义核心价值观中，富强是首要的价值取向，具有全局性、根本性和先决性的意义，其中蕴含的国家强盛、民族振兴和人民幸福既是千百年来中国人民矢志不渝的奋斗目标，也是中国共产党领导的中国式现代化建设的永恒主题。"富强"一词包含着极为丰富的理论内涵，既继承和发展了马克思主义唯物史观生产力标准与价值标准相统一的思想，也吸收了中华优秀传统文化中富强观念的合理阐释，同时也借鉴了人类文明的有益成果。在新时代，富强的价值属性更是因被赋予了时代精神而具有更深层的时代内涵和全新的生命力。

一、马克思主义唯物史观视域中的富强观

习近平总书记在《在纪念马克思诞辰 200 周年大会上的讲话》一文中指出，"马克思主义指引中国成功走上了全面建设社会主义现代化强国的康庄大道"①。虽然马克思、恩格斯没有在文本中从价值属性的维度对"富强"进行过专门的阐释，但他们立足于"解放的物质条件"，对财富和与之相关的生产方式、劳动、资本等问题进行分析，以及将在未来共产主义制度下以财富为手段实现人的自由全面发展作为人类最高的价值目标，在认识论和价值论的意义上构成了我们理解富强内涵的逻辑起点。

在马克思那里，财富作为"纯粹的物"，是指在使用价值上能满足人的需要的"物的有用性"。"不论财富的社会的形式如何，使用价值总是构成财富的物质的内容。"②任何能够满足人的需要的东西，都可以成为人的财富。财富从物质性的角度来看，是人的需要的多样性而已③。在此意义上，财富的本质就是一种在人与人之间以使用价值的方式呈现的现实社会存在。在物的使用价值的形成过程中，劳动起着基础性作

---

① 习近平. 在纪念马克思诞辰 200 周年大会上的讲话. 人民日报，2018 - 05 - 05 (2).
② 马克思，恩格斯. 马克思恩格斯文集：第 5 卷. 北京：人民出版社，2009：48，49.
③ 王福生. 马克思的财富观念及其当代意义. 哲学研究，2020 (12).

用，成为财富生产的主要源泉。对于个人来说，对物的使用价值的需要不是一劳永逸的，一种需要的满足会引起新的需要。在此过程中，财富的形式因为需要的变化而发生着变化。最初的自然发生的形式，是财富超过了需要而出现了剩余或过剩的情况。这样，在不同的共同体之间，进而在共同体内部和个人之间，就会出现将"剩余的产品变成可以交换的产品即商品"。随着交换在范围和规模上的扩大，为了使交换能顺利进行，开始出现固定充当交换手段的商品，也即货币。货币作为一种特殊的商品，"既包含充当尺度的规定，又包含充当一般交换手段并从而实现商品价格的规定"①。货币本身就不只是一般的财富形式，它同时也是作为财富本身而存在的，成为可以交换任何需要的物品，进而可以满足人的任何需要的对象。这种意义上，作为财富的货币，其实质就是一定社会关系下的劳动产品，是社会关系的物化形式，体现为人与人的社会关系。而每个个人行使支配社会财富的权力，就在于他是交换价值的或货币的所有者②。

在私有制条件下，货币因具有表征一切财富的力量而"成为商品世界中的统治者和上帝"③，逐渐在人们心中幻化为生产的最终目的所在，从而使自身超出了一般财富的规定，成了社会关系的物质载体，人与人之间的关系也因此表现为以货币财富为媒介的对物的依赖关系。在资本主义社会，货币通过购买工人的剩余劳动，从而过渡为资本。为了榨取更多的剩余价值，资本会无休止地迫使劳动超出自然需

---

① 马克思，恩格斯. 马克思恩格斯全集：第30卷. 2版. 北京：人民出版社，1995：154.
② 同①106.
③ 同①173.

要的限度，从而使"对自己劳动产品的私人所有权也就是劳动和所有权的分离；而这样一来，劳动＝创造他人的所有权，所有权将支配他人的劳动"①。为此，马克思深刻地指出，建立在资本和雇佣劳动关系之上的资本主义生产方式，使得劳动阶级越劳动，资本就越富裕，并且其支配劳动的权力也就越大，劳动阶级自身也就越陷入贫困中，从而使资本主义世界成了"一个着了魔的、颠倒的、倒立着的世界。在这个世界里，资本先生和土地太太，作为社会的人物，同时又直接作为单纯的物，在兴妖作怪"②。

但是，马克思并没有像巴贝夫等"粗陋的共产主义者"那样，因为资本主义的财产关系导致了劳动阶级的贫困，就将财富看作是万恶的根源。人类创造财富的劳动，不只是进行以物为中介的活动，更重要的是体现为以人的意识为中介的自由自觉的活动。这样，作为财富的劳动产品就不只是有物质性的维度，也有精神性的维度，意味着人通过劳动获得财富，不只是为被动性的需要所牵引，更有主动性的目的追求。正是基于此，在马克思看来，真正的财富就是所有个人的发达的生产力。一个人创造财富，体现了人们自由地创造的行为，是对人自身本质力量的确证。"事实上，如果抛掉狭隘的资产阶级形式，那么，财富不就是在普遍交换中产生的个人的需要、才能、享用、生产力等等的普遍性吗？财富不就是人对自然力——既是通常所谓的'自然'力，又是人本身的自然力——的统治的充分发展吗？财富不就是人的创造天赋的绝对发挥

---

① 马克思，恩格斯. 马克思恩格斯全集：第30卷. 2版. 北京：人民出版社，1995：192.
② 马克思，恩格斯. 马克思恩格斯文集：第7卷. 北京：人民出版社，2009：940.

吗？这种发挥，除了先前的历史发展之外没有任何其他前提，而先前的历史发展使这种全面的发展，即不以旧有的尺度来衡量的人类全部力量的全面发展成为目的本身。"①

基于此，马克思指出，财富对于人的发展来说具有重要的意义。未来的理想社会，就是要克服私有制，特别是资本主义生产方式所带来的劳动异化以及由雇佣劳动所带来的劳动阶级的普遍贫困，构建"为了生产财富而组织得最完善的社会"，使个体在自由劳动中不断创造社会财富，让一切创造社会财富的源泉充分涌流，进而在生产力的高度发展和人的全面而自由发展中推动社会的发展。

二、中国优秀传统文化中的富强观

在中国传统典籍中，"富"和"强"有着深厚的文化内涵和历史渊源。一方面，《说文解字》指出："富，备也。一曰厚也。"富，主要指物质财富的丰裕，多财曰富。在古代社会中，财富不仅是个人或家庭生活富裕的象征，更是社会地位和影响力的重要标志。《尚书·洪范》曰，"凡厥正人，既富方谷"。这里的意思是，所有正人君子，只有在物质财富充足的基础上，才能达到理想的状态，反映了古人认识到物质财富对个人和社会发展的重要性。在该书的最后一章"五福"中，"富"与"寿""康宁""攸好德""考终命"一起，成为一个人应当追求的价值目标。《诗经·閟宫》亦提到"俾尔寿而富"，将寿考与富裕都作为对有德

①　马克思，恩格斯.马克思恩格斯全集：第30卷.2版.北京：人民出版社，1995：479-480.

之君的称颂之词。富裕不只是个人的目标，同样也是国家的价值目标。《周礼·天官冢宰·大宰》曰，"大宰之职，掌建邦之六典，以佐王治邦国"，六典中的"事典"即"以富邦国，以任百官，以生万民"。《大宰》又曰"以九两系邦国之民"，其中"九曰薮，以富得民"。这里体现了古人对人民富裕、国家富裕的追求和向往。

另一方面，"强"本义为"弓有力"，可引申为"强盛"。《礼记·曲礼》曰，"四十曰强"。唐代经学家孔颖达疏："强有二义：一则智虑强，二则气力强也。"[①] 从个人层面看，"强"既表示身体上的强壮，也表示精神上的坚强、德行上的刚毅。如《周易·乾》中提道："天行健，君子以自强不息。"《礼记·学记》也提道，"九年知类通达，强立而不反"。从国家层面看，"强"通常指政治和军事领域权力和力量的强大，以及表示国家或事物的强盛和繁荣。我们看到，在早期中国的思想中，虽然"富"和"强"通常都是分开来表述，而且出现的频次不高，但在不同背景中的表述，都鲜明地体现了古人对人民富裕、富足生活的向往，以及对国家强大和强盛的期盼。

春秋战国时期，追求富强开始成为时代主题。随着周王室的权威逐渐衰落，各诸侯国为了争夺霸权、扩大势力范围而频繁征战。"战而胜，则国安而身定，兵强而威立"，"战而不胜，则国亡兵弱，身死名息"（《韩非子·难一》）。在此背景下，各诸侯国追求的主要目标就是实现国家的富强，以在纷乱的局势中立于不败之地。春秋时期齐国重要政治家、改革家管仲，将"富""强"合成一词，并把富强定义为"国富兵

---

① 孙希旦. 礼记集解. 北京：中华书局，1989：13.

强"。《管子·形势解》曰："主之所以为功者，富强也。故国富兵强，则诸侯服其政，邻敌畏其威。虽不用宝币事诸侯，诸侯不敢犯也。"国家的富裕和军队的强大是保证国家安全和威慑敌国的关键。管仲之后，魏国的李悝、越国的范蠡、秦国的商鞅等，围绕国富兵强的目标，实行了重农抑商、均田制、盐铁专卖、统一度量衡等一系列富国举措，同时推行了君主独尊、严刑峻法、军功爵制、民兵制度等一系列强兵政策，使所在的诸侯国不仅增强了经济实力，还加强了军事力量，从而在激烈的争斗中逐渐奠定了霸主的地位。以"国富兵强""物丰兵利"为主要目标的强国之策，实质上遵循的是远离"王道"的"霸道"之术。这种霸道一是主张唯功利而弃仁义。韩非子就认为："有道之主，远仁义，去智能，服之以法。"（《韩非子·说疑》）二是导致富国贫民。商鞅就明确强调："民弱国强，民强国弱。故有道之国，务在弱民。"虽然商鞅在秦国"为田开阡陌封疆"，但他又要求"家不积粟，上藏也"（《商君书·说民》）。韩非子也主张，"欲富而家，先富而国"，"利之所在，民归之"（《韩非子·外储说左上》）。

　　在孔子及先秦儒家看来，霸道之策虽然能在短期内使国力强盛起来，但很难给国家带来持久的、真正的富强。其一，"富"固然是人之所欲，但要获取财富，必须遵循正当的途径，"不以其道得之，不处也"（《论语·里仁》）。儒家的政教理想是"正德、利用、厚生惟和"（《尚书·大禹谟》），其中正德是基础，如果寻求"富"的道路偏离了"正德"，那就是"害生"的富，并不是儒家要追求的"富"。《论语·述而》载孔子说："不义而富且贵，于我如浮云。""富而可求也，虽执鞭之士，吾亦为之。如不可求，从吾所好。"这里所讲的都是反对追求不义的富贵和财富。《论语·子路》载，孔子到卫国，弟子冉有驾车，沿途见到人烟稠密。孔子说："庶矣哉！"冉有问："既庶矣，又何加焉？"孔子回答："富之。"冉有又问："既富矣，又何加焉？"孔子回答："教之。""富之""教之"的先后顺序就表明了儒家的富民立场：使百姓过上富裕生活极为重要，但须对他们进行礼仪教化。

其二，民富先于国富。国家的"富"要体现为"养民厚生""藏富于民"，而不是让财富集中到君主和诸侯少数人手中。《孔子家语·贤君》载，鲁哀公问政于孔子，孔子回答说："政之急者，莫大乎使民富且寿也。"富民居于为政的优先位置的原因主要有三点。一是民富是国富的基础。《论语·颜渊》载，鲁哀公问孔子的弟子有若，"年饥，用不足，如之何？"有若回答："盍彻乎？"哀公不解："吾犹不足，如之何其彻也？"有若回答："百姓足，君孰与不足？百姓不足，君孰与足？"荀子在《荀子·富国》中更是指出："下贫则上贫，下富则上富。"二是富民是赢得民心从而稳固政权的基石。荀子在《荀子·王制》中区分了王者、霸者、仅存之国、亡国的治国之道，指出"王者富民，霸者富士，仅存之国富大夫，亡国富筐箧，实府库。"做到"王天下"的统治者，莫不都是以先使民富为根本要务。三是富民是社会善治的前提。仓廪实、衣食足，老百姓才能知礼节、荣辱。只有使民富裕，才能使民众遵循礼仪伦理，否则社会就会陷入无序和混乱。"民之为道也，有恒产者有恒心，无恒产者无恒心。""苟无恒心，放辟邪侈，无不为已。"（《孟子·滕文公上》）

其三，"富"最终要实现的是共同富裕。天下为公、财富共享是儒家一以贯之的理想追求。孔子在《论语·季氏》中指出："有国有家者，不患寡而患不均，不患贫而患不安。盖均无贫，和无寡，安无倾。"孔子在这里提的不是"均贫富"，而是"均无贫"，显然，这里的"均"不是指具体意义上的"平均财产"，而是在抽象意义上谈论公平公正的原则，"无贫"则彰显了共同富裕的基本价值逻辑。荀子更是提出要"上收而养之，材而事之，官施而衣食之，兼覆无遗"（《荀子·王制》），最终实现"上下俱富，交无所藏之"（《荀子·富国》），也即要致力于构建全民共同分享财富并达到社会共同富裕的理想社会。

其四，"强"并非指"争于气力"的血气之刚、体力之强，而是指刚毅之勇、仁义之强。《礼记·中庸》记载了"子路问强"的故事。子路向孔子请教何以为强，孔子回答：你问的是南方之强，还是北方之强？所谓南方之强，就是要"宽柔以教，不报无道"，用宽厚温柔的态度教育人，不对蛮横无理的行为进行报复，这是君子之为。而北方之强，即"衽金革，死而不厌"，以兵器甲胄为卧席，哪怕是战死沙场也不遗憾。君子之强，是"和而不流""中立而不倚""国有道，不变塞焉""国无道，至死不变"，此"所谓中庸之不可能者，非有以自胜其人欲之私，不能择而守也"。这种"强"才是儒家所追求的强。《孟子·梁惠王上》也提道："壮者以暇日修其孝悌忠信，入以事其父兄，出以事其长上，可使制梃以挞秦楚之坚甲利兵矣。"真正的"强"，立于道而无所依恃，既要有中流砥柱之固、百折不挠的坚韧，又要有以和为贵之量、海纳百川的包容。这种"强"，强而不霸，生而不骄，彰显了自信、自立、自强。

总之，富强思想在中国历史和文化的发展中扮演着重要角色，其内涵不仅仅局限于物质财富和军事力量的表象，更是一个综合性的理想状态，包含了经济发展、政治稳定、社会和谐以及文化繁荣。这种富强的理想不仅是古代治国理政的重要目标，也是中华文明源远流长的重要思想基础。这些观念在今天仍然具有重要的现实意义，影响着人们的价值观和行为方式。

三、社会主义富强观

在社会主义条件下，富强作为核心价值观的首要内容，是一个综合性、系统性的目标，既指向高度发展的物质文明，也指向高度发达的精神文明，既寻求社会的总体富裕，也寻求人民的共同富裕，是国家综合国力强盛的象征和人民幸福生活的体现。

第一，社会主义的富强是国家强盛与人民富裕的统一。习近平总书记在庆祝中国共产党成立 100 周年大会上指出，新的征程上，我们要坚持在发展中保障和改善民生，协同推进人民富裕、国家强盛、中国美丽。这一重要指示，深刻地诠释了中国共产党人始终不渝为国家谋富强、为人民谋幸福的价值追求。实现中华民族伟大复兴，使国家走向繁荣与强盛，是近代以来中国人民孜孜以求的梦想。在百余年的奋斗历程中，特别是党的十八大以来，我们党依靠人民，以中国式现代化全面推进强国建设、民族复兴伟业，创造了辉煌的历史成就，国家的经济实力、综合国力跃上了新的大台阶，成为世界第二大经济体、制造业第一大国、货物贸易第一大国、商品消费第二大国、外资流入第二大国，书写了人类发展史上的伟大奇迹，中国人民在"强起来"的征程上迈出了决定性的步伐，为实现中华民族伟大复兴奠定了坚实基础。与此同时，富强不仅仅体现为国家整体实力的"强"，更主要的是体现为广大人民群众的"富"，也即是要"全体中国人都过上更好的日子"，不断增强人民获得感、幸福感和安全感。习近平总书记在 2018 年春节团拜会上指出："国家富强，民族复兴，最终要体现在千千万万个家庭都幸福美满上，体现在亿万人民生活不断改善上。千家万户都好，国家才能好，民族才能好。"① 党的十八大以来，以习近平同志为核心的党中央，坚持把人民群众对富裕、美好生活的向往作为实现国家富强和现代化建设的出发点和落脚点，着力解决人民群众所需所急所盼，让人民共享经济、政治、文化、社会、生态等各方面发展成果，不断增进人民福祉，使 14 亿多人民生活不断改善，人均国内生产总值超过 1 万美元，中等收入群体超过 4 亿人，整体上彻底摆脱了绝对贫困，中国人民实现了从温饱不足到总体小康再到全面小康的历史性跨越。

第二，社会主义的富强是社会总体富裕与人民共同富裕的统一。贫穷不是社会主义。摆脱贫困，实现社会的总体富裕，是实现中华民族伟大复兴中国梦的重要内容。与资本主义现代化国家不同，社会主义要达到的社会富裕，不是两极分化的富裕，不是少数人的富裕，而是全体人民共同富裕。党的十八大以来，习近平总书记反复强调，共同富裕是社会主义的本质要求，必须把促进全体人民共同富裕作为为人民谋幸福的

---

① 习近平. 在 2018 年春节团拜会上的讲话. 人民日报，2018 - 02 - 15（2）.

着力点。"我们决不能允许贫富差距越来越大、穷者愈穷富者愈富，决不能在富的人和穷的人之间出现一道不可逾越的鸿沟。"[1] 基于此，要实现社会主义的"富强"，必须要自觉主动解决地区差距、城乡差距、收入差距等问题，促进社会公平正义，让人民群众真真切切感受到共同富裕不仅仅是一个口号，而是看得见、摸得着、真实可感的事实。当然，我们也要看到，共同富裕是一个长远目标，不可能一蹴而就。"不同人群不仅实现富裕的程度有高有低，时间上也会有先有后，不同地区富裕程度还会存在一定差异，不可能齐头并进。"[2] 因此，实现共同富裕，不是要求所有人都同时富裕，也不是要求所有地区同时达到一个富裕水准，而是要坚持循序渐进，实打实地把一件事一件事办好。

第三，社会主义的富强是人民物质富足和精神富有的统一。习近平总书记在党的二十大报告中指出："物质富足、精神富有是社会主义现代化的根本要求。物质贫困不是社会主义，精神贫乏也不是社会主义。"[3] 中国特色社会主义，是物质文明和精神文明全面发展的社会主义。与西方国家以资本为中心，从而导致物质主义极端盛行、社会贫富急剧分化的"片面的现代化"不同，社会主义现代化是以人为中心，追求物质文明和精神文明相协调的"全面的现代化"。因此，在社会主义条件下，实现国家强盛、民族复兴，不仅要有物质文明的积累，而且要有精神文明的升华，实现谋求物质生活富裕和精神生活富裕相互融合、

① 习近平. 把握新发展阶段，贯彻新发展理念，构建新发展格局. 求是，2021 (9).
② 扎实推动共同富裕. 求是，2021 (20).
③ 习近平. 高举中国特色社会主义伟大旗帜 为全面建设社会主义现代化国家而团结奋斗：在中国共产党第二十次全国代表大会上的报告. 北京：人民出版社，2022：22 - 23.

相互促进。一方面，发展是解决全部问题的基础和前提，要实现富强，必须在物质上强大起来，不断厚植现代化的物质基础，夯实人民幸福生活的物质条件。另一方面，人无精神不立，国无精神不强。要实现富强，也必须在精神上强大起来，大力发展社会主义先进文化，丰富人民的精神生活，促进人的全面发展。

第四，社会主义的富强是建设教育强国、科技强国、人才强国的统一。习近平总书记在党的二十大报告中首次将教育、科技、人才放在强国战略中进行一体化部署，系统性谋划，提出"教育、科技、人才是全面建设社会主义现代化国家的基础性、战略性支撑"，"要坚持教育优先发展、科技自立自强、人才引领驱动，加快建设教育强国、科技强国、人才强国"。这些重要论述把教育、科技和人才三者有机结合起来、一体统筹推进，是社会主义现代化强国建设的应有之义。首先，教育是全面建成社会主义现代化强国的战略先导。习近平总书记在中共中央政治局第五次集体学习时强调："教育兴则国家兴，教育强则国家强。"建设教育强国，有助于"以教育之强夯实国家富强之基，为全面推进中华民族伟大复兴提供有力支撑"[1]。其次，实现高水平科技自立自强是国家强盛之基、安全之要。习近平总书记在全国科技大会、国家科学技术奖励大会、两院院士大会上指出："科技兴则民族兴，科技强则国家强。"[2] 他反复指出加快建设科技强国是全面建设社会主义现代化国家、全面推进中华民族伟大复兴的战略支撑。"历史告诉我们一个真理：一

①　加快建设教育强国 为中华民族伟大复兴提供有力支撑. 人民日报，2023 - 05 - 30（1）.

②　习近平. 在全国科技大会、国家科学技术奖励大会、两院院士大会上的讲话. 人民日报，2024 - 06 - 25（2）.

个国家是否强大不能单就经济总量大小而定，一个民族是否强盛也不能单凭人口规模、领土幅员多寡而定。近代史上，我国落后挨打的根子之一就是科技落后。"① "中国要强盛、要复兴，就一定要大力发展科学技术"，"我们比历史上任何时期都更接近中华民族伟大复兴的目标，我们比历史上任何时期都更需要建设世界科技强国！"② 最后，人才是实现国家富强、民族振兴的战略资源。习近平总书记在中央人才工作会议上强调："国家发展靠人才，民族振兴靠人才。""综合国力竞争说到底是人才竞争。"③ 实施人才强国战略，建设世界重要人才中心和创新高地，将为全面建成社会主义现代化强国提供人才支撑。

第五，社会主义的富强是为中国人民谋幸福和为人类谋和平与发展的统一。习近平主席指出："办好中国的事，让14亿多中国人民过上更加美好的生活，促进人类和平与发展的崇高事业，这是中国共产党矢志不渝的奋斗目标。"④ 着眼于实现国家繁荣富强，我们党始终坚持以人民为中心的发展思想，把人民对美好生活的向往作为奋斗目标。以人民为中心，出发点和落脚点都是人民的幸福。中国的发展始终坚持独立自主、自力更生，不走西方国家通过战争、殖民、掠夺等方式谋求自身发展的老路，不依附别人，不掠夺别人，永远不称霸，坚持走和平发展道路，在发展自身的同时，不断以自身发展新机遇为世界共同发展提供机

---

① 习近平. 在中国科学院第十七次院士大会、中国工程院第十二次院士大会上的讲话. 人民日报，2014 - 06 - 10 (2).

② 习近平. 努力成为世界主要科学中心和创新高地. 求是，2021 (6).

③ 习近平. 深入实施新时代人才强国战略 加快建设世界重要人才中心和创新高地. 求是，2021 (24).

④ 习近平. 加强政党合作 共谋人民幸福：在中国共产党与世界政党领导人峰会上的主旨讲话. 人民日报，2021 - 07 - 07 (2).

遇和动力，不断为人类文明进步贡献智慧和力量。

第二节

追根求源话民主

民主，无论古今还是中外，都是一个备受世人赞誉的价值观念，在现代社会更是俨然构成全人类的共同价值，没有一个国家敢宣称自己是反民主的。但也几乎是在人类历史的任何时期，民主又常常是一个遭到各种滥用和误解的观念，每一个国家都声称自己在捍卫着民主，但其各自所理解的民主却往往相差甚远。西方国家一直宣称自身对民主的理解是唯一真实的民主形式，将自己的民主观念看作"普世价值"并以此来评判其他国家是否民主，但民主从来不是一个模样，也不是一座"飞来峰"，实际上，在"民主是什么""民主应是什么"的问题上，人们远未形成基本的共识。这就意味着，我们必须首先对我们所主张民主的内涵有一个根本的澄清。我们只有厘清了民主的含义，才能对如何推进中国特色社会主义民主政治建设等问题形成清晰的认识。

一、西式民主概念及困境

在西方所有主导价值观念中，民主可谓是最具争议但又无法绕过的概念。从词源上考察，民主（democracy）一词是由希腊文的 demos（人民）和 kratos（统治或权利）演变而来，其最初的含义就是人民的统治（the rule of people）。用我们最熟悉、最通俗的话语来说，就是"人民当家作主"。什么是这里的"人民"？每一个人？某个特别的阶层？抑或依据某种原则所确立的多数人？另外，应当怎样理解人民的"作主"？是任何政治事务都事必躬亲，还是仅在选举代表时作主？这些问题看起来很简单，却是我们厘清民主的含义的前提和基础。显然，单纯词源的分析并不足以厘清西方语境中民主的真正意涵。"在不同的世纪里，我们可以发现几乎所有的政治运动都宣称它们代表的是'民主的真谛'，而其中有无数其实是刻意扭曲'民主'的意义。他们……名义上打着'群众力量''为民谋利的政府'的旗号，实际上却只是借此来掩盖他们的'官僚统治'或'寡头政治'的真面目。"[①] 从古希腊至现代社会，民主在西方被不同的人在不同的时空述说着不同的事情，以致民主的内涵变得歧义丛生，不同的人所讲的民主可能南辕北辙，甚至被用来指同它相反的事情和行为。既然民主是一个内在富有争议且不停变动的概念，这就要求我们着眼于西方民主的具体实践，通过历时性与共时性交互考察民主在西方社会中的不同面孔，恰当地对西式民主概念的特质进行清晰的认识和判断。

（一）民主之"民"：大众与精英之争

在西方的民主传统中，当家作主的"民"并不是一个有着共同的利

---

① 威廉斯. 关键词：文化与社会的词汇. 刘建基，译. 2 版. 北京：生活·读书·新知三联书店，2016：162-163.

益、组织和思想的行动主体，而是有着众多的分野，其中最常见的就是民主之"民"究竟是大众还是精英的论争。

古希腊的雅典城邦是西方民主思想和实体的发源地。不同于单个君主的独裁统治，也不同于少数贵族的寡头统治，在希腊的民主政治生活中，管理公共事务的权力并不归为某一个人，或者某一部分人，而是属于公民的整体。在此意义上，民主之"民"就包括了雅典城邦的全部公民，而不论他们的出身、地位、财产和德性。政治家伯里克利曾这样热情地歌颂雅典的民主制度：我们的制度之所以被称为民主政治，是因为政权是在全体公民手中，而不是在少数人手中①。

将民主之"民"归为全体的公民，应当说最符合民主"人民的统治"这一本质含义，但事实并非如此。一方面，希腊城邦中的公民并非指所有的人，而是指那些 20 岁以上、父母均为雅典自由民的男性，而那些成年的女性、男性的奴隶以及外邦人都不是雅典民主中的"民"，从这个角度看，这里的"民"反而是城邦中的少数人。另一方面，公民中居于大多数的"大众"（the mass）来自不同的阶层，他们中的多数政治素养参差不齐，并不具备分析复杂社会问题的能力，而且容易受情感的支配，缺乏为了整体的和长远的利益而牺牲个人的和眼前的利益的意志力，因而在很多时候被看作并不适宜去讨论国家事务。从柏拉图的"哲学王统治"，到黑格尔的"作为单个人的多数人（人们往往喜欢称之为'人民'）……的行动完全是自发的、无理性的、野蛮的、恐怖

---

① 修昔底德. 伯罗奔尼撒战争史. 谢德风，译. 北京：商务印书馆，2004：147.

的"[1]，大众在政治哲人那里更多地呈现出一群对政治事务缺乏正确选择能力、易受野心家蛊惑和操纵的"乌合之众"的黑色面相。正是如此，在19世纪中叶以前，主流思想家，如苏格拉底、柏拉图、西塞罗、孟德斯鸠都认为，如果按照其最初的意义即人民统治或政府遵从大多数人的意愿，民主就会是一件坏事。精确地说，它是对一个文明有序社会所有核心价值的一种威胁[2]。

民主的精髓是人人参与决策，但进行公共决策是一项非常专业化的技能，只有经过特殊训练、掌握了治理之道的人才能堪当重任，而居于多数的大众并不具备这样的能力。这就使得许多民主理论家主张，对民主的诉求并不意味着我们就要支持平民政治或人民平等地分享政治权力，相反，民主之"民"应当归为居于少数人的"精英"（the elite）。所谓精英，最初是指（并且在大部分情况下仍然是指）最好的、最优秀的、最高贵的人[3]，而在现代民主的架构中，精英则是指那些对政治制度和公共政策有相对独立的判断和思考的人，他们为理性所支配，有政治参与的热情和能力，对政治问题有责任感和确定的意志，因而被认为更有资格掌握统治的权力。对于精英民主论者来说，大众不会因为他们在人数上的优势而获得治理能力上的优势，实际上，他们在多数情况下更需要少数精英的指引，因此，民主政治实质上是居于少数的"优秀人"即精英创造的，是精英或政治家的统治。只有居于多数的大众尊重

---

① 黑格尔. 法哲学原理. 范扬，张企泰，译. 北京：商务印书馆，1961：323.
② 阿伯拉斯特. 民主. 孙荣飞，等译. 长春：吉林人民出版社，2005：10.
③ 邓利维，奥利里. 国家理论：自由民主的政治学. 欧阳景根，尹冬华，孙云竹，译. 杭州：浙江人民出版社，2007：93.

少数精英的正常权威，民主才可以成为一种现实可行的制度运作。

精英民主论者严格限定大众在民主政治中发挥作用，甚至认为大众是进行决策的妨碍，这无疑偏离了民主的原意：民治（by the people），也即人民的统治。民主的精髓是人人都能够当家作主，如果我们所诉求的民主政治并不以全体的人民为基础，那么最终带来的只能是"民主的寡头政治"的事实。但我们也要看到，如果没有精英的组织和领导，那么民主将是不可想象的。列宁就认为："在历史上，任何一个阶级，如果不推举出自己的善于组织运动和领导运动的政治领袖和先进代表，就不可能取得统治地位。"① 单纯地从意识形态出发，盲目支持不受约束的平民政治，或主张由人民平等地分享政治权力，决定政治事务，很可能会带来"多数的暴政"的风险。

民主本质上是"民治"，但民主的存在又不得不依赖于精英的统治。在很大程度上，民主就成了政治精英对社会的一种给予。就此而言，民主之"民"既包括"大众""平民"，也包括"精英"。在推进民主化的进程中，政治精英角色不可或缺，大众必须接受精英的领导和组织。如果非要说民主是人民的统治，那也是说民主选择精英来进行统治。但是，精英对政治生活的引导和制约，并不意味着要否认大众对民主政治的意义。相反，如果精英的统治不能赢取大众的同意，不能与大众的利益和政治取向相一致，其做出的决策不能为大众有效地控制，那就是与民主政治背道而驰了。长期以来，西式民主一直徘徊于"大众"与"精英"之间的争论之中，须知，要实行真正的民主政治，就是要创造一种

---

① 列宁. 列宁选集：第1卷. 3版修订版. 北京：人民出版社，2012：286.

精英主义与平民主义结合起来的机制，在"大众"和"精英"之间提供一种制度进而维持恰当的平衡。

（二）民主之"主"：直接与间接之惑

民众以何种方式"作主"，这是决定民主之实质的重要方面。在政治共同体中，如果公民作为国家的主人，并不借助任何的中介和代表，而是直接参与并管理政治事务，则所体现的政治秩序和制度形式就是一种直接民主。在此意义上，直接民主就是民众自己作自己的"主"。直接民主有两个层次的含义：第一个层次是公民日常并不亲自参与政治统治，但在一些具体问题或特定的事务上，仍然以直接选举、全民公决等方式直接做出决定。第二个层次则是指公民直接行使政治权力，参与国家所有公共事务的管理和决定，也即整个国家制度都采取直接民主的形式，每一个公民都既是统治者，也是被统治者。雅典时期所推行的民主实践就属于这个层次。在这种政治实践中，国家或城邦的公共事务乃是由全体公民参与的公民大会以讨论和票决的方式来做出最终的决定的。时至今日，"广场议政、举手表决"这种古老的民主方式依然在许多地方得以保留。

我们看到，直接参与、直接管理、全民公决等是构成直接民主的决定性要素，最贴切地体现了"人民自己统治自己"的政治意愿。在此政治图景中，公民通过自己在公共的政治舞台上自愿的参与和"出场"而积极介入政治生活中，以少数服从多数的方式来做出集体的决策，直接决定国家的大小事务。可以说，直接民主是最原汁原味的民主形式，是最为理想的民主模式，理应成为人类为之努力的方向。

但是，无论是在理论上，还是在实践中，直接民主并未获得足够的认同，在大多数时候甚至被认为无法满足其实现的条件，因而根本不可践行。一方面，直接民主的推行要受到规模的桎梏。正如密尔所认为的："在面积和人口超过一个小市镇的社会里除公共事务的某些极次要的部分外，所有的人亲自参加公共事务是不可能的。"[①] 直接民主要求民众自己治理自己，而自治的真实性要取决于自治的时间、空间以及参与者的数量。参与者的人数越多，时空跨度越大，民众就越难以直接参与的方式直接表达自己的意愿，自治的能力就越受到阻碍。另一方面，直接民主的推行也容易形成"多数的暴政"。直接民主要求每一个人都参与到公共事务中，遵循少数服从多数的原则，也即认为，民主越直接，就越能表达和接近真理。但事实往往与之相反。公众参政的能力参差不齐，这就意味着，人数上绝对占优不一定等同于事实上的最优，多数也可能意味着错误。这就要求我们能够生成必要的决策机制，以保证在多数意见出现错误时，能够自行进行纠正。但是，由于直接民主是以全体民众的名义来进行运作，其本身并不具备自我纠错的机制，从而容易将多数原则绝对化，借"人民"和"民主"的名义，将错误的决定变成任何人都必须无条件服从的"公意"，就容易形成"多数的暴政"。历史上，雅典的民众以"不信神"和"败坏青年"为由，投票判处苏格拉底死刑，就是这种"多数的暴政"的典型。

正是考虑到人口的规模、国家治理的专业化和精细化等因素，直接民主在现代民主国家基本上销声匿迹，占据主流地位的是间接民主，也

---

① 密尔. 代议制政府. 汪瑄，译. 北京：商务印书馆，1982：55.

即代议制民主形式。在这种形式中，民主本身的实现方式发生了根本的改变。民众并不直接行使政治权力，而是仅仅保留选举的权利，通过自己的选举，将立法、行政以及司法职权交付给选出的代表来行使。显然，"决定政治问题的权力"和"选举作出政治决定的人"已从形式上严格加以区分，从而能够很好地解决如何在大规模的现代政治社会实现民主的问题。同时，通过对宪法权威的强调，以及一系列纠错机制、监督机制的引入，间接民主能够很好地避免直接民主形式中民主蜕变为专制和暴政的现象。

基于间接民主相比直接民主的一系列优点，许多人在谈论我们国家所要推行的民主时，常常想当然地把民主等同于"选举"及其现代形式"代议制民主"。有学者在比较这两种民主模式时，甚至认为，在国家体制上的间接民主是唯一合理可行的选择。显然，只要我们对间接民主的实质稍加探究，就会认识到这种观点的偏执。早在《社会契约论》中，卢梭就一针见血地指出：英国人民自以为是自由的，他们是大错特错了。他们只有在选举国会议员的期间，才是自由的；议员一旦选出之后，他们就是奴隶，他们就等于零了[①]。由于在间接民主中，民众只承担选举的责任，而不能成为真正的决策者，因此，民众的选举就由原本政治参与的方式演变成了"选主"，民主的含义也由原初的"人民的统治"演变为"人民的同意"以及随之而来的"政治家的统治"。显然，这种民主形式与原初的、理想的民主要相差甚远，根本就不是一种真正的民主制度。

---

① 卢梭. 社会契约论. 何兆武，译. 修订第 2 版. 北京：商务印书馆，1980：125.

基于此，无论是直接民主，还是间接民主，都有各自的优缺点以及实现的条件。在现代政治社会，固执地认为必须推行哪一种民主形式本身并不具备天然的合法性。正如罗伯特·达尔所指出的：有时候，小的（直接民主）就是美的；有时候，大的（间接民主）要更好。对我们来说，恰当的做法是创设一种符合自身特点的新的民主模式，既满足人民当家作主的民主实质，使民众真正享有管理国家事务的权力，又找到切实保障人民真正当家作主的实现形式，使直接民主与间接民主以一种彼此强化、彼此融贯的方式而共存。

（三）内容与形式：西式民主概念的困境

在很大程度上，民主之"民"所涵括的范围以及人数多寡会影响到民主之"主"的形式与过程。小国寡民被认为更适合采取直接民主的形式，而无论是疆域还是人口都远远超出公民彼此间能够达到同质性状态的现代国家中，更为合理的似乎是采取间接民主的形式。但是，我们也要看到，不管是直接民主，还是间接民主，都仅仅是为了满足民众能够作主的手段和方式，而绝不是民主本身。如果只是单纯满足于此，民主在本体论意义上的价值理想就会逐渐消解，呈现出与民主本质的背离。

一方面，从内容上看，民主的出发点和目的乃是"当家作主的民"。民主制与寡头制、君主制和贵族制的根本区别在于，人民是国家的基础，并且能在国家政治生活中切实有效地行使主人的权力。真正的民主必须使民众自觉地认识到自己的"原有力量"，即作为主权者为自己做主的权利，使每一个民众都可以平等、自由、自主地参与社会公共事务的治理。在此意义上，真正的民主本身即是从整体意义上的"人民"出发，使整个国家制度都被看成是"人民的特殊内容和人民的特殊存在形式"①。正如马克思所指出的，民主是通过国家而实现的"人民的自我规定"。"在民主制中，国家制度本身只表现为一种规定，即人民的自我规定。……在这里，国家制度不仅自在地，不仅就其本质来说，而且就其存在、就其现实性来说，也在不断地被引回到自己的现实的基础、现实的人、现实的人民，并被设定为人民自己的作品。国家制度在这里表现出它的本来面目，即人的自由产物。"②

另一方面，从形式上看，民主是一种国家制度，而民主制是作为类概念的国家制度。无论是雅典的直接民主制，还是多数西方国家所奉行的代议制民主，其运行方式都不能完全保证民主在治理中的实现。如果没有行之有效的约束，直接民主和间接民主就都会偏离自己的轨道，变成非民主。因此，要使"人民的统治"不只是停留在理想的层面，而是在现实中得以实现，我们就必须创设一种真正的民主制度。在这样一种制度中，整个国家都成为自由的联合体，其中每个人的自由发展是一切人的自由发展的条件。在这种制度中，作为一个自由的联合体的民众，其自身的权力与民主的组织结构相统一起来，并通过程序化的制度途径，"保证全体人民真正享有通过各种有效形式管理国家、特别是管理基层地方政权和各项企业事业的权力，享有各项公民权利"③，使民主由观念形态外化为一种现实的政治运作状态。

① 马克思，恩格斯. 马克思恩格斯全集：第3卷. 2版. 北京：人民出版社，2002：41.
② 同①39－40.
③ 邓小平. 邓小平文选：第2卷. 2版. 北京：人民出版社，1994：322.

二、中国传统民主观念及不足

作为一个描述政治生活方式的概念，"民主"一词并非西方舶来品。《尚书·周书·多方》就说，"天惟时求民主，乃大降显休命于成汤"。《左传·文公十七年》载："齐君之语偷。臧文仲有言曰：'民主偷，必死。'"西汉以后，"民主"一词更是史不绝书，如东汉班固的《典引》所载："肇命民主，五德初始。"裴松之注引《魏氏春秋》："夏侯惇谓王曰：'天下咸知汉祚已尽，异代方起。自古已来，能除民害为百姓所归者，即民主也。'"不过，这里的民主并非主谓结构的词，即"民作主"，而是一个偏正结构的词，即"民之主"。显然，这里表达的是一种尊君思想，与古代希腊和西方近代以来的民主观念有明显的差异。据此，很多学者就认为，从先秦一直到清朝末期，中国传统思想文化倡导的是君权主义，绝非有任何现代意义上的民主意味，而近代以来中国的民主思想则是以传述西方思想及其政制为起点的。但也有很多学者则试图从中国文化内部去探寻"民主"的精神，主张中国传统的民本思想与民主思想之间存在着某种契合甚或"相吻合"[1]，提出民本思想并非存在着不可通达民主的极限，相反，在明末清初就已经开始了"从民本走向民主的开端"[2]，而某些思想家的"政治理念在若干方面逼近民主理念"[3]，因而认为民主之根在中国。

---

[1]　杨光斌，乔哲青. 论作为"中国模式"的民主集中制政体. 政治学研究，2015（6）.

[2]　李存山. 从民本走向民主的开端：兼评所谓"民本的极限". 华东师范大学学报（哲学社会科学版），2006（6）.

[3]　冯天瑜. 文明近代进路的共通性与特异性：从《明夷待访录》"新民本"诉求说开去. 武汉大学学报（人文科学版），2015（1）.

习近平总书记在论及培育和弘扬社会主义核心价值观时，多次强调要传承中华优秀传统文化。传承中华优秀传统文化，绝不是简单复古，而是古为今用，辩证取舍、推陈出新，摒弃消极因素，继承积极思想，"以古人之规矩，开自己之生面"。中华民族在长期实践中培育和形成了独特的思想理念和道德规范，"重民本"的思想就是最为核心的价值之一，这也是中国政治思想的最大特色，对我国传统社会的发展有着巨大的影响，也对当代中国政治文化和民众的政治价值及心理有着深刻的影响，同时更为中华民族生生不息、发展壮大提供了丰厚的滋养。因此，对中国古代民本思想进行批判性的考察，梳理不同时期民本思想的内涵及实质，以及清末民初由"民本"转向"民主"的可能发生逻辑，就成为我们科学把握当代中国式民主内涵的应有之义。

（一）中国传统民本思想的内涵及实质

民本思想的形成和发展，贯穿了中国数千年的历史，并在不同的历史阶段和思想家中得到了不同程度的阐发与发展，特别是在先秦时期，儒家、道家、墨家等学派思想中都蕴含着丰富的民本思想。日本学者沟口雄三教授曾总结道，君主以民的苦乐为第一义，绝不能以自己为本位，天下不是为了君主而存在，而是为民而存在，这两者形成了"民主思想的双璧"①。具体而言，民本思想的内涵主要表现为以下几个方面：

（1）民惟邦本。民本思想最早可追溯到《尚书·五子之歌》提出的"民惟邦本，本固邦宁"，意思是人民乃国家的根本，根本巩固了，国家

---

① 沟口雄三. 中国前近代思想的屈折与展开. 龚颖，译. 北京：生活·读书·新知三联书店，2011：348.

才会安宁。君主必须从和谐的君民关系来看待治理天下的活动，"为人上者"要"临兆民"，必须心怀畏惧之心，恭敬地加以对待。西周时期，周公提出了"敬天保民"的思想，主张统治者通过敬天而获得合法性，并通过保民来实现对天命的遵循。"民之所欲，天必从之。"（《尚书·周书·泰誓》）孟子在《孟子·尽心下》中提出"民为贵，社稷次之，君为轻"，明确强调人民的利益和福祉在国家治理中的首要地位，统治者应当为人民谋福利，否则便会失去民心。荀子在《荀子·王制》中指出"水则载舟，水则覆舟"，人民如同水，国家如同舟，统治者如果不能善待人民，就会被人民推翻。这一比喻形象地表达了以民为本思想的精髓。

（2）为政以德。民本思想强调统治者应当实行德政和仁政，用道德教化和仁爱之心来治理国家，施行有利于人民的政策。周公的敬天保民思想的实质是敬德保民，以德配天，强调统治者要以德服人，而不是以力服人，将德行视为治理国家的核心。孔子亦提出："为政以德，譬如北辰，居其所而众星共之。""道之以政，齐之以刑，民免而无耻；道之以德，齐之以礼，有耻且格。"（《论语·为政》）"政者，正也。子帅以正，孰敢不正？"（《论语·颜渊》）强调道德的感召力和正当性，以德治国，以民众为依归，用道德和文化而不是仅仅依靠法律和刑罚的力量来引导和规训人民。

（3）安民富民。民本思想主张统治者应当保障人民的基本生活需求，确保人民能够安居乐业。安民是民本思想的重要内容。儒家主张，治理国家要以仁爱为基础，通过宽政爱民、反对苛政，以稳定社会秩序，达到安民的目的。墨家则主张"非攻"，提出统治者应通过和平手段解决冲突，避免战争，保障人民的生命财产安全。与此同时，富民思想也是民本思想的重要组成部分，强调通过发展经济、改善人民生活来实现社会的稳定和国家的长治久安。无论是儒家的"凡治国之道，必先富民"、墨家的"去无用之费，圣王之道"，还是法家的"民不逃粟，野无荒草，则国富，国富者强"，莫不都是强调，统治者只有让人民富裕，才能实现国家的繁荣和社会的稳定。

（4）顺应民意。民本思想强调统治者应当尊重并顺应人民的意愿和需求，倾听人民的声音。《尚书·虞书·皋陶谟》言："天聪明，自我民聪明；天明畏，自我民明畏。"《尚书·周书·泰誓》言："天视自我民视，天听自我民听。"这里提到的实际上就是顺应民心、民意问题，主张统治者要依据人民的眼睛和耳朵来办事情。这种思想在后世各家都得到不同程度的继承。老子在《道德经》中提出，"圣人无常心，以百姓心为心"，主张统治者应当无为而治，顺应自然与民意，陈鼓应将之解读为破除自我中心去体认百姓的需求，而敞开彼此隔阂的通路①。孟子更是直接形成了将民心民意作为政治基础的民心政治学。"桀纣之失天下也，失其民也；失其民者，失其心也。得天下有道：得其民，斯得天下矣；得其民有道；得其心，斯得民矣"（《孟子·离娄上》）。荀子曾说，"水则载舟，水则覆舟"，形象地表达了民本思想的精髓。墨子倡导"尚同"思想，主张治国理政，"上同于天"（《墨子·尚同上》），"得下之情"（《墨子·尚同下》）。宋代大儒张载在《正蒙·天道》中也提道：

---

① 陈鼓应. 老子今注今译. 北京：中华书局，2020：236.

"天视听以民，明威以民，故《诗》《书》所谓帝天之命，主于民心而已焉。"这些莫不表明儒家、道家、墨家等各大思想流派尊重民意、顺应民心的理念，对中国社会政治思想和实践产生了极为深远的影响。

（二）中国古代民本思想的理论困境

中国古代民本思想作为一种政治哲学，虽然强调了人民在国家的重要性，主张统治者施行仁政、以民为本，在中国古代社会发挥着积极作用，但是与近代意义上的人民当家作主的民主思想还是有实质上的差别，存在着诸多的理论困境。

（1）民本思想的实质是君本位，而非民本位。在中国古代社会，民本思想的提出，就其本质只是实现王道政治的工具，是要实现对民众的统治，是治民，而非民治。在孟子那里，民贵君轻，其价值主体并不是民众，而是君主。之所以要重视民心，是因为君主要得天下。也即是说，在王朝政治和君主专制条件下，民是君主统治天下和管理天下的工具性存在，在政治实践中始终处于被统治、被管理的地位。即使有强调君主的存在是为了人民，如荀子说"天之生民，非为君也。天之立君，以为民也"（《荀子·大略》），那也是站在政治主体的君主的立场上讲的，是为了巩固王权和君主专制的统治。梁启超认为，儒家仁政民本思想的最大缺点，在专为君说法，而不为民说法。只要民本思想无法逾越君主专制，那其中蕴含的重民、爱民、顺民等思想观念就始终只是停留在理论上，而无法在政治实践中得以实施。

（2）民本思想依托的是道德教化，缺失制度保障。中国民本思想，植根于圣人君子的完美人性，把政治理想的实现维系于统治者的个人道德修养和意愿，而非制度化的保障。儒家重视礼法，但更偏重礼教和德治，而忽视了法律制度的独立性和权力制约的重要性，这种依赖个人道德的治理模式缺乏持久性和可靠性。统治者的道德修养不可能始终如一，缺少稳定的制度化设计，就使得这种民本思想只能停留在思想和观念层面，而很难在具体的政治实践和运作中发挥作用。历史上很多暴政的出现，就是在道德教化失效的情况下发生的。

（3）人民权利的缺失。民本思想强调统治者对人民的仁政和关怀，但其中并没有表达对人民权利的诉求，也忽视了人民的自主权和政治参与权。在民本思想中，人民往往被视为需要统治者施恩的对象，而非权利的主体，这种思想没有真正赋予人民政治权利，人民的地位依然是被动的，他们无法通过合法的途径表达诉求或对抗不公正的统治。在此意义上，民本思想就与主张"国家的一切权力属于人民"的现代民主观念有着本质上的差异。

（三）清末民初由"民本"转向"民主"的发生逻辑

正是因为民本思想中的人民在君主专制制度下不可能成为自己的主人，从而成为真正的政治主体，明清之际的许多思想家，如黄宗羲，开始从民治、民有等新的维度出发去思考民本的内涵，主张"天下之治乱，不在一姓之兴亡，而在万民之忧乐"①。而在清末民初，梁启超、谭嗣同等思想家则试图结合近现代西方民主制来阐发民本思想，在传统的"民生"之外，倡导"民权"，力图使民众真正成为政治生活实践的主体，实现"为民做主"到"由民做主"的转变。五四时期，李大钊等

---

① 黄宗羲. 明夷待访录. 北京：中华书局，1981：4.

马克思主义学者结合传统民本思想与西方民主学说，提出了将民心和民意作为国家民主政治基础的"民彝"学说，并在此推动下，逐渐完成了从旧民本主义到马克思主义民主思想的转变。

近代以来，"民主"一词，在含义上经历了一个由偏正结构的"民之主"到主谓结构的"民做主"的渐变过程，而这之中，起关键作用的当属用"民主"对译英语的"democracy"。"民"对应的是 demo（民众），"主"对应的是 cracy（支配、统治）。通过这样的翻译，"民主"逐渐获得了新的含义，并使越来越多的先进中国人认同和接受这一含义。洋务运动时期，许多有过西方游历的士大夫开始比较君主国与民主国的优缺点，认识到民主是一种不同于君主制的国家体制。如王韬就提道，泰西之立国有三：一曰君主之国，一曰民主之国，一曰君民共主之国……一人主治于上而百执事万姓奔走于下，令出而必行，言出而莫违，此君主也。国家有事，下之议院，众以为可行则行，不可则止，统领但总其大成而已，此民主也。朝廷有兵刑礼乐赏罚诸大政，必集众于上下议院，君可而民否，不能行；民可而君否，亦不能行也；必君民意见相同，而后可颁之于远近，此君民共主也①。我们看到，尽管这些学人在理论上更多的是从"重民"而非现代的人民主权意义上去理解民主，但他们通过对西方政治实践的接触，已经逐渐对"民主"对应的西方政治对象有明晰的认识。

甲午战争后，越来越多的中国人开始留学日本，通过日本所翻译的西学书籍，逐渐加深了对西方文化的了解，"民主"一词的含义也逐渐

---

① 王韬. 弢园文录外编. 上海：上海书店出版社，2002：18-19.

接近"democracy"的本义。如梁启超自留学日本后，就开始从政体的维度去理解民主，提出民主国所最要者，在凡百听民自为，其不能躬亲者，则选官吏以任之，强调民主"本旨之最要者，则人民皆自定法律，自选官吏，无论立法、行法，其主权皆国民自握之，而不容或丧者也"①。进入 20 世纪，由留学生、国内学堂学生以及接受西学的开明士绅组成的知识分子队伍不断壮大，"民主"开始与"共和"一起频繁出现，形成了"君主立宪"与"民主（共和）立宪"相对峙的话语体系，民主革命开始演变为社会主流的政治诉求。

我们看到，中国人民对民主的最初认识和追求并不是内生自发的，而是一种对西方列强欺压和侵略的应激回应。清末帝制到民主制转型的失败，使民主革命成为中国走向民主化进程无法逃脱的历史宿命。进入 20 世纪，对于中国人来说，所关注和争执的已经不是要不要民主的问题，而是要解决"谁之民主""如何民主"，也即实现什么样的民主以及如何实现民主的问题。辛亥革命的爆发，固然使民主制在中国成为一种现实的政体选择，但是民主的价值远未在汉语语境中获得其合法性，为大众真正接受和认同。正如林伯渠在回顾这段历史时所指出的：辛亥革命前觉得只要把帝制推翻便可以天下太平，革命以后经过多少挫折，自己追求的民主还是那样的遥远②。

辛亥革命建立了共和政体，但民主却远未实现。"无量头颅无量血，可怜购得假共和。"在许多知识分子看来，其根本的原因在于，在长期

---

① 梁启超. 饮冰室文集点校：第 1 集. 昆明：云南教育出版社，2001：406.
② 林伯渠. 荏苒三十年. 解放日报，1941-10-10.

的封建专制社会中，原本应当成为民主主体的大众并不是现代意义上的"国民"，相反，他们只是主体意识失落的奴性人格载体。因此，对许多倡导民主理念的知识分子来说，最为重要的任务就是要通过启蒙去唤醒民众、开启民智以实现"立人"。1915年9月，《新青年》（原名《青年杂志》，第二卷起改称《新青年》）创刊，旗帜鲜明地发出了要民主、要科学的呐喊，由此开启了启蒙大众的历程。启蒙者从抽象的人权出发，提出了"惟民主义"的主张，强调民主政治的实现，纯然以多数国民能否对于政治，自觉其居于主人的主动的地位为唯一根本之条件。

中国的启蒙知识分子通过"立人"走向民主政治的道路并未能按预定的方案来进行。须知，没有一个主权独立的现代民族国家，人是根本无法立起来的。要"立人"，必须先立国。与此同时，巴黎和会上，宣扬"自由、民主、平等"的西方列强剥夺了中国本应有的主权，这就使得许多先进知识分子开始重新审视资本主义价值体系中的民主制度，并逐渐认识到西方资产阶级民主的虚伪性。十月革命一声炮响，给中国送来了马克思列宁主义。在痛苦的抉择中，先进的中国人民最终选择了马克思主义，选择了一条无论是在价值层面，还是在制度层面，都要优越于资本主义价值体系的民主新路。

三、马克思主义视域下全过程人民民主的科学内涵

马克思主义从历史唯物主义的视域出发，认为资本主义民主本身就具有阶级性和欺骗性，现代的国家政权不过是管理整个资产阶级的共同事务的委员会罢了，形式上是代表人民意志，为人民服务的，但本

质上"都是资本主义的机器，资本家的国家，理想的总资本家"。为了批判资本主义民主的这种阶级性和欺骗性，马克思提出，不管怎样，我们都必须弄清楚民主是什么。由此问题，马克思主义开启了民主理论的构建。

在马克思的民主理论中，首先，民主是历史的、具体的。按照马克思的理解，作为上层建筑的组成部分，民主不是产生于人的思维中，而是由整个社会的生产关系所决定，并反作用于经济基础，因此，民主具有一定的阶级性，不存在超阶级的"一般民主"，无产阶级政党的任务就是废除资产阶级的所有制，使无产阶级上升为统治阶级，争得民主。其次，社会主义民主的实质和根本特征是人民当家作主，正如马克思所理解的，在民主制中，国家制度本身就是一个规定，即人民的自我规定。在君主制中是国家制度的人民，在民主制中则是人民的国家制度。最后，每个公民都普遍地享有真正的选举、监督和罢免国家工作人员的权利。马克思虽然一生没有参加民主政治的实践活动，但在总结巴黎公社政权的经验时提出，新国家的人民当家作主原则必须体现在普选制、监督制和罢免制的民主制度体系中，它是防止国家异化、由公仆变主人的重大措施。

在社会主义民主的不断发展过程中，真正将马克思主义设想的民主思想付诸政治实践，建立世界上第一个社会主义国家的，是列宁的伟大创造。在列宁看来，"没有民主，就不可能有社会主义"。这里包含两层意思，一是"无产阶级如果不通过争取民主的斗争为社会主义革命作好准备，它就不能实现这个革命"，二是"胜利了的社会主义如果不实行充分的民主，就不能保持它所取得的胜利，并且引导人类走向国家的消亡"①。基于此，列宁提出建立具有真正民主性质的苏维埃制度。这一制度对于人类社会的民主发展具有十分重要的意义，它开辟了一种新的人类民主实践。

中国共产党自成立后，开始把马克思、列宁的民主思想中国化，由苏维埃民主制度转到人民民主制度的建立，不断形成符合中国国情的民主理论。党的十八大以后，中国共产党继续推进马克思主义民主思想的中国化进程，进一步创新马克思主义的民主理论，提出了"全过程人民民主"。

"全过程人民民主"是指在中国共产党的领导下形成和发展的，由中国共产党领导人民创建的新型政治文明形态，它强调民主的内生性、全面性、人民性、过程性和时代性，其本质是一种全新的民主价值理念和民主实践形态的有机融合，属于新时代中国特色社会主义民主政治建设的核心概念和理论范畴。在全过程人民民主理论体系中，"民主"，一方面表现为一种政治价值，其本身关照着人民的本体性，体现了人民至上的价值理念，表达着社会主义民主的本质要求；另一方面表现为一种政治实践，凸显了民主的"全过程性"，不仅要求民主在时间上是无时不在的，呈现出全链条性，而且要求民主在空间上是无处不在的，表现为全方位和全覆盖性。正是基于此，在2021年10月13日至14日举行的中央人大工作会议上，习近平总书记掷地有声地指出："我国全过程人民民主实现了过程民主和成果民主、程序民主和实质民主、直接民主和间接民主、人民民主和国家意志相统一，是全链条、全方位、全覆盖

---

① 列宁. 列宁全集：第28卷. 2版. 北京：人民出版社，1990：168.

的民主，是最广泛、最真实、最管用的社会主义民主。"①

（1）全过程人民民主的根本价值是"人民至上"。所谓的"人民至上"就是永远把人民置于社会的主体和主角，使其在国家社会中具有至高无上的地位，国家的一切权力属于人民；永远把人民的利益放在第一位，以人民为中心，服务于人民；永远把人民生活是否真正得到了改善、人民权益是否真正得到了保障作为最高标准来检验一切工作的成效。在人类社会的发展过程中，这种"人民至上"的民主观念并不是自然形成、与生俱来的。在传统社会中，君主拥有至上的地位和无限的权力，人民只是君主的附庸，民主也只是一种幻想。在现代西方社会中，随着社会的发展进步，虽然否定了传统社会奉行的"君权至上"观念，确立了"个人至上"的民主观念，但这里真正至上的"个人"并不是最广大的人民群众，而是拥有巨额财富的资产阶级财团及其代表——资产阶级政党，民主并没有得到真正的彰显。与现代西方由资产阶级政党统治的社会不同，现代中国社会是由中国共产党领导的。作为一个以实现共产主义为最终目标的马克思主义政党，中国共产党是中国工人阶级的先锋队，同时是中国人民和中华民族的先锋队，它与人民休戚与共，并生死相依。中国共产党的这一根本性质就决定了其必然将"人民至上"作为自身践行民主的根本价值理念，始终把为中国人民谋幸福、为中华民族谋复兴作为初心使命，中国的民主是在党的统一领导下展开的，中国共产党始终代表最广大人民的根本利益，保证人民当家作主，体现人

---

① 坚持和完善人民代表大会制度 不断发展全过程人民民主. 人民日报，2021-10-15（1）.

民共同意志，维护人民合法权益①。

全过程人民民主怎么充分体现"人民至上"的价值理念？一是坚持把每一个中国人置于国家主人的地位，强调人民拥有国家的一切权力。马克思早在《黑格尔法哲学批判》中就指出，在国家的政治生活中，一切人都希望单独参加立法权无非就是一切人都希望成为真正的国家成员，希望获得政治存在。习近平依据马克思主义的这一理念，从中国的实际出发提出，"江山就是人民、人民就是江山，坚持一切为了人民、一切依靠人民，坚持为人民执政、靠人民执政，坚持发展为了人民、发展依靠人民、发展成果由人民共享"②，突出了人民在国家政治生活中的至上地位。二是坚持最大限度地把中国人吸纳到民族复兴的伟业中，使其持续性地有序参与社会建设。在这里，"最大限度地吸纳"不仅包括全体的社会主义劳动者、社会主义事业的建设者，而且包括拥护社会主义的爱国者、拥护祖国统一和致力于中华民族伟大复兴的爱国者，其中社会主义劳动者始终是推动我国先进生产力发展和社会全面进步的根本力量，是全过程人民民主的主体力量，而"持续性地有序参与"则是通过中国特色社会主义的政党、国家与社会关系三者之间的制度建构和安排，将政治上有序参与的互动过程作为民意连续性表达的实现路径，彰显出全过程人民民主蕴含的全体人民当家作主的至上意蕴。三是坚持把每一个中国人的利益都放在第一位。全过程人民民主与西式民主的最本质区别就在于它关注的是全体中国人的利益。这种"全体中国人"并不是一个抽

---

① 韩震. 全过程民主制度保证了中国道路的成功. 社会主义论坛，2019（12）.
② 中共中央关于党的百年奋斗重大成就和历史经验的决议. 北京：人民出版社，2021：66.

象的概念符号，而是一个个具象化的真实人的存在。基于此，我们看到，不管是习近平总书记在全面建成小康社会时提出的"一个也不能少"，还是在奔赴共同富裕道路上要求的"一个也不能掉队"，其目标都是要不断增强每一个中国人的获得感、幸福感、安全感，"让全体中国人都过上更好的日子"①。2021年底，习近平主席向南南人权论坛致贺信时明确指出，"坚持人民至上，把人民对美好生活的向往作为奋斗目标，是时代赋予世界各国的责任"，并强调中国始终"坚持以人民为中心，把人民利益放在首位，以发展促进人权，推进全过程人民民主，促进人的自由全面发展"②。

（2）全过程人民民主的核心要求是"全过程性"。如果说"人民至上"规定了全过程人民民主的价值要求，那么"全过程性"就规定了全过程人民民主的实践要求。从一般意义来理解，这种全过程民主是针对"非全过程民主"而言的。一方面，它克服了列宁所提到的"每隔几年决定一次由统治阶级中什么人在议会里镇压人民、压迫人民"③的资产阶级议会制民主，强调民主实现过程的持续性和全方位。"持续性"要求全过程民主，在时间上保持始终如一的持续状态，即它不能仅存在于选举活动期间，而是要在任何时间段上都始终存在民主议题，体现出民主的无时不在。"全方位"要求全过程民主，在空间上保持全领域和全覆盖，即它不是零散化的、碎片化的民主，不能仅仅存在于民主实践的某一个环节，而是要体现在民主实践的每一个环节，要把所有关乎国计

---

① 习近平. 习近平谈治国理政：第3卷. 北京：外文出版社，2020：134.
② 习近平向2021·南南人权论坛致贺信. 人民日报，2021-12-09（1）.
③ 列宁. 列宁选集：第3卷. 3版修订版. 北京：人民出版社，2012：150.

民生的重大的公共政治决策都置于民主范畴中来考虑，体现出民主的无处不在。另一方面，它克服了出现在古希腊时代的"暴民政治"，防止了少数意见领袖借助舆论形成的多数"民意"来侵犯少数人权益的、过热式的、临时性"民主"决策，突出强调民主实现过程的程序化。所谓程序化是指在民主的协商、对话、辩论、审议等过程中，严格地遵守由时间、步骤、流程、操作等组成的一系列固化的规范约定，它表达着民主实践的基本底线，毕竟只有把公平、正义和规范的程序嵌入政治制度之中，才能有效保障民主政治的价值性[①]。在全过程人民民主中，程序化不仅规范了人民民主的制度设计和决策机制、运行机制、监督机制，而且规范了人民群众的政治参与方式、决策形式等。通过程序化的规制，人民民主能够将所有人的重合的意志汇集、凝练和整合成真正可以兑现的社会力量，以推进全过程民主政治的发展。

全过程人民民主充分体现"过程"的持续性和程序化。一是坚持各个环节的无缝衔接。这里的"无缝衔接"主要指民主选举、民主协商、民主决策、民主管理、民主监督等民主的实践环节通过一系列行之有效的制度安排和活动规范的严格执行，既相互勾连，又连续互动。它是从横向维度体现了民主内容的全面性，表达出全过程人民民主是一种真正将民主各个环节彼此贯通起来的全链条、全方位、全覆盖的民主形式。正是基于此，程竹汝提出，如果将公权力的形成和公共政策的选择看作一个政治系统和过程，那么，处于这一过程各个环节中的选举民主、协

---

① 黄丽萍，赵宬斐. 对程序民主实践中程序"空转"问题的思考. 苏州大学学报（哲学社会科学版），2016（1）.

商民主、决策民主、管理民主、监督民主本是一体的，即全过程民主①。二是坚持程序规范的闭合循环。这种"闭合循环"不仅体现为决策形成之前的群众路线、议题确立、调查研究、征询听证，而且体现为决策形成之中的充分协商、对话交流、开门议政、方案选择，同时也体现为决策形成之后的科学评估、问责处理、执行调整，呈现出决策过程的环环相扣与缺一不可。它是从纵向维度凸显出民主程序贯彻的全程性，"确保党和国家在决策、执行、监督、落实各个环节都能听到人民的声音"②，真正保证"人民群众能够在民主的不同环节和不同领域行使不同类型的民主权利，从而将人民的持续参与贯穿于国家治理和社会治理的全过程"③。通过这种人民的全程参与，全过程人民民主真正体现了民主的真谛在于众人的事由众人参与、商量，通过充分商量寻找社会共识的最大公约数，从而真正实现人民当家作主，保障人民管理国家的民主权利。

第三节

寻根溯源说文明

文明是人类社会特有的文化现象，是人区别于动物的根本性标识。

① 程竹汝. 人大制度内涵的充分展现构成全过程民主的实践基础. 探索与争鸣，2020 (12).
② 尹汉宁. 全过程人民民主是更高更切实的民主. 人民日报，2021 - 12 - 08 (11).
③ 李笑宇. 全过程人民民主拓展人类政治文明新视野. 学习时报，2021 - 10 - 20 (2).

但在思想史上，文明是一个内容极为丰富又歧义极多的术语，其含义在起源上就呈现多样的态势。而随着时代变迁，文明的词义变得越来越复杂和含混，成为一个内涵丰富但又极富张力的现代概念。正是基于此，我们要理解现代社会的文明形态，畅想未来社会的文明新形态，就必须从界定文明的概念开始，深入把握文明的含义是根据使用它们的思想以及思想赋予它们的特征而发生广泛而频繁的变化的，以期对文明的本质有基本的澄清。

一、"文明"内涵在西方的起源与变迁

尽管从历史的角度看，西方文明史可以追溯到远古时期，但现代意义上文明（civilization）一词的出现，则是起始于启蒙运动时期。根据学界考察，从词根上，civilization 一词可追溯到拉丁文 civitas（表示城市和城邦）以及相应的 civilis（为形容词，意思为民事的、公民的）和 civis（为名词，意思为市民、公民或国民，此时与 citizen 同义）[①]。在欧洲的中世纪时期，civitas 与希腊文 polis 同义，civitas 除了指城邦中公民的地位和权利，还被用来描述罗马帝国时期的文化、艺术和科学成就。15 世纪，以 civitas 为词根的英文 civility，除了有政治意义上的如公民之权利、公民治理等内涵，还开始有了"礼貌""有教养"的含义，表示社会某个特定阶层因接受优质的教育而养成的良好素养和行为举止。在 16 世纪的法语中，以 civitas 为词根的 civilité 和 civiliser 开始为学者普遍使用，civilité 主要指礼仪，而 civiliser 既可以作动词，表示

---

① 何勤华."文明"考. 政法论坛，2019（1）.

"使……变得绅士、文雅""使开化"，指人们从原初的生活状态向更高
阶的生活状态转化；也可以用作形容词，表示"开化的"，指脱离原初
的蒙昧和野蛮的人们的生活状态。在此基础上，到 18 世纪，一个用来
表示"文明化的行为或文明人的状态"的新词 civilisation（civiliser 的
名词形式）开始出现，这个词就是现代意义上的文明。

　　根据布罗代尔在《文明史纲》中的梳理，文明一词，较早为法国经
济学家杜尔哥于 1752 年所使用，不过其并未将他撰写的这部作品发表
过。4 年后，法国思想家维克托·里凯蒂（Victor Riqueti），即米拉波
侯爵在其正式出版的《人口论》著作中明确使用了"文明"一词①。在
这里，文明意味着城市中的国民已经养成儒雅风尚，成为有教养、举止
高雅的公民。在其作品中，米拉波提到了"文明的范围"，甚至还提到
了"骄奢淫逸的虚假文明"②。文明化即意味着"有教养的""有礼貌
的""开化的"，它从野蛮所出，又超出了野蛮，是社会已经发展到较高
层次后所表现出来的不同于野蛮时代的新的社会形态。

　　18 世纪 70 年代左右，civilization 这个词及其现代意义开始传入英
国并逐渐取代历史更为悠久的 civility（教养）一词。苏格兰启蒙运动
哲学家亚当·弗格森（Adam Ferguson）就是最早使用"文明"一词并
对其进行极有影响的阐述的学者之一。他在 1767 年出版的《文明社会
史论》一书中就明确提出了蒙昧—野蛮—文明的社会发展阶段划分，提
出文明社会与野蛮社会、未开化社会相对，其标志是基于地域和财产的
所有权保护需要而产生市民法和相应的政治制度。此后，约翰·米勒

----

①② 布罗代尔. 文明史纲. 肖昶，等译. 桂林：广西师范大学出版社，2003：23.

（John Millar）在《社会阶层差异观察》（*Observations Concerning the Distinction of Ranks in Society*，1771 年）、亚当·斯密在《国富论》（1776 年）中开始将文明的进步和社会分工、人与人之间"团结协作"以组建一个法律限度内的政府的进程联系起来，在此意义上，文明就既指人民脱离蒙昧和野蛮状态进阶到高级生活状态的过程，也指经过上述过程所达到的生活状态。

到 19 世纪，法国历史学家基佐（Francois Guizot）在《欧洲文明史》一书中，进一步阐述了发展论的文明史观。他从否定的角度谈论了什么样的社会不是文明社会。第一，一个民族，如果人民的物质生活非常充足，但整个民族的智力活动和精神生活都处于一种压抑的状态，人民在其中受着羊群般的对待，那么这很难说是一个文明的社会。第二，一个民族，如果其物质生活没那么舒适和安乐，只能维持温饱，不过人民在道德和精神方面的需要却受到了重视，国家会向民众提供一定数量的精神园地，以培养其崇高而纯洁的感情，但是，整个国家却受到神权政治的支配，从而使人性受到压制，那么这也很难说是一个文明的社会。第三，一个民族中，人与人之间处处显示出个人自由的精神，但是国家的统治者依靠暴力来治理国家，从而导致混乱和不平等的现象不断出现，进而导致整个国家处于一种无序的政治秩序中，人民的物质条件极度匮乏，这自然也不可能是文明的状况。第四，每个人都拥有充足的自由和完全的平等地位，每个人可以自由地做自己意愿的事情，而且不受他人权力的制约，但他们的行动都只是基于自己的利益，而很少考虑公众的意见，也不见有社会交往，无法影响到他人，从而导致无法促进社会的进步，每个人临死时看到的社会正是他诞生时看到的那个社会。显然，这个社会中，虽然有自由和平等，但肯定没有文明，呈现的是野蛮部落的状况①。

基于这样的认识，基佐指出，文明这个词是一个复杂的概念，不仅包括社会、政治、经济、文化等层面的内容，还涉及人类的价值观、信仰、行为方式等方面。一方面，对于社会而言，文明意味着要不断增加物质财富以为实现人民的幸福提供各种产品和需求，并能确定公平的原则和秩序以保证所有人都能获得这种幸福。但另一方面，对于人来说，文明这个词绝不只限于需要秩序和物质上的幸福，而是"包含着某种更广泛、更复杂的东西，超过了仅仅是社会关系、社会力量和幸福的完善"②。除了社会生活的发展，文明还意味着人本身的发展，特别是人的各种能力、情感和思想的发展，如宗教、道德观念、科学、文学和艺术的发展。基佐强调，人类社会的发展和个人自身的发展是文明的两大标志。即便社会的状况并不是很完善，但看到了这两大标志，我们也可以大声宣告文明的到来。

在基佐那里，文明的基本语义就是进步与发展，包括国民生活的不断完善、严格意义上的社会发展以及人与人之间关系的发展，即社会的进步与人性的进步③。除了政治和社会发展，文明还需要有积极的价值观，如道德、公正、互助、包容等，以促进人类之间的和谐与团结，并且需要在保护多样性和尊重个体权利的前提下，形成共同的文化和社会

---

① 基佐. 欧洲文明史. 程洪逵，等译. 北京：商务印书馆，2005：8 - 9.
② 同①11.
③ 同①10.

规范。文明是人类生存和发展的基础，代表了人类的进步和繁荣，也需要我们不断地努力和探索，才能够取得长期的成功。

我们看到，在基佐那里，进步主义的文明观是一个展示"欧洲各民族文明的集合体"的复数形式的概念，体现了"欧洲文明"内部的一致性，而这中间，"法国是欧洲文明的中心和焦点"①。基于这样的认识，基佐对欧洲以外的各种文明形式极其轻视，认为欧洲各民族的进步性要远超过东方各民族。尽管他指出近代欧洲文明之前的文明，不管是希腊和罗马文明，还是亚洲以及其他地方的文明，都具有某种占据统治地位的原则的单一性，这个原则决定了社会制度、习俗、信条等一切事物的发展，但这种单一性在东西方却产生了完全不同的后果。"有时候，例如在希腊，社会原则的单一性导致了一种惊人迅速的发展。从来没有一个民族的发展在如此短促的时期里带来如此辉煌的成果……在别的地方，例如在埃及和印度，文明原则的单一性有一个不同的效果：社会陷入一种停滞状态。单一性带来了单调。国家并没有被毁灭，社会继续存在，但一动也不动，仿佛冻僵了。"② 基佐甚至强调，出于理性对其优越性的解释，"欧洲文明已经进入了永恒的天意的轨道"③。显然，这种文明观实质上是主张，欧洲处于文明发展的前列和典范，有着普遍的意义，理应成为人类发展的方向和终极目标。

作为法国启蒙运动的重要代表之一，孟德斯鸠在《论法的精神》一书中指出，文明是多元的，它们有不同的发展轨迹和发展速度，但与此

---

① 基佐. 欧洲文明史. 程洪逵，等译. 北京：商务印书馆，2005：3.
② 同①24.
③ 同①28.

同时，孟德斯鸠也依据"气候决定论"指出，气候和地理环境是人类文明和历史的决定性因素，它们对给定区域的文化和社会形态产生了重大影响。亚洲各国没有温带，严寒与酷热地区相邻，因而无法培育出文明中的"自由"特质，而欧洲各国处于温带，其自然条件和"勇敢"程度大致相当，因而能"独享自由"，比亚洲要更"文明"[①]。由此，欧洲以外的国家，就必须大力引进欧洲文明，只有这样才能有益于自身的进步。

法国启蒙运动学者伏尔泰在其《风俗论》一书中提出了"东方-西方"二元并置的文明观，并认为东方才是人类文明的先行者，迦勒底、印度和中国是开化最早的民族[②]，而希腊人和罗马人比起亚洲人来又晚近很多。但是伏尔泰又基于其所谓的线性进化论的观点，提出西方民族表现出了远远胜过东方民族的智慧和勇气。他将文明中蕴含的"理性"因素归为欧洲民族所独有，而东方民族则缺乏理性或理性的精神，因此，东方文明虽然起步早，但却一直处于停滞状态，西方文明虽然起步晚，却能迅速使一切臻于完善，反而能后来居上。不论我们谈亚洲的哪一个文明国家，我们都可以说，它曾走到我们前面，而我们现在已经超过了它[③]。其结果就是，伏尔泰对于西方以外的其他文明形态极为轻视，认为要么是处于未开化的蒙昧和野蛮状态，要么是处于停滞状态，正是这种状态，导致文明的欧洲有资格去征服和奴役它们。

伏尔泰以后，从进步-落后、文明-野蛮的角度来看待西方（欧洲）

---

① 孟德斯鸠. 论法的精神. 张雁深, 译. 北京: 商务印书馆, 1961: 275.
② 伏尔泰. 风俗论: 上册. 梁守锵, 译. 北京: 商务印书馆, 1995: 41.
③ 伏尔泰. 风俗论: 下册. 梁守锵, 译. 北京: 商务印书馆, 1997: 107.

和非西方（非欧洲），将西方世界视为文明的化身，而将非西方世界视为野蛮和落后的代表，逐渐成为 19 世纪及之后西方思想家的主流话语形式。休谟、康德、黑格尔等思想家们纷纷从人类发展的趋势来理解"欧洲"与"欧洲文明"，而在其"文明"观念中逐渐确立了欧洲中心论的立场。他们主张，欧洲人的"理性"和"启蒙精神"为世界各国的发展提供了一个普遍性的标准，以英法为代表的欧洲文明为世界文明的发展提供了典范。各个国家只有按照欧洲的发展模式不断克服其"野蛮性"，在思想和行为上不断趋近于西方，才能获得自身的进步与发展。

20 世纪上半叶，两次世界大战的爆发，使得越来越多的西方学者从文化形态论的视角，开始从复数的意义上去思考文明的概念，进而反思西方启蒙运动进步论的文明观。1918 年，德国思想家斯宾格勒在其历史哲学巨著《西方的没落》中，就否认了历史的连续进步，反对将"文明"作为人类历史进化的最终目标，而是认为文明的演进是由相互作用和文化交流所驱动的。除了西方文化，还有中国文化、阿拉伯文化等，每一种文化都要经历"前文化""文化""文明"三个阶段，这些阶段的出现和演进取决于历史背景和社会环境。当不同文化的人接触和交流时，他们独特的观念和文化特征会相互交融，从而创建出新的文化形式。因此，斯宾格勒提出，我们需要理解和尊重不同文明的特点和历史，以便更好地实现不同文化的交流。英国历史学家汤因比继承了斯宾格勒文化形态论的思想，开展了以文明为范式的历史学研究。他在西方文明之外，提出还有古代埃及、古代中国等的文明。每一种文明都是人类智慧和实践的结晶，是人类对自然和社会的认知不断深入和发展的结果。因此，文明不仅包括科学技术、文化艺术，还包括道德、法律、社会制度等诸多方面。不同文明虽然具有自身的特点和优势，但彼此之间的交流可以促进人类文化的多元性和繁荣性，因此各种文明之间应该进行交流和融合，相互借鉴、学习，实现和谐共存。布罗代尔在《文明史纲》中也提出，"文明"一词既可以用作单数形式，也可以用作复数形式。单数形式的文明不再关注某种关乎进步信念进而体现至高无上的道德和精神价值的东西，而是指某种为所有文明所共有而不可均分的东西，如文字、耕种、火等人类的共同遗产，这些东西显然不是有某个单一起源，而是已经成为单数文明的集体属性。文明化并不等于西方化，由西方输出的工业文明仅是整个西方文明的特征之一，其他民族接受它，并不意味着就是要接纳西方文明的整体[①]。布罗代尔提出，文化和文明的形成和发展与历史、地理、环境和其他因素相关，不同的文明和文化在其发展过程中，均产生了不同的价值、信仰、知识和观念等元素。在这个意义上，文化和文明的不同并不意味着一种价值上的优劣，而仅仅表达出一个多元的事实。虽然不同文明之间仍然存在着冲突和矛盾，但这些矛盾不是文化之间的内在固有特质，而是由社会生态环境的影响、政治冲突、历史遗留问题、本质差异等造成的。在这个意义上，相互尊重、借鉴和包容成为文明的关键词。总之，以布罗代尔为代表的文明多元论持有者，主张建立一个尊重多元文化和实现文明之间平等交流，并且保持文化多元性发展的世界。在这样一个世界，文化之间不存在优劣，而只是存在差异。不同文明之间的相互理解和尊重是一个双向的过程，各个

---

① 布罗代尔. 文明史纲. 肖昶，等译. 桂林：广西师范大学出版社，2003：27.

文化都可以互相借鉴，这样会为文明的多样性发展开辟更广阔的空间。

不过，我们也要看到，文明多元论的提出，并不意味着西方思想家已经完全走出西方文明是普世真理、终极真理的臆想。相反，自 20 世纪后半叶开始，不同文明之间的差异被越来越多地归结到意识形态领域的分歧，而无论是福山的《历史的终结及最后之人》，还是亨廷顿的《文明的冲突》，都力图将西方文明看作人类社会发展的最后阶段，是"以西方为中心"的文明言说方式，充分暴露了维护西方霸权的心态。虽然这样的观点遭到了很多的批评，但至今仍然成为西方国家进行文化输出和扩张的理论依据。

二、马克思、恩格斯视域中的"文明"概念

"文明"是马克思、恩格斯在阐述人类社会发展时使用最为频繁的一个范畴。从 19 世纪 30 年代到 90 年代末，马克思、恩格斯以唯物史观为基本立场，对"文明"问题进行了半个多世纪的思考。他们将"文明"置于人类历史实践和社会发展的宏大背景中，从生产力发展与生产方式变革的角度去把握和理解"文明"的实质，对包括近代以来西方文明的"旧文明"进行了批判性的反思，并对未来的"新文明"形态进行了深刻的揭示。

恩格斯在《自然辩证法》中分析劳动在从猿过渡到人的进程中起决定性作用时指出，随着人的劳动能力越来越完善和多面，头脑的产物，如民族和国家的形成、法律和政治制度的产生，较之劳动产物，越来越被认为有着更高的地位。文明作为进步的事物，其边界也越来越被限定

在纯粹抽象的理性精神中。迅速前进的文明完全被归功于头脑，归功于脑的发展和活动；人们已经习惯于用他们的思维而不是用他们的需要来解释他们的行为（当然，这些需要是反映在头脑中，是进入意识的）。对文明的这种理解一直支配着马克思、恩格斯之前的唯心主义思想家，以及达尔文学派的唯物主义自然科学家，甚至也影响到了青年时代的马克思、恩格斯。如恩格斯在《恩斯特·莫里茨·阿伦特》一文中就指出，德国人并没有意识到，法国在国外称霸的基础在于其总是比其他一切民族都更容易掌握欧洲的文化形式即掌握文明。马克思在《〈科隆日报〉第 179 号的社论》中也认为，"哲学在用双脚立地以前，先是用头脑立于世界的"，"公众（包括哲学的敌人在内）只有用自己观念的触角才能够触及哲学的观念领域"①。任何真正的哲学都是所处时代的精神上的精华，恰恰是这样的哲学，成了文明或文化的活的灵魂。

在《神圣家族》中，马克思、恩格斯开始对这种理性进步逻辑下的理性主义文明观进行批判和自我批判，认为这种进步观念只是"不能令人满意的抽象的空洞词句"，它将群众看作"人格化的对头"，放到了文明的对立面，主张"精神的一切进步到现在为止都是损害人类群众的进步，群众陷入了日益严重的非人境遇"②。在《英国状况·十八世纪》中，恩格斯比较了德国、法国和英国这三个当代史上占主导地位的国家，指出，英国自 17 世纪中叶开始所发生的社会革命，相比于法国的政治革命、德国的哲学革命，是更为广泛、意义更为重大的变革，其结

① 马克思，恩格斯. 马克思恩格斯全集：第 1 卷. 2 版. 北京：人民出版社，1995：220，220 - 221.

② 马克思，恩格斯. 马克思恩格斯文集：第 1 卷. 北京：人民出版社，2009：290.

果不只是通过以经验主义和个人主义为主要特征的哲学革命确立在道德、政治和社会层面强调主体性和个人价值的意识形态，以及通过资产阶级革命确立资本主义政治和法律制度，更重要的是在此基础上进行了一场以社会结构的根本变革为特征的工业革命，从而彻底改变了封建主义的所有制结构和生产方式，建立了文明社会的现代结构。从根本上说，以制度和精神产品呈现出来的人类文明成果，本质上是物质资料的生产方式的产物。由此，恩格斯提出，"文明是实践的事情"①。文明不仅是一种观念或理论，更是一种基于现实生活的社会生产和再生产实践。

1846 年 12 月 28 日，马克思在回复帕维尔·安年科夫的来信中，对蒲鲁东《经济矛盾的体系，或贫困的哲学》一书混淆思想与事物进行了批判，指出："为了不致丧失已经取得的成果，为了不致失掉文明的果实，人们在他们的交往［commerce］方式不再适合于既得的生产力时，就不得不改变他们继承下来的一切社会形式。"② 在随后撰写的系统批判蒲鲁东的著作《哲学的贫困》中，马克思又强调："由于最重要的是不使文明的果实——已经获得的生产力被剥夺，所以必须粉碎生产力在其中产生的那些传统形式。"③ 将文明的果实理解为已经获得的生产力，强调文明的兴衰与生产力的发达与否紧密相关，文明的一切进步就是社会生产力的任何增长，这就意味着在马克思、恩格斯那里已经形成了基于唯物史观的文明观。

---

① 马克思，恩格斯. 马克思恩格斯文集：第 1 卷. 北京：人民出版社，2009：97.
② 马克思，恩格斯. 马克思恩格斯文集：第 10 卷. 北京：人民出版社，2009：43－44.
③ 同①613－614.

马克思、恩格斯看到，工业革命和机器大生产给资本主义带来了高度发达的生产力。"资产阶级在它的不到一百年的阶级统治中所创造的生产力，比过去一切世代创造的全部生产力还要多，还要大。"① 生产力的空前发展，彰显的是资本主义文明较之以往任何文明形态的进步性，"由此产生了资本的伟大的文明作用；它创造了这样一个社会阶段，与这个社会阶段相比，一切以前的社会阶段都只表现为人类的地方性发展和对自然的崇拜。只有在资本主义制度下自然界才真正是人的对象，真正是有用物"②。这种以资本逻辑为支撑的资本主义文明通过科学技术的运用和工商业的发展，创造出社会成员对自然界和社会联系本身的普遍占有，自然成为人类可以通过知识和技术去认识和把握的对象。人可以通过知识为自然立法，使自然成为人的对象，使自己成为"高度文明的人"。对于蒙昧时代受自然压迫的人来说，这无疑是一种巨大的文明进步。与此同时，大工业也拓展了人们在世界范围内的普遍联系，使世界范围内的市场得以形成，从而使资本主义开始走向世界，并以雷霆万钧的力量裹挟着其他民族接受资本主义文明。"资产阶级，由于一切生产工具的迅速改进，由于交通的极其便利，把一切民族甚至最野蛮的民族都卷到文明中来了。""它迫使一切民族——如果它们不想灭亡的话——采用资产阶级的生产方式；它迫使它们在自己那里推行所谓的文明，即变成资产者。一句话，它按照自己的面貌为自己创造出一个世界。"③

---

① 马克思，恩格斯. 马克思恩格斯文集：第2卷. 北京：人民出版社，2009：36.
② 马克思，恩格斯. 马克思恩格斯文集：第8卷. 北京：人民出版社，2009：90.
③ 同①35，35-36.

以资本逻辑推进的资产阶级文明，在资本主义私有制条件下，必然会导致资本力量对劳动力量的剥削和压迫，进而造成资本主义文明的虚假性。马克思、恩格斯敏锐地看到，在资本主义社会，生产的社会化和生产资料资本主义私人占有之间存在着不可调和的矛盾，这就使得资本主义文明"是在'恶性循环'中运动，是在它不断地重新制造出来而又无法克服的矛盾中运动，因此，它所达到的结果总是同它希望达到或者佯言希望达到的相反"①。例如，资本家为了最大限度地剥削工人的劳动而获得更多的剩余价值，不断扩大生产的规模，最终导致生产相对过剩，从而引发周期性经济危机。马克思、恩格斯将这一现象称为"文明过度"。一方面是私有制条件下资本家"生活资料太多，工业和商业太发达"，另一方面则是工人被榨取更多的剩余价值而导致社会购买力越来越低。在此背景下，"社会所拥有的生产力已经不能再促进资产阶级文明和资产阶级所有制关系的发展；相反，生产力已经强大到这种关系所不能适应的地步"②。生产力越发达，社会就越受到资本主义生产关系的阻碍，一旦尝试去克服这种阻碍，就会导致整个社会陷入混乱中，使整个社会陷入反文明状态中。"每次混乱对全部文明都是一种威胁，它不但把无产者抛入贫困的深渊，而且也使许多资产者破产。"③

在资本主义文明社会中，工人和资本家因为对生产资料的占有不同，所以成了两类完全不同的人。资本家是资本的所有者，拥有对雇佣工人的劳动及其产品的支配权。而工人不占有任何生产资料，除了出卖

---

① 马克思，恩格斯. 马克思恩格斯文集：第3卷. 北京：人民出版社，2009：532.
② 马克思，恩格斯. 马克思恩格斯文集：第2卷. 北京：人民出版社，2009：37.
③ 马克思，恩格斯. 马克思恩格斯文集：第1卷. 北京：人民出版社，2009：682.

自己的劳动力，并没有其他活路可走。"文明的一切进步，或者换句话说，社会生产力的一切增长，也可以说劳动本身的生产力的一切增长，如科学、发明、劳动的分工和结合、交通工具的改善、世界市场的开辟、机器等等所产生的结果，都不会使工人致富，而只会使资本致富；也就是只会使支配劳动的权力更加增大；只会使资本的生产力增长。因为资本是工人的对立面，所以文明的进步只会增大支配劳动的客体的权力。"[1] 马克思敏锐地将资本家对工人的残酷剥削称为"文明国家的耻辱"和"文明中的野蛮"，这种少数人对多数人的公开的经济剥削和政治压迫，凸显了资本主义文明的虚假性，也限制了资本主义文明所能达到的高度。因此，无论资本主义文明给人类社会带来多少财富，其对工人的践踏无疑都将自身钉在了文明的耻辱柱上。在资本主义私有制条件下，"工人的产品越完美，工人自己越畸形；工人创造的对象越文明，工人自己越野蛮；劳动越有力量，工人越无力；劳动越机巧，工人越愚笨，越成为自然界的奴隶"[2]。

此外，在世界范围内，资本主义文明所开辟的世界市场，也并没有给后发国家带来自己所期待的文明，相反，资本主义文明不断榨取剩余价值的本性，使得其在全球范围内推进资本的原始积累，不断将其他民族的土地变为自己的殖民地，利用殖民地的原料和廉价劳动力来为自己的工业体系做支撑，从而达到实现资本主义繁荣的目的。在《中国革命和欧洲革命》中，马克思指出，1830 年以前，中国人在对外贸易上经

---

[1] 马克思，恩格斯. 马克思恩格斯全集：第 30 卷. 2 版. 北京：人民出版社，1995：267.
[2] 马克思，恩格斯. 马克思恩格斯文集：第 1 卷. 北京：人民出版社，2009：158.

常是出超，英国棉织品、毛织品很少能进入中国。英国发动 1840 年鸦
片战争，其目的就是要使中国这个闭关自守的"帝国的银币——它的血
液——也开始流向英属东印度"，几乎使天朝帝国的银源有枯竭的危
险①。他们通过战争将所谓的"文明"带到"世界的各个角落，以便赢
得新的地域来扩张"自己卑鄙的贪欲，结果就是使那些未开化或半开化
的国家从属于西方文明国家，使东方从属于西方。

在对资本主义文明的两面性和反文明性进行分析后，马克思、恩格
斯站在历史唯物主义的立场上，从现实的人的实践活动出发，以建立在
高度发达生产力基础上的把社会生产关系的变革作为超越资本主义文明
内在矛盾的现实路径，从人的自由全面发展和人的最终解放的高度阐释
了建立共产主义新文明形态的历史必然性。

马克思在《关于费尔巴哈的提纲》中指出："人的本质不是单个人
所固有的抽象物，在其现实性上，它是一切社会关系的总和。"②也就是
说，人的本质是在社会关系和历史条件的影响下形成的，而不是超越社
会和历史的抽象存在。而个体的行为和观念是在社会关系中塑造的，而
不是独立存在的。在资本主义社会中，个体的主体性在"市民社会"中
得以呈现，每个人都需要同别人发生关系才能达到自身的目的。在"市
民社会"中，个体自身的目的恰恰是通过与他人的关系而获得普遍的发
展，从而在满足他人利益的同时满足自己。但也恰恰是在这一社会中，
个体基于利己主义和自私自利的需要，往往只是以自己的特殊性为原

---

① 马克思，恩格斯. 马克思恩格斯文集：第 2 卷. 北京：人民出版社，2009：608.
② 马克思，恩格斯. 马克思恩格斯文集：第 1 卷. 北京：人民出版社，2009：501.

则，在共同体中只能是通过炫耀财富的方式来展现自身与他人之间的关系。

马克思、恩格斯深刻地认识到，历史不是作为"源于精神的精神"消融在"自我意识"中，或化为"怪影""幽灵""怪想"而被消灭，"历史的每一阶段都遇到一定的物质结果，一定的生产力总和，人对自然以及个人之间历史地形成的关系，都遇到前一代传给后一代的大量生产力、资金和环境"① 等现存的东西，而文明的进步在根本上就取决于所处时代的生产力的发展程度。不同于唯心主义历史观，唯物主义历史观是"从直接生活的物质生产出发阐述现实的生产过程，把同这种生产方式相联系的、它所产生的交往形式即各个不同阶段上的市民社会理解为整个历史的基础"②，这种历史观"不是在每个时代中寻找某种范畴，而是始终站在现实历史的基础上，不是从观念出发来解释实践，而是从物质实践出发来解释各种观念形态"③。在此意义上，历史的进程，不是由某种"政治的"或"宗教的"动因所决定，而是处在一定社会关系中，由"直接的物质的生活资料的生产"④ 决定的。在《德意志意识形态》中，马克思、恩格斯指出，没有抽象的个人，也没有独立存在的原子式个人，所有个体都是"以一定的方式进行生产活动的一定的个人"⑤，都处在特定的社会制度和经济结构中，也即"是从事活动的，进行物质生产的，因而是在一定的物质的、不受他们任意支配的界限、

---

① 马克思，恩格斯. 马克思恩格斯文集：第1卷. 北京：人民出版社，2009：544-545.
②③ 同①544.
④ 马克思，恩格斯. 马克思恩格斯文集：第3卷. 北京：人民出版社，2009：601.
⑤ 同①523-524.

前提和条件下活动着的"① 现实中的个人。

新的文明形态将会是什么，恩格斯引用了摩尔根《古代社会》中的一句话："这将是古代氏族的自由、平等和博爱的复活，但却是在更高级形式上的复活。"② 在生产资料资本主义私人占有的条件下，工业社会的增长方式以及社会组织形式被资产阶级社会及其市民社会所制约③。文明成了资产阶级的文明，而不是所有人的文明，而这又从根本上抑制了社会生产力的增长。由此，马克思、恩格斯指出了以抽象的人为基点的市民社会所倡导的是文明的虚伪性和局限性。真正的文明社会应该立足于人类社会或社会的人类，必定从现实的个人出发，寻求人的真正解放，也就是使"人终于成为自己的社会结合的主人，从而也就成为自然界的主人，成为自身的主人——自由的人"④，最终建立"自由人联合体"。马克思、恩格斯强调，实现这一新文明社会或共产主义社会，是现代无产阶级的历史使命。无产阶级通过革命取得公共权力，并且利用这个权力使社会化的生产资料摆脱资本属性，变为公共财产，从而使生产力获得加速发展和无限增长，最终"建立这样一种制度，使社会的每一成员不仅有可能参加社会财富的生产，而且有可能参加社会财富的分配和管理，并通过有计划地经营全部生产，使社会生产力及其成果不断增长，足以保证每个人的一切合理的需要在越来越大的程度上得到满足"⑤。在《反杜林论》中，恩格斯对真正的文明社会的特征进行

---

①　马克思，恩格斯. 马克思恩格斯文集：第1卷. 北京：人民出版社，2009：524.
②　马克思，恩格斯. 马克思恩格斯文集：第4卷. 北京：人民出版社，2009：198.
③　邹诗鹏. 马克思的社会存在概念及其基础性意义. 中国社会科学，2019（7）.
④　马克思，恩格斯. 马克思恩格斯文集：第3卷. 北京：人民出版社，2009：566.
⑤　同④460.

了明晰的概括："通过社会化生产，不仅可能保证一切社会成员有富足的和一天比一天充裕的物质生活，而且还可能保证他们的体力和智力获得充分的自由的发展和运用"①。一旦社会占有了生产资料，产品对生产者的统治也就随之消失。而人也在一定意义上从各种支配和束缚自己的异己力量中摆脱出来，从而脱离动物界，从动物的生存条件进入真正人的生存条件。"人们第一次成为自然界的自觉的和真正的主人，因为他们已经成为自身的社会结合的主人了。""只是从这时起，人们才完全自觉地自己创造自己的历史；只是从这时起，由人们使之起作用的社会原因才大部分并且越来越多地达到他们所预期的结果。这是人类从必然王国进入自由王国的飞跃。"② 只有在共产主义社会，人才能获得全面的发展，获得真正的解放和最终的自由，人类也才能真正进入普遍的文明阶段。

三、"文明"内涵的中国话语表达

在中国古典文献中，"文明"一词最早可见于《易传》："文明以健，中正而应，君子正也。"（《彖传上·同人》）"其德刚健而文明，应乎天而时行，是以元亨。"（《彖传上·大有》）"刚柔交错，天文也；文明以止，人文也。观乎天文，以察时变；观乎人文，以化成天下。"（《彖传上·贲》）"内文明而外柔顺，以蒙大难，文王以之。"（《彖传下·明夷》）"见龙在田，天下文明。"（《文言传·乾文言》）以上"文明"，均

---

① 马克思，恩格斯. 马克思恩格斯文集：第 9 卷. 北京：人民出版社，2009：299.
② 同①300.

与离卦有关，离代表火，有光明之义。"文"与"明"搭配，则有文治教化、文教昌明的意思。文明以止，意味着人类开始从野蛮状态中脱离开来，通过关乎天文以遵循天道，关乎人文以遵循人道，最终顺天道而重人事。

尽管从词义上看，古典文献中"文明"一词与现代西方所使用的文明在概念内涵上存在某种相通之处，但在几千年历史进程中，中华民族以自强不息的决心和意志，筚路蓝缕，跋山涉水，走过了不同于世界其他文明体的发展历程，创造了璀璨夺目的中华文明，为人类文明进步事业作出了重大贡献。"中华文明源远流长、博大精深，是中华民族独特的精神标识，是当代中国文化的根基，是维系全世界华人的精神纽带，也是中国文化创新的宝藏。"① 中华文明是世界上最古老、最灿烂的文明之一，中华先民及其后人缔造了中华 5 000 多年不断裂的文明史，"中华优秀传统文化有很多重要元素，比如，天下为公、天下大同的社会理想，民为邦本、为政以德的治理思想，九州共贯、多元一体的大一统传统，修齐治平、兴亡有责的家国情怀，厚德载物、明德弘道的精神追求，富民厚生、义利兼顾的经济伦理，天人合一、万物并育的生态理念，实事求是、知行合一的哲学思想，执两用中、守中致和的思维方法，讲信修睦、亲仁善邻的交往之道等"② 。这些元素共同塑造出中华文明的突出特性，即突出的连续性、突出的创新性、突出的统一性、突出的包容性、突出的和平性。这些突出特性，深刻彰显了 5 000 多年中

① 习近平. 把中国文明历史研究引向深入 增强历史自觉坚定文化自信. 求是，2022 (14).
② 习近平. 在文化传承发展座谈会上的讲话. 求是，2023 (17).

华文明"讲仁爱、重民本、守诚信、崇正义、尚和合、求大同"的精神特质和发展形态，从而区别于其他文明形态，使我们真正了解中国的过去、现在和未来。

第一，中华文明具有突出的连续性。

中华文明与两河流域的古巴比伦文明、尼罗河流域的古埃及文明、印度河流域的古印度文明并称为古代世界的"四大文明"，这其中，只有中华文明是世界上唯一绵延不断且以国家形态发展至今的伟大文明，在人类文明史上占有十分独特而重要的地位。100多年来，特别是2004年中华文明探源工程启动以来的重要考古发现，河南二里头遗址、山西陶寺遗址、浙江良渚遗址、陕西石峁遗址、四川三星堆遗址等都邑性遗址以及黄河流域、长江流域、辽河流域等其他中心性遗址实证了我国5 000多年文明史的发展历程。

中华文明之所以源远流长、绵延不绝，能在数千年历史长河中顽强生存和不断发展，除了有客观的地理格局、气候条件等独特稳定的自然环境，更关键的是中华民族有一脉相承的精神追求、精神特质和精神脉络。正如英国历史学家汤因比所说：中国比世界上任何一个国家都更具有一贯性，数亿人数千年来在政治上、文化上团结至今。他们展示出了这种政治、文化的统一技术，并拥有一次获得成功的极为珍贵的经验，而且那种统一化倾向正是当今世界绝对必要的需求①。

首先，反映中华文明连续性的核心因素之一就是汉字的创制与演

---

① 山本新，等. 未来属于中国：汤因比的中国观. 吴栓友，译. 北京：世界知识出版社，2018：42.

变。2014年5月，习近平总书记在北京市海淀区民族小学看望少年儿童时指出："中国字是中国文化传承的标志。殷墟甲骨文距离现在3 000多年，3 000多年来，汉字结构没有变，这种传承是真正的中华基因。"2022年10月，习近平总书记在河南殷墟遗址考察时指出："中国的汉文字非常了不起，中华民族的形成和发展离不开汉文字的维系。"文字是历史的见证者，更是文明的传播者。从距今4 000多年的山西陶寺遗址出土陶壶上的"陶文"，到夏王朝时期的河南二里头遗址出土陶器上的象形符号，再到西周金文、秦篆、汉隶、魏碑、楷书、行书、草书等，虽然汉字的书体不断变化，但万变不离其宗，其内部深层结构从未发生根本性变化，成为古代文明中从没有中断过的文字系统。"追溯汉字的演变历程，可以触摸到历史的脉搏，感受到中华文明深厚绵长的底蕴。"① 正是汉字的持续性，使得浩瀚博大的中华文化得以完整记录、保存并传承几千年，从而使我们能够超越传统和现代的界限，维系中华民族的根脉，使中华文明得以不断裂地发展。

其次，反映中华文明连续性的还有几千年来一直延续至今的许多价值观念、人文思想、礼乐制度。中国有丰富的文学传统，包括古代的经典文学作品如《诗经》《论语》《庄子》等，以及后来的小说、戏曲等。这些文学作品反映了不同历史时期的思想、价值观和文化风貌。而以儒家经典《周礼》《礼记》《论语》《孟子》等文献为基础所形成的礼乐文化，虽然随着时代的变迁会不断加以调整，但其作为一种培养人的德性和促进社会和谐的道德准则，不仅影响了古代中国社会结构和行为规

---

① 李守奎. 汉字与中华文明传承. 求是，2024（3）.

范，而且在一定程度上仍然在当代中国社会中产生影响。这种意识塑造了仁、义、礼、智、信、孝、君子、中道等价值观念、行为规范和社交方式，并逐渐内化为中华先民及其后人世代相传的深厚家国情怀和深沉历史意识的文化基因，从而使生生不息的中华民族能够在几千年的文明历史中始终坚守自己的文化而不迷失方向，从根本上决定了中华民族必然走自己的路，沿着自己的历史脉络不断前行。

第二，中华文明具有突出的创新性。

习近平总书记在文化传承发展座谈会上指出："中华文明的创新性，从根本上决定了中华民族守正不守旧、尊古不复古的进取精神，决定了中华民族不惧新挑战、勇于接受新事物的无畏品格。"[1] 作为世界历史上唯一没有断裂的文明，中华文明源远流长的内生动力之一，就是在中华优秀传统文化连续不断的积淀中形成和发展的革故鼎新、自强不息的创新性精神气质。

首先，中华文明具有守正创新、革故鼎新的文化基因。在《尚书》《易传》等经典文献中，就有"推陈出新""守正创新""返本开新""革故鼎新"等有关革新、变革的观念。《尚书·周书·多士》中，周公明确提到"殷革夏命"，"革"在这里也即更改、改换之意。《易传》中，"易"本来就有变易的意思，也即顺应时势而做出变革。而《易传·象传下·革》更是明确提出了"革命"一词。"天地革而四时成。汤武革命，顺乎天而应乎人。革之时大矣哉！"从"天地革"到"人革"，其背后表征的是人顺应天道对社会进行变革的合理性与正当性。《易传·象

---

① 习近平. 在文化传承发展座谈会上的讲话. 求是，2023（17）.

传下·鼎》指出："鼎，象也。以木巽火，亨饪也。""鼎"在这里作为煮器，最接近的功能就是"取新"，也即做到化生为熟。君子的行为有如正在烹煮的鼎器，端正位次，开创新制，其目的是顺天恤民，这与"革而当""顺乎天而应乎人"是一脉相承的。由此可见，从顺天到应人，再到新民，莫不都彰显了古代先民崇尚革新、创新和立新的道理，这些道理几千年来一直为中华民族所内化，植根于中国人的精神世界之中，铸就成为中华民族最深沉的文化基因。

其次，中华民族孕育了源远流长、博大精深的伟大创新成就。这主要体现为中华民族从物质文明、精神文明、生态文明等方面对中华文明的革新创造。中华文明中的物质文明要素最早可以追溯到长江流域的稻作农业和黄河流域的旱作农业，并逐渐发展出高度有效的农业生产方式，进而创造了灿烂的农耕文明。精神文明代表了中华文明在文化领域取得的卓越创造性成果。从刻画在墙壁、陶器、玉器上的各种符号，到甲骨文、金文、篆书、隶书等独具特色的文字，都呈现了古代中国人文化创造的艰辛过程。《诗》《书》《礼》《易》等蕴含中国人民丰富思想和智慧的经典文献的陆续出现，集中彰显了古代中国敬德保民、制礼作乐的文化气质，是中华文化的独特魅力所在和国家凝聚力的重要来源。中华文明中的生态文明，是中华民族在人与自然和谐的理念下，推动社会、经济和环境可持续发展的重要成果。古代中国人强调"天人合一"，尊崇自然，崇拜天地，注重与自然界的和谐关系，形成了丰富的生态经验与智慧。正如习近平总书记所言，"在几千年历史长河中，中国人民始终革故鼎新、自强不息，开发和建设了祖国辽阔秀丽的大好河山，开拓了波涛万顷的辽阔海疆，开垦了物产丰富的广袤粮田，治理了桀骜不驯的千百条大江大河"①。

最后，中华文明孕育了中国人民伟大的创造精神。这种创造精神主要表现为以下两方面：一是中华民族和中国人民具有守正不守旧、尊古不复古的进取精神。自古以来，中国人民的理想追求和价值取向，都随着历史和时代的要求与时俱进、与日俱新，不断在前人的基础上推进文明和文化的创造性转化和创新性发展。中国人民以守正的态度坚守传统文化的精华和精神价值，注重核心价值观和优秀文化传统的延续，既尊重历史和传统，不断汲取智慧和经验，又不满足于现状，以开放的心态，勇于探索未知领域和面对各种挑战，不断推动中华文明新陈代谢、螺旋上升。正是这种守正不守旧、尊古不复古的进取精神，让中华民族能够在传承中发展，在变革中保持稳定，既继承了中华文明的丰厚底蕴，又不断创造出新的成就。二是中华民族和中国人民具有不畏挑战、勇于接受新事物的品格。中华文明之所以几千年来始终屹立于世界文明之林，就在于中国人民始终以强烈的历史使命感和担当精神，以不畏牺牲、敢于斗争的勇气，以接受挑战和创造新事物的决心，"敢于说前人没有说过的新话，敢于干前人没有干过的事情"②。在各个领域，中华民族都敢于尝试新的想法、新的方法和新的技术，从而推动社会的进步和发展。无论是科学创新、技术发展、经济改革还是文化艺术发展，中华民族都不断突破自我，勇于超越过去，敢于创造新的未来。正是这种

---

① 习近平. 在第十三届全国人民代表大会第一次会议上的讲话. 求是，2020（10）.

② 习近平. 高举中国特色社会主义伟大旗帜 为全面建设社会主义现代化国家而团结奋斗：在中国共产党第二十次全国代表大会上的报告. 北京：人民出版社，2022：20.

不畏挑战、勇于接受新事物的品格，使中华文明不断焕发出新的活力和创造力，激励着中华民族在时代的舞台上不断前进。

第三，中华文明具有突出的统一性。

统一性是中华民族与生俱来的文明特质，在中国历史文化中发挥着至关重要的作用。习近平总书记在文化传承发展座谈会上指出："从根本上决定了中华民族各民族文化融为一体、即使遭遇重大挫折也牢固凝聚，决定了国土不可分、国家不可乱、民族不可散、文明不可断的共同信念，决定了国家统一永远是中国核心利益的核心，决定了一个坚强统一的国家是各族人民的命运所系。"[①]

首先，统一性植根于中华文明起源、形成、发展的全过程中。尽管正如考古学家苏秉琦先生所提出的"文化区系类型理论"，新石器时代的古中国，黄河流域、长江流域、西辽河流域以及北方的草原文化区域，都散落了风格各异的"文明火花"，从而使中华民族古代文明呈现"满天星斗"特征，但从文明形成过程来看，这些区系之间的文明又相互影响，并逐渐显现出向中原文明内聚和融入的特点，逐渐形成了以中原文明为核心，以黄河中下游和长江中下游文明为主干的多元一体格局。从夏朝、商朝到西周时期，中原地区的政治和文化始终呈现一种统一的趋势。战国时期是中国历史上分裂割据的时期，但正是在这一时期，诸子百家的思想虽相互竞争，但均从"天下为一"出发，提出了"仁政""兼爱"等许多有关政治和社会治理的理念，为未来的国家统一创造了思想基础。秦始皇统一六国，建立了强大的中央集权制度，形成

---

① 习近平. 在文化传承发展座谈会上的讲话. 求是，2023 (17).

了中国历史上第一个大一统的封建王朝。从秦朝开始一直到当今，在2 000多年的历史长河中，统一始终为中国历史发展的主方向。无论哪个民族入主中原，都是以中华文化为正统，以天下一统为己任。"分立如南北朝，都自诩中华正统；对峙如宋辽夏金，都被称为'桃花石'；统一如秦汉、隋唐、元明清，更是'六合同风，九州共贯'。"① 统一始终是中国历史的主旋律，是中华文明的大基调。

其次，"大一统"观念是中华文明政治和文化认同的核心。"大一统"一词出自汉代初期的《春秋公羊传》，"何言乎王正月？大一统也"，其是对先秦时期天下一统观念的集中概括和凝练。汉代大儒董仲舒则进一步把"大一统"思想扩展到思想和文化观念领域，提出"《春秋》大一统者，天地之常经，古今之通谊也"，体现了其对于统一国家、建立强大中央政权的思想认识和政治理念。"大一统"作为政治理念逐渐为社会所认同和接受，主要体现在以下几个方面：一是疆域一统。秦汉以后，中华大地上先后出现过不同的王朝，它们各自有着不同的境遇和边界，但历代王朝都试图以秦汉的疆域为蓝本，去构筑和拓展以自己为中心的"大一统"国家疆域。二是政治一统。董仲舒在《春秋繁露》中提出："唯天子受命于天，天下受命于天子，一国则受命于君。"这就为汉武帝及后来的执政者强化尊王思想提供了理论依据，从三公九卿到三省六部，从郡县制到行省制的政治体制，都是为了保障中央权威得以贯彻。三是思想一统。为了确保政治上的统一，董仲舒强调必须坚持思想上的统一，为此他主张"罢黜百家，独尊儒术"，要求将儒家思想确定

---

① 习近平. 在全国民族团结进步表彰大会上的讲话. 人民日报，2019 - 09 - 28（2）.

为国家统治的理念基础，并以此推动儒家价值观念的塑造，以引导和规范人民的行为和信仰。

最后，"大一统"思想的确立形塑了统一的中华民族共同体。费孝通先生指出："中华民族作为一个自觉的民族实体，是近百年来中国和西方列强对抗中出现的，但作为一个自在的民族实体则是几千年的历史过程所形成的。"[1] 在中华民族共同体的形成过程中，"大一统"思想的提出及其实践是最为核心的力量之所在。在天下观念中，"中国"指的是王朝国家，王朝统治的合法性来源于"天命"，而"天命"的获得是依据"天下归仁"的道德理想。因此，区别中国与非中国的根本就不在于种族、主权或疆域的确定，而在于文化和道德的正塑。中华之名词，不仅非一地域之国名，亦且非一血统之种名，乃为一文化之族名[2]。从根本上说，自先秦至清中期的中国传统民族认同都是基于这种以文化先进与否而不是以种族血统或疆域边界为标准来辨识"自我-他者"的方式来建构的。在"王者无外""天下一家"的观念下，蛮夷进可以成为华夏，华夏亦退可以成为夷狄，正是在此背景下，从先秦开始，我国就逐渐形成了以炎黄华夏为凝聚核心、"五方之民"共天下的"夷夏一体"交融格局，各民族在交流互鉴中共同发展，深度融合，形成了你中有我、我中有你的格局。"我们辽阔的疆域是各民族共同开拓的""我们悠久的历史是各民族共同书写的""我们灿烂的文化是各民族共同创造的""我们伟大的精神是各民族共同培育的"[3]，在维护"大一统"格局中塑

---

① 费孝通. 中华民族的多元一体格局. 北京大学学报（哲学社会科学版），1989（4）.

② 刘晴波. 杨度集. 长沙：湖南人民出版社，1986：374.

③ 习近平. 在全国民族团结进步表彰大会上的讲话. 人民日报，2019-09-28（2）.

造了中华民族共同体意识，为中华文明的统一性提供了强大的精神动力和不竭的力量源泉。

第四，中华文明具有突出的包容性。

习近平总书记在文化传承发展座谈会上指出："中华文明的包容性，从根本上决定了中华民族交往交流交融的历史取向，决定了中国各宗教信仰多元并存的和谐格局，决定了中华文化对世界文明兼收并蓄的开放胸怀。"[①] 包容是处理人与人之间因各种原因所引起的差异性的一种道德品质和精神态度，是人们在社会生活中所形成的一种实践德性，对于文明的传承和交流有着十分重要的作用。在中华文明起源和发展进程中，包容性所呈现出来的兼收并蓄、开放融合的特征，既是中华文明长期兴盛发达的重要原因，也充分彰显了中华民族文化自信的精神根基。中华文明的包容性主要体现在以下几个方面：

首先，多元民族的和谐共存。中华文化并非单纯限于中原地域的单一汉民族文化，而是超越地域乡土、血缘世系、宗教信仰等，把内部差异极大的广土巨族有机融合成多元一体的中华民族。在长期的历史发展中，各个不同的民族相互交往、融合，形成了彼此间和谐共存的局面。展开恢宏的历史长卷，中华文化兼收并蓄、精彩纷呈，是各民族文化的集大成。从赵武灵王胡服骑射到北魏孝文帝汉化改革，从"洛阳家家学胡乐"到"万里羌人尽汉歌"，从边疆民族习用"上衣下裳""雅歌儒服"到中原盛行"上衣下裤"、胡衣胡帽，以及今天随处可见的舞狮、胡琴、旗袍等，都展现了各民族文化的互鉴融通。

---

① 习近平. 在文化传承发展座谈会上的讲话. 求是，2023（17）.

其次，多元宗教信仰的和谐共生。中国有着多元的宗教信仰，不同民族往往持有不同的宗教观念，而像佛教等宗教更是来自异质的外来文化。不同宗教在中国历史上通过文化交流与融合相互影响，形成了独特的文化氛围。例如，儒教、道教、佛教等在漫长的历史发展过程中相互渗透，使中国传统文化具有综合性，这有助于减少宗教冲突，促使不同民族在信仰上形成共识。

再次，思想观念的交流融合。中国古代思想中，如儒家、道家、墨家、法家等，彼此之间虽有不同，但其都是在交流中相互借鉴，而不是以消灭对方为目的，孕育了中国传统文化和而不同、有容乃大等思想观念，成为中华文明包容性思想的文化基因。中国人常抱着一个天人合一的大理想，觉得外面一切异样的新鲜的所见所值，都可融会协调，和凝为一①。正如习近平总书记指出的："以和为贵、和而不同、化干戈为玉帛、天下大同等理念在中国世代相传。"② 追求"和"，并非失去原则地和稀泥，也不是不讲原则和斗争，而是强调要尊重差异和多样，以开放包容的心态去实现和谐共存。"和合"不是等同，更不是社会领域的"无冲突境界"，而是通过矛盾的克服，形成总体上的平衡、和谐、合作即和合状态③。

最后，以开放和自信的心态对不同文明的兼收并蓄。中华文明的包容性，不仅体现在对域内各民族、各地区文化的融合上，也体现在对异域异质文化的借鉴和吸纳上。"中华文明是在同其他文明不断交流互鉴

① 钱穆. 中国文化史导论. 上海：上海三联书店，1988：162.
② 习近平. 携手追寻民族复兴之梦. 人民日报，2014－09－19（3）.
③ 邢贲思. 中华和合文化体现的整体系统观念及其现实意义. 光明日报，1998－01－17（4）.

中形成的开放体系。从历史上的佛教东传、'伊儒会通'，到近代以来的'西学东渐'、新文化运动、马克思主义和社会主义思想传入中国，再到改革开放以来全方位对外开放，中华文明始终在兼收并蓄中历久弥新。"① 2 100多年前，汉代张骞从都城长安出使西域，开辟了横贯东西、连接欧亚的古丝绸之路，为东西文明的交流互鉴提供了重要通道。1 300多年前，唐代玄奘西行求取佛法，推动了佛教在中国的传播和中国化，使中华文明呈现了儒释道三教合一的特征。400多年前，明代徐光启与来华学者利玛窦共译《几何原本》，开始将西方科学传入中国。这些例子都充分说明了中华文明在历史发展中不断融入各种文化元素，不断吸收外来文明的精华，充分彰显了其开放包容、兼收并蓄的内在特质。

第五，中华文明具有突出的和平性。

习近平总书记深刻地指出："和平、和睦、和谐是中华文明五千多年来一直传承的理念，主张以道德秩序构造一个群己合一的世界，在人己关系中以他人为重。"② 和平性，是中华文明绵延千年的文化基因，是中华文明最重要的精神标识，对推动发展世界和平的理念和实践具有重要价值。

一是中华文明的和平性是中华民族和谐文化的根本体现。自古以来，中华文明就把和平、和睦、和谐看作自然界与人类社会所追求的理想状态。中国人主张"天人合一"，强调在处理人与自然关系时要"道法自然"，也即要遵循"天道"，顺应"天时"，将人和自然归为共生共

---

① 习近平. 深化文明交流互鉴 共建亚洲命运共同体. 人民日报，2019 - 05 - 16 (2).
② 习近平. 在文化传承发展座谈会上的讲话. 求是，2023 (17).

存的生命共同体。而在处理人与人之间的关系时，则是提出"民胞物
与""四海之内皆兄弟"，推己及人，将他人看作自己的同胞同类。为
此，在人己关系中，确立了推己及人的思维观念，己所不欲，勿施于
人。面对各种纷争，倡导保合太和，化干戈为玉帛，反对"丛林法则"。
在处理国与国之间的关系时，强调"天下一家"，坚持"亲仁善邻""协
和万邦"，倡导"以和为贵"的交往伦理，以实现"尚和合、求大同"
的道德理想世界。这些观念在中华民族代代相传，深深地植根于中国人
的精神中，也深深地体现在中国人的行为上。

　　二是中华文明的和平性体现了对西方近代以来国际秩序观念的超
越。西方近代以来，马基雅维利、霍布斯等思想家都是从个体出发，从
"敌友"和"狼狼"的关系出发，将人与人之间的关系理解为一切人反
对一切人的关系，由此，彼此间的交往就处于一种"丛林法则"的冲突
和战争状态。习近平主席指出："中国自古就提出了'国虽大，好战必
亡'的箴言。"① 中国曾经长期是世界上最强大的国家之一，也曾长期
与其他国家保持交往，但没有留下殖民和侵略他国的记录。"中华文明
历来崇尚'以邦邦国''和而不同''以和为贵'。中国《孙子兵法》是
一部著名兵书，但其第一句话就讲：'兵者，国之大事，死生之地，存
亡之道，不可不察也'，其要义是慎战、不战。几千年来，和平融入了
中华民族的血脉中，刻进了中国人民的基因里。"② 15 世纪初，中国明
代著名航海家郑和 7 次远洋航海，到了东南亚很多国家，一直抵达非洲

---

① 习近平. 在德国科尔伯基金会的演讲. 人民日报，2014 - 03 - 30 (2).
② 习近平. 共同构建人类命运共同体. 求是，2021 (1).

东海岸的肯尼亚，留下了中国同沿途各国人民友好交往的佳话。中华文明不认同"国强必霸论"，中国人的血脉中没有称王称霸、穷兵黩武的基因，而是坚持走和平发展道路，倡导以和为贵的和合文化，尊重每一个民族和国家，尊重每一种文明形态，将"亲仁善邻""协和万邦"当作自身一贯的处世之道，追求和谐共生、美美与共。历史和现实充分证明："中华文明的和平性，从根本上决定了中国始终是世界和平的建设者、全球发展的贡献者、国际秩序的维护者，决定了中国不断追求文明交流互鉴而不搞文化霸权，决定了中国不会把自己的价值观念与政治体制强加于人，决定了中国坚持合作、不搞对抗，决不搞'党同伐异'的小圈子。"[1]

第四节

探本穷源话和谐

"和谐"不仅是中国独特的文化理念，长远地影响着中国人的思维方式和深层心理结构，而且是社会共同体形成以来人类一直憧憬的社会理想形态。在社会共同体中，人与人和谐相处、人与自然和谐共生，各种社会关系和谐有序，是人类共同的美好愿景和价值追求。翻开人类历

---

[1] 习近平. 在文化传承发展座谈会上的讲话. 求是，2023（17）.

史发展的长卷，中国是世界上最早提出和谐思想的国家之一。从远古到民国，在中国历史发展的每一个阶段，"和谐"都呈现着独具特色的丰富的思想内涵，它不仅"照亮了所处时代沉浸于迷雾的前途，为人们点亮了心中那盏象征希望与光明的神灯"①，而且凝聚为中国文化的基本精神，成为中华民族智慧的集中体现。在远古时期，由于生产力水平低下，人们的和谐观念是被动的、低级的、朴素的，因而也是狭隘的。随着人类逐渐进入文明社会，一种自觉意识的和谐观念开始出现，并随着时代的变迁，不断更新改造，形成了较为成熟且丰富的和谐思想。这些不同时代竞相绽放的和谐思想代表着不同阶级的社会利益和实践要求，彰显了人类追求文明的伟大智慧。

一、远古时期的和谐智慧

作为一种个人与他人、个人与群体、个人与自然之间的平衡、协调、平顺的美好状态，"和谐"不仅与人类社会一样古老，而且其发展始终伴随着人类社会发展的全过程。原始人类社会经历了原始群团、血缘家族、母系氏族公社和父系氏族公社四个阶段，"和谐"观念也伴随着这四个阶段的发展而发展，呈现出一种朴素的味道。在原始群团中，生产力水平低下，生产工具简陋，人们只有依靠集体的力量进行狩猎和采集才能维持自身的生存、发展和繁衍。因此，这一时期的人们形成了一种相互协作、相互合作、相互帮助的"和谐"关系。虽然这种关系是一种原始的、狭隘的"和谐"关系，但它足以说明人类自产生之日起，

---

① 杨奎. 和谐的历史、现实与马克思主义. 北京：人民出版社，2008：29.

就与"和谐"结下了不解之缘。随着原始群团因生存而不得不分为小集团，具有进步意义的血缘家族这一社会组织形式开始形成。在血缘家族中，人们仍然集体劳动，过着互助合作的"和谐"生活，但由于一个血缘家族的力量是有限的，其无法应对大型猛兽的攻击，因而，它必须与其他的血缘家族相联合，由此就形成了氏族公社。氏族公社又分为母系氏族公社和父系氏族公社两种社会组织形式。在母系氏族公社中，由于生产力水平低，每一个公社成员仍需要依靠其氏族内部所有成员的整体力量才能生存下来，因此，氏族成员过的还是一种原始的"和谐"生活。到了父系氏族公社，父权型家庭逐渐成为社会的基层组织，阶级分化日益加深，私有制不断萌发。在这一过程中，中国社会出现了彰显和谐的"禅让制"，进而形成了后世儒家学派视域中的"大同"之世。

总体来说，由于生产力水平的极其低下，远古时期的人们过着没有压迫、没有剥削的原始共产主义的生活，形成了平等互助、分工协作的"和谐"社会关系。但我们也应该注意到，这一时期的"和谐"，作为社会和谐的历史起点，主要是人们与大自然艰难抗争以谋求生存的被动性"和谐"，其站位、理念、视野、格局都是非常狭隘的，因此，远古时期的"和谐"只是一种原始的、落后的"和谐"，而非人类社会的理想"和谐"。

二、先秦时期的和谐主张

随着生产力的发展，中国历史上第一个奴隶制国家夏朝建立。夏朝的建立标志着中国社会进入文明时代，和谐观念也由受生存原则支配的"天下为公"的无阶级的社会"和谐"演变为受国家意志支配的"天下为私"的阶级对抗的社会"和谐"。在奴隶社会中，奴隶主阶级为了维护自身的统治，不仅采用国家机器的暴力手段，而且运用天命神授和宗法礼乐制度来控制和规范人们的思想行为，以达到社会和谐的目标。由于这种"和谐"是建立在奴隶主对奴隶劳动成果的占有和人身自由的剥夺基础上的，因此，其是一种低级的、有限的"和谐"。

公元前 770 年，周平王迁都洛邑（今河南洛阳），奴隶社会开始瓦解，封建社会逐步建立。由于生产关系的大变革，社会矛盾不断加剧，社会各集团都从本阶级的利益出发，提出了解决社会问题的和谐主张。其中最典型的有两类。一是道家的社会和谐主张。在中国的传统文化中，"天地人和"是人类最理想的和谐状态，"人法地，地法天，天法道，道法自然"（《老子》）。老子认为，"道"是万物之源，是一切事物存在和发展的内在规定和根本法则，"道常无为而无不为"（《老子》），表征着一种"天人合一"的和谐观，彰显了人与自然和谐共生的自然状态。由于这种和谐的机理在于不争、不有、不主、不私、无为的合法则运动，即"有无相生，难易相成，长短相形，高下相倾，音声相和，前后相随"（《老子》），因此，其不仅要求人作为自然的生物本性得到充分体现，人与自然完全融为一体，而且主张以"绝圣弃智""绝仁弃义"建立"小国寡民"和"至德之世"。由此可见，道家主张的是一种有悖于社会发展与进步的、超越时代的、无法实现的社会和谐观。不过，其内在的"天人合一"精神却为和谐提供了丰富的思想内涵。二是儒家的社会和谐主张。孔子主张社会和谐要建立在礼乐制度上，"道之以政，齐之以刑，民免而无耻。道之以德，齐之以礼，有耻且格"（《论语·为政》），强调"道德"和"齐礼"，认为只有重视了礼乐教化，民心才能敦厚，民俗才能淳朴，社会才能和谐稳定。孟子继承了孔子的和谐思想，并对其进行了创新和发展。他从"性善论"的角度出发，提出以"仁政"来实现社会和谐。在他看来，"人皆有不忍人之心。先王有不忍人之心，斯有不忍人之政矣。以不忍人之心，行不忍人之政，治天下可运之掌上"（《孟子·公孙丑上》），如果统治阶级能施仁政于民，使民心向善、乐善，那么社会自然长治久安、和谐发展，并最终达到"王道乐土"。荀子是孟子之后的又一位儒家代表人物。与孟子不同的是，荀子从"性恶论"的角度出发，强调必须依靠后天的教化和严格的礼乐法制来使人们弃恶从善，这样才能实现社会的和谐稳定。基于此，他认为，要想实现社会和谐，必须重教化，隆礼义，"礼者，所以正身也；师者，所以正礼也。无礼何以正身？无师，吾安知礼之为是也?"（《荀子·修身》）按照这一思维逻辑，荀子提出，一个和谐的社会应该是"尚贤使能，等贵贱，分亲疏，序长幼"（《荀子·君子》）的"至平"社会。可见，孔、孟、荀的社会和谐主张虽然出发点和内容架构有所不同，但其共同点在于都主张把礼乐制度作为调节人与人之间关系和维护社会稳定的重要手段，这为后世通过制度这一具有可操作性的方式来将社会和谐由理想变成现实提供了宝贵的财富。

综上所述，从先秦时期道家和儒家的和谐思想来看，道家主张的和谐思想主要关涉人与自然之间的关系，凸显人的自然属性，反映的是一种自然主义的和谐观，而儒家主张的和谐思想更关注人与人之间的关系，强调人的社会属性，体现的是一种人文主义的和谐观，但二者都主张"天人合一"，强调"天人感应"的和谐思想，这就为后世和谐思想的进一步发展奠定了精神内涵。

三、汉唐时期的和谐智慧

随着秦始皇统一六国，封建专制下中央集权大一统的局面确立，中国的政治思想开始要求整合化一。西汉初年以道家的自然主义和谐观为基础的"清静无为"和"与民休息"的和谐主张开始逐渐被维护社会稳定的儒家大一统社会和谐思想所代替。在这一思想的形成过程中，董仲舒的"中和"思想至关重要。在董仲舒看来，天地之间阴阳二气的运行离不开"中和"，"中和"的关键是"和"。"中之所为，而必就于和，故曰和其要也。和者，天之正也，阴阳之平也，其气最良，物之所生也。诚择其和者，以为大得天地之奉也。"（《春秋繁露·循天之道》）基于此，他提出"中和"不仅是天地之道的根本要求，而且是人类社会的最大道德，"德生于和，威生于平也。不和无德，不平无威，天之道也"（《春秋繁露·威德所生》）。依据"中和"的思想，董仲舒认为，要保证上下安宁、社会和谐，一方面，必须均衡贫富，"故明圣者象天所为，为制度，使诸有大奉禄亦皆不得兼小利，与民争利业，乃天理也"（《春秋繁露·度制》）；另一方面，必须按照"天人合一"的原则，遵循"三纲五常"的伦理道德，"王道之三纲，可求于天"（《春秋繁露·基义》）。综上可见，董仲舒以"中和"为哲学范畴，从"天人合一"出发，在继承儒家和谐思想的基础上，创立了"三纲五常"封建伦理，对后世的社会和谐产生了深远的影响。

进入盛唐之后，儒家学派、佛教、道教为了各自的利益，都提出了一系列的促进社会稳定繁荣的和谐思想。

首先是儒家思想中的和谐主张。这一时期儒学的代表人物主要有韩愈、柳宗元等。为了维护儒学的统治地位，韩愈继承了董仲舒的三品之说，在修正孟荀人性论的基础上，极力倡导以儒家的道德伦理"纪纲"来规范社会的一切行为。在他看来，"善医者，不视人之瘠肥，察其脉之病否而已矣；善计天下者，不视天下之安危，察其纪纲之理乱而已矣。天下者，人也；安危者，肥瘠也；纪纲者，脉也"。依据这一逻辑思维，韩愈提出了未来社会应该呈现的理想模式为：以仁义道德作为规范，用孔孟经典教化百姓，靠礼乐刑政控制社会，形成一个人人为自己"顺而祥"、为他人"爱而公"、社会安定和谐有序的"小康"之家。如果说韩愈是在继承儒家和谐思想的基础上，进一步强化了其"大同"和"小康"社会理想的话，那么，唐朝的另一位儒学代表柳宗元则从人类社会变迁的角度出发，提出以强组织性来维持社会和谐。在他看来，人类社会经历了一个由无社会组织到有社会组织、由自然人到社会人的不断进步与发展的过程。为了避免人类社会出现因斗争而两败俱伤的情形，使其不断地发展前行，柳宗元认为，社会必须要有强力者出而治之，以"智而明者"为核心，形成一个不断强大的社会群体组织来维持整个社会的平稳有序发展，最终实现"天子一统"的社会和谐局面。综上可见，不管是韩愈提出的"纪纲"，还是柳宗元主张的超强组织机构，他们都非常重视儒家的道德规范和国家的礼乐刑政对维护社会和谐的作用。

其次是佛教思想中的和谐主张。佛教属于外来宗教，自汉代传入中国之后，经魏晋南北朝时期的不断发展，到了唐朝时期，已发展到了鼎盛。虽然作为一种宗教，佛教有着消极虚幻的一面，但在当时的社会条件下，佛教自身所包含的和谐因素对于维护社会稳定安宁也产生了一定的作用。唐朝时期的佛教主要有两个重要的宗派：一是天台宗，二是禅宗。对于天台宗而言，依据《法华经》，其教旨为"三谛圆融"。其认为世间万物和尘世中的一切都是"空"的，"三界无别法，唯是一心作，今求心不可得，即一切空"（《摩诃止观》）。由于主张一切皆空，天台宗提出，维护社会秩序的最佳办法就是"空"，即将现实社会中的一切事物都看作假象，就能做到佛教的最高境界"中道"，实现"三谛圆融"。对于禅宗而言，其核心教义为每一个人都有佛性，只要心中向佛，就能顿悟成佛，"菩提只向心觅，何劳向外求玄。听说依此修行，西方只在目前"（《坛经·疑问品》）。在他们看来，既然社会有利益得失，有是非爱恨，我们就要使自身"超度"出来，做到"邪来正度，迷来悟度，愚来智度，恶来善度"，去努力"思量善事，化为天堂"（《坛经·忏悔品》）。这里应该注意的是，无论是天台宗的教旨"三谛圆融"要现实中的人们放弃一切冲突、是非，去追求虚幻的、空无的精神解脱，达至和谐，还是禅宗要求通过"禅定"的形式修炼感悟佛性，使自身思想意识得到解脱，以实现内心的无烦恼、无牵挂、和谐安宁，其都是主观世界对客观世界的歪曲反映，对其缓和社会矛盾、维持社会和谐的作用，我们应抱有一种谨慎的态度。

最后是道教思想中的和谐主张。唐期，由于道教尊李耳为祖师，皇帝则以教主的后裔自居，将其称为国教，大力扶持，因此，这一时期道教得到了很大的发展。在发展过程中，道教不仅融合了道家的各个流派思想，而且吸收了当时儒家和佛教的思想。其思想代表人物主要有无能子、谭峭等。无能子是唐后期的一位道教思想家。在他看来，天下之所以不和谐，主要有两方面的原因。一方面是由人们的欲望所导致的。为了追求富贵和美名，人们奔波斗争，"莫不失自然正性而趋之，以至于诈伪激者"（《无能子·质妄》）。因此，他认为，如果人没有任何欲望或社会需求，贫穷与富贵也就没有了区别，人们又何必去"乐富贵，耻贫贱"呢？另一方面是由社会文化和社会规范所造成的。在他看来，这些规范礼法都是由圣人制定的，人类社会初期根本没有这些伦理规范，人们生死随自然，既没有相夺相害之心，又无需单独的管理者。正是由于所谓的"繁其智虑"圣人的出现，制定了伦理规范，其原本朴素的、自然的、和谐的社会才不断遭到破坏，呈现出一种越规范越混乱的局面，因此，他提出，为了社会的和谐有序，废除规范礼制，退回乡野，回归山林就是一种理想的选择。谭峭是晚唐五代时期著名的道教思想家。由于高度统一的中央集权制国家在这一时期再度走向分裂，社会问题丛生、冲突迭起，因此，他认为，社会出现这些问题的根本原因在于社会上层的贪心不足，进而造成天下不足。为此，谭峭提出，要解决这些重大问题，统治阶级就必须减少对劳动人民的掠夺。由此，他构建了"太平"和"大和"两个层次的社会图景。由于谭峭认为，"礼乐"失范、社会失序是由上层社会的贪欲造成的，因此，要建立一个秩序和谐的"太平"社会，就必须从上层的节俭入手，只有节俭才能均食，进而百姓才能知仁义，尊礼乐，实现社会和谐。"大和"是更高一个层次的理想社会。在这一社会形态中，所有人共同劳动、共同享受，没有冲突、没有怨恨，一切的礼义规范都是多余的。综上可见，谭峭的社会和谐思想，第一个层次"太平"社会的和谐更多的是一种调和主义的和谐，即这种和谐是建立在根本社会问题没有得到解决基础上的一种妥协产物；第二个层次"大和"社会的和谐凸显了小农经济中平均主义思想的意蕴，在封建社会中，这种社会理想只能是人们对一种和谐美好社会的憧憬，其本身是无法实现的空想。

四、宋明时期的和谐智慧

随着宋明时期的到来，中国的封建社会开始进入中后期，政治权力高度集中，君主专制制度不断强化，社会矛盾日益凸显。

为了化解社会矛盾，实现社会安定，两宋时期追求社会和谐的思维路径主要有两条。一是继续禁锢民众的思想以寻求和谐统治。二是改革现有的社会制度，改善民生以期实现社会和谐。第一条路径的主要代表人物为北宋的苏轼、二程，南宋的朱熹等。经过汉唐时期的不断发展，到了北宋时期，儒学已成为统治阶级维护统治的根本性思想武器。这一时期儒学最核心的概念为"理"，所谓"理"就是内嵌于万事万物之间的规律性认识，它不仅存在于自然界，"山石竹木，水波烟云，虽无常形，而有常理"（《苏轼文集·净因院画记》），而且存在于社会活动之中，"圣人之论性也，将以尽万物之天理，与众人之所共知者，以折天下之疑"（《苏轼文集·扬雄论》）。既然"天下物皆可以理照，有物必有则，一物须有一理"（《程氏遗书》），那么，人作为万物的一分子，为了维护社会的安定有序，必须遵守"理"。南宋时期，"理"得到了进一步的推崇和发展，作为当时的理学思想家，朱熹就认为"理"是万物的最高权威，也是产生万物的神秘根源，其本身具有道德性，表现为社会中不平等的存在，每一个事物都存在不同的固有的"理"，即所谓"君有君道，臣有臣道"。正是由于在现实中每一个人所固有的"理"不同，朱熹提出：为了维护社会的和谐，每一个人都需要各安其分，各得其理。统治阶级有统治人民之理，应该遵守统治阶级的道德；一般民众有被统治之理，应该遵守作为一般民众的道德。综上可见，这一时期的"理"学思想，虽然在根本上是为了维护统治阶级的利益，禁锢民众的思想，但其中蕴含的"和谐"主张在客观上也对国家的安定起到一定的积极作用。第二条路径的主要代表人物有北宋的李觏、王安石，南宋的陈亮、叶适等。北宋时期由于土地兼并严重，农民阶级与地主阶级之间的矛盾日益激化。为了缓和矛盾冲突，当时的思想家李觏认为，土地的高度集中既影响广大人民的生活，也影响生产力的发展，而要解决这一社会根本问题，不仅需要恢复原来的井田制度，"井地立则田均，田均则耕者得食，食足则蚕者得衣"（《李觏集·潜书》），而且需要设立"义仓"制度，按照农商户的不同等级拿出粮食交给国家储备，以备不时之需。从李觏的这些维护社会和谐的思想来看，虽然具体的做法源于"古时之制"，并无创新之处，但其目的是抑制土地兼并，维护社会和谐。

到了南宋时期，朝廷偏安东南一隅，民族矛盾、阶级矛盾更加尖锐复杂。思想家陈亮从实功实利的原则出发，一方面提出必须抛弃中国传统的重农抑商的思想，提倡"农商一事"的思想，另一方面主张以道德教化的"王道"来统治国家，即对民众实行宽厚的政策。同一时期的叶适进一步从道德教化的角度提出，维护社会和谐必须推行"仁政"，但他认为"仁政"必须通过实际的功利体现出来，如"无功利，则道义者乃无用之虚语尔"。从这一德治的观点出发，叶适提出，"平心克己，节俭爱人，务农重本，轻刑薄赋"是"百世相承而不可变"的治国之道。综上来看，虽然这些思想都是从统治阶级的角度出发的，其目的也是维护封建阶级的统治地位，但它们关注民生，主张以改革促进社会和谐的思想，在当时是有利于社会进步的。

到了明朝时期，一些思想家为了追求社会和谐，反对理学的至高无上性，从传统儒学的"仁爱"和"义"出发，阐发了自身对于未来理想社会的设想。其中最具代表性的是明代的何心隐、傅山。作为一位敢于同封建权威、理学"天条"进行斗争的思想家，何心隐以传统儒学的人性论为切入点，认为：每一个人都具有"仁义"之心，人则仁义，仁义则人。不人不仁，不人不义。不仁不人，不义不人，人亦禽兽也。基于此，何心隐提出，人必须讲仁义道德，爱一切人、尊重一切人，否则人与禽兽无异。由于他认为仁义是人的本性，是能"达天下之路"的，因此，他反对"存天理，灭人欲"的说教，提出追求欲望是符合"仁义"的，是人性的本真呈现和必然表现。但为了使欲望得以正常发展，他认为必须限制欲望，实行"寡欲"和"育欲"，"昔公刘虽欲货，然欲与百姓同欲，以笃前烈，以育欲也"（《何心隐集》）。按照上述思维路径，为了实践其仁义思想，何心隐创设了以家族为纽带的"聚和堂"，进行社会实践。在"聚和堂"内，他要求不仅推进义务教育，以"率教"实现"育欲"，而且设立"义田"和"公仓"以便对鳏寡孤独实行集体救助。综上可见，"聚和堂"是何心隐"仁义"观的具体体现，是其"均""和""平"思想的真正落地。尽管这一以家族为单位的均平社会带有强烈的宗法色彩，但其蕴含的追求和谐、向往天下大治的反封建性，在当时是具有进步意义的。傅山倡导的"爱无差等"思想同样体现了人们对未来和谐社会的追求与向往。傅山从传统儒学的核心概念"道"和"爱"出发，提倡"天法道""道法天"的思想。因为"道以安人"，而"天道下济"是大公无私的，所以，傅山认为，天下非一人之天下，天下是天下人的天下，即"天下为公"，"有位者"必须是有德之人，这种有德就是大公无私，能够爱天下之人。在他看来，只爱寡而不爱众，不是真正的爱，只有"治人者"实现了"爱无差等"，才是一种真爱、大爱。当然，仅仅依靠统治阶级有大爱，还不足以实现美好生活，还需要所有成员积极参加农业生产，自食其力，只有这样，才能真正实现自由自在的"耕读"生活，实现社会和谐友爱。由此可见，傅山的理想社会模式既融合了道家和墨家的理想社会理念，同时也将其落实到了现实的尘世生活中，而不是仅仅停留在万物玄同的抽象世界中，彰显了一定的进步性。

五、晚清时期的和谐主张

清朝自嘉庆之后，内忧外患纷至沓来，衰败之象日益凸显，尤其是到了道光年间，由于西方殖民地的坚船利炮，社会发展更是遭遇到了前古未有的社会大变局。面对社会的失衡、失序与动荡，中国的一部分先觉之士在民族危亡的逼迫下，开始积极探索实现国家稳定发展的思想。其中，具有代表性的主要有洪秀全以建立"太平天国"为目标的平等思想、洋务派继续维护封建统治的以自强求富强思想、康梁以君主立宪为核心的维新思想和孙中山以推翻帝制、创立中华民国为目的的三民主义思想。

首先是太平天国中的和谐主张。为了追求人人平等、社会和谐，反对社会财富的极端不均，洪秀全借用基督教的外衣，创立"拜上帝教"，其目的是斩除一切封建势力的"阎罗妖"，建立一个人人平等、个个幸福、无处不均匀、无人不饱暖的"太平天国"。在这一"太平天国"里，一是政治上倡导平等和谐。人与人之间是取消阶级和等级的、没有压迫和剥削的绝对意义的平等关系，天下多男人，尽是兄弟之辈，天下多女人，尽是姊妹之群。何得存此疆彼界之私，何可起尔吞我并之念①。二是经济上主张平等和谐。为了落实政治上的平等，太平天国在经济上，一方面着重废除封建土地所有制，将全国所有土地都归于"天下田"，实行"凡天下田，天下人同耕"的制度，另一方面建立国库制度，实行物质供给制。虽然这些制度因为旧有农民的局限性而以失败告终，但不管是在政治上，还是在经济上，太平天国都要求绝对的平等和平均，这表达了这一时期人们对社会和谐、生活美好的急切憧憬，也为中国共产党领导新式农民战争彻底推翻封建土地所有制奠定了一定的思想基础。

---

① 罗尔纲. 太平天国文选. 上海：上海人民出版社，1956：4.

其次是洋务运动中的和谐主张。如果说太平天国是农民阶级构想的一种社会和谐图景，那么剿发捻、勤远略，学习西方，以自强求富强的洋务运动则是地主阶级为了维护其封建统治地位，在中西文化的冲突与融合、互斥与互补中形成的有利于未来中国进步的和谐智慧。随着19世纪中期的两次鸦片战争，中外之间的民族冲突日益激烈，中国社会面临千古未有之变局。为了在天下大局已变、诸国同时并域的背景下，求得社会的安定与和谐，洋务派认为，国家要想真正强大起来，实现国固民安，必须向西方学习富强之法。为此，他们主张：一是开办洋务。洋务派的先锋人物曾国藩就指出，欲求自强之道，总以修政事、求贤才为急务，以学作炸炮、学造轮舟等具为下手工夫，但使彼之所长，我皆有之①。只有做到了这些，才能真正"变人之利器为我之利器"，实现"出于夷"而"胜于夷""制于夷"。二是工商立国。在当时的洋务派看来，要想自强，必须民富，只有民富，社会才能安定和谐，如果民不富，社会必定不安。就当时的社会时局而言，为了求富，禁止各国通商已是不可能，那么，唯有自立其商务，谋求贩运之利、艺植之利和制造之利才能实现。基于此，薛福成指出，中国多出一分之货，则外洋少获一分之利，而吾民得自食一分之力②，即要想求富，必须振兴国家工商业。综上所述，由于洋务运动发生在中国资本主义兴起的时期，中国社会开始由传统走向现代，因此，无论是开办洋务，还是工商立国，都是中西文化初步接触和融合的产物，其本身所蕴含的世界眼光和努力发展

---

① 曾国藩. 曾国藩全集·日记. 长沙：岳麓书社，1988：759.
② 薛福成. 薛福成选集. 上海：上海人民出版社，1987：541.

自身的和谐智慧都为后世实现民族独立、国家富强奠定了深厚的思想和物质基础。

再次是维新思潮中的和谐主张。甲午战争之后，亡国无日的恐惧和严重的社会危机，激起了人们对社会现实矛盾冲突的反思。在这一反思过程中，要求从社会制度上变革中国的维新思潮开始出现。其主要的代表人物有康有为、梁启超、严复等。在他们看来，中国社会之所以黑暗重重、矛盾冲突不断，最根本的原因在于中国传统文化中的"君主至上论"，谭嗣同就指出，"二千年来君臣一伦，尤为黑暗否塞，无复人理，沿及今兹，方愈剧矣"。严复进一步认为，如果君主只有"坏民之才、散民之力，离民之德"①，并不能保卫百姓的利益，那么，百姓就有权利废除君主的权力。按照这一思维路径，维新派提出，要想实现社会的和谐安定，不仅要从根本上改革君主专制中不合理的制度，以西方资产阶级的核心思想"天赋人权"，建立"富强""至善""治之至也"的"大同"社会，而且要学习西方文明，检讨中国传统文化，废除"三纲五常"对人们的束缚，以自由平等为社会相处原则，重新构筑君臣、夫妻、父子之间的社会关系。而要使人民自觉、主动地摆脱封建礼教的束缚和规制，提升人民的整体素质，重铸人民的独立人格品性，造就一代具有新的价值观念、理想追求、精神风貌和社会能力的新人，不断"新民"就是一个必然的选择路径。这里的"新民"具体表现为：一是要对民众进行启蒙，克服其从封建社会中带来的"奴性"，实现"维新吾民"。二是要将其培养成具有自由、自尊、独立的资产阶级意识的新型

---

① 严复. 严复集：第 1 册. 北京：中华书局，1986：36.

国民。综上可见，这一时期的维新思潮以西方文明之光冲破了中国封建社会的落后蒙昧，在不断改变旧的生活方式、价值观念和思维方式的过程中不断变革社会，大胆追求社会进步，对后来的人们进一步构建合理而和谐的社会有着非常重要的启迪意义。

最后是三民主义中的和谐主张。为了改造中国、振兴中华，实现中国社会的永久和谐稳定，达至至善至美，孙中山创立民族、民权、民生的三民主义学说，主张通过民族革命、政治革命和社会革命建立一个理想的民主共和国。在三民主义思想体系中，民族主义是第一位的。在孙中山看来，当时中国社会的首要任务是反对帝国主义和清政府的民族压迫，建立平等和谐的民族关系。因此，一方面，他提出为了避免帝国主义的侵略，必须推翻清朝政府，中国欲免瓜分，非先倒满清政府，则无挽救之法也[①]。另一方面，他要求建立平等、团结、和谐的新型民族关系。由于平等是和谐的基础，而团结是和谐的具体表现，因此，孙中山不仅提出，各民族之间的地位是平等的，皆得为国家主体，皆得为共和国之主人翁，而且提出汉、满、蒙、回、藏"五族共和"，"五族之人，皆如兄弟"，要"同心协力，共策国家之进行"。民权主义是孙中山关于社会的民主政治制度建设的理论。在孙中山看来，要想推翻封建专制制度，必须依靠"平民革命"建立"平等""民治"的民主共和国，"平民革命以建国民政府，凡为国民皆平等以有参政权。大总统由国民公举。议会以国民公举之议员构成之，制定中华民国宪法，人人共守"[②]。孙

---

① 孙中山. 孙中山全集：第 1 卷. 北京：中华书局，1981：234.
② 同①297.

中山主张"五权宪法",以防止权力被滥用,真正实现"完全无缺的治理",推进国家的和谐有序发展。民生主义是孙中山的社会革命纲领。孙中山认为,"民生就是政治的中心,就是经济的中心和种种历史活动的中心",因此,为了实现社会的和谐发展,必须积极发展经济以解决民生问题,具体的方法,一是平均地权,实现耕者有其田;二是节制资本,不允许私有资本操纵国民之生计。综上可见,不管是民族主义中的民族平等主张,还是民权主义中的"五权宪法"规范,抑或是民生主义中的平均地权、发展实业、节制资本,孙中山实施三民主义的根本目的都是要通达未来的大同社会。而正是在这一不断通达的过程中,三民主义彰显了其追求和谐发展的底蕴。

通过上述对从远古时期到民国时期中国社会为何和谐、何谓和谐、何以和谐的梳理,我们看到,虽然不同的时期、不同的人对和谐的看法有一定的差别和侧重点,但其理解和谐时所表现出的"天人合一""以和为贵""以民为本"的理论特质则是一贯的。

第一,"天人合一"的理论特质。在中国文化中,古贤圣人对和谐的最先主张就是天人合一,人与自然契合统一,认为人类应该认识自然、尊重自然、保护自然,与自然和谐共生。先秦时期的老子就强调人类要以尊崇自然规律为最高准则,把遵循自然、效法天地作为人生价值,"夫'大人'者,与天地合其德,与日月合其明,与四时合其序"。到了汉代,董仲舒提出"天人同构""天人感应""天人相通"的和谐思想。宋代的张载使用"天人合一"表达了"民吾同胞,物吾与也",呈现出公平善待每一个人和天地万物的思想。明清之际的思想家王夫之则提出以天治人而知者无忧，以人造天而仁者能爱，而后有功于天地之事。可以说，"天人合一"作为中国人对自然的价值追求，从老庄"道法自然"的自然主义逍遥和谐，到孔孟的通过"尽心知性知天"的途径达到"上下与天地同流"的万物和谐，再到王夫之的"道者，天地万物之理，即谓太极也"的伦理主义和谐，一直生生不息、代代相因、绵延不断，构成了中国文化的主线之一，其价值经久而未衰。

第二，"以和为贵"的理论特质。"和"不仅是万物的存在方式，而且是中国文化的最高价值目标，和谐是人与人之间相处的理想境界。孔子提出"礼之用，和为贵"，倡导"四海之内皆兄弟也"。孟子从天地人的角度提出"天时不如地利，地利不如人和"的观点，将"人和"作为成败的关键。董仲舒提出"中和"的哲学范畴，认为"中和"是人与人之间最大的道德，"能以中和理天下者，其德大盛"。谭嗣从理想社会图景的维度提出了"大和"社会，"以大人无亲无疏，无爱无恶"为理念，主张建立一种没有亲疏与爱恨的人与人之间心、神、气、形完全相通的"大和"状态。由此可以看出，"以和为贵"是中国社会对人与人之间道德伦理的理想追求，也是古贤对建立社会关系的最高价值追求。从庄子的"至德之世"的"大道"社会到何心隐以"均""和""平"为理念建立的"聚和堂"的社会形态再到康有为以"人人相亲，人人平等，天下为公"为核心的"大同之世"和孙中山的"民生主义就是社会主义，又名共产主义，即是大同主义"，这种"以和为贵"的精神理念一直是中国人民始终追求的道德规范，它不断地内化于中国文化的血脉之中，成为中国文明的一部分，彰显着中国人的智慧与格局。

第三，"以民为本"的理论特质。自古以来，中国人民在追求社会和谐的过程中，"崇民""尚民"都是一个非常重要的概念。《尚书》中就有"民惟邦本，本固邦宁"的意识。孔子从重视生命的意义和价值的角度出发，以"仁者爱人"开启了"以民为本"观念的先河。孟子进一步发展了孔子的民本思想，主张实施仁政，要求统治者应有"推己及人""乐民之乐""忧民之忧"之心。秦汉统一之后，"民本"思想开始在封建社会的国家层面深度展开。汉初实施"以德化民""约法省禁""以民休息"的"君人南面之术"，形成了空前的"大一统"局面。在董仲舒那里，虽然他主张"尊君"，但这种"君"并不是可以随心所欲的，相反他必须要通过正其心以达到"尊"，"故为人君者，正心以正朝廷，正朝廷以正百官，正百官以正万民，正万民以正四方"（《春秋繁露·玉英》）。宋明时期，朱熹提出"国以民为本"，张载更是书写了"为天地立心，为生民立命，为往圣继绝学，为万世开太平"的千古名言，其字里行间充满民本主义精神的浩然正气。清末民初，孙中山提出了三民主义的施政纲领，将其"以民为本"思想推向高峰，成为"民本"思想的集大成者。由此可见，"以民为本"思想贯穿于整个中华民族的全部历史中，它不仅塑造了中华民族鲜明的精神品格和个性标识，而且不断彰显自身魅力，从而绵延不断并传承至今。

第二章

国家层面社会主义核心价值观的百年探索

　　中国共产党肩负着探索和构建国家层面的社会主义核心价值观的历史使命。从新民主主义革命时期争取民族独立和人民解放，到新中国成立后完成社会主义革命和推进社会主义建设，改革开放后推动社会主义现代化建设，再到中国特色社会主义新时代的开创与发展，中国共产党根据时代变化和社会需求，逐步形成了具有中国特色的核心价值观。在新时代，以习近平同志为核心的党中央不仅总结了历史经验，还注入了新的时代精神，把培育和弘扬社会主义核心价值观作为凝魂聚气、强基固本的基础工程，使社会主义核心价值观在中国特色社会主义伟大实践中不断焕发出新的生机与活力，为中国社会的发展与稳定奠定了坚实的思想基础，成为推动实现中华民族伟大复兴中国梦的重要精神力量。

第一节

中国共产党领导中国人民寻求富强的百年探索

　　寻求富强是中华民族的千年夙愿，更是近代以来中国共产党领导人民在实现中华民族伟大复兴征程中最为核心的目标之一。习近平总书记在庆祝中国共产党成立 100 周年大会上指出："中国共产党一经诞生，就把为中国人民谋幸福、为中华民族谋复兴确立为自己的初心使命。"① 中

---

　　① 习近平. 在庆祝中国共产党成立 100 周年大会上的讲话. 人民日报，2021－07－02（2）.

国共产党的百年奋斗历程，就是一部实现中华民族伟大复兴梦想、完成
"从站起来、富起来到强起来的伟大飞跃"的奋斗史。在 5 000 多年的文
明进程中，中国一直是世界上最为发达的国家之一，但 1840 年鸦片战争
以后，由于西方列强的侵略与掠夺，同时也由于封建社会制度的腐败，
中国逐渐陷入积贫积弱的境况而很难自立于世界民族之林，国家蒙辱、
人民蒙难、文明蒙尘，中华民族遭受了前所未有的劫难。因此，实现国
家的繁荣富强和人民的富裕生活，就成为中国共产党自觉承担起的使命
和担当。

一、新民主主义革命为实现中华民族富强梦创造了根本社会条件

寻求富强之路是近代以来先进的知识分子在中国被迫融入世界体系
时对自身所处境况的深刻认识和救亡图存之策。正如马克思在 1853 年
《中国革命和欧洲革命》一文中指出的，鸦片战争使中国"野蛮的、闭
关自守的、与文明世界隔绝的状态被打破，开始同外界发生联系"。一
方面，这种联系使中国人民开始开眼看世界，认识到还处在传统农业国
但仍以天朝上国自居的清王朝与经历了产业革命洗礼并相继开启了工业
文明时代的西方现代化国家之间的巨大差距，要弥补这种差距，就必须
思考如何吸收和借鉴各种现代性因素，使自身走上富强之路。近代史学
家蒋廷黻就指出："近百年的中华民族根本只有一个问题，那就是：中
国人能近代化吗？能赶上西洋人吗？能利用科学和机械吗？……能的
话，我们民族的前途是光明的；不能的话，我们这个民族是没有前途

的。"① 另一方面，这种联系也使中国人民认识到，正是资本主义国家所强加的殖民侵略和资本掠夺而使晚清以降的中国一步步地遭到蚕食和侵吞，并最终成为半殖民地半封建社会，中国人民面临着帝国主义、封建主义和官僚资本主义的三重压迫。在此意义上，争取民族独立、人民解放就成为实现国家富强的前提。为此，几乎是从鸦片战争一结束，先进的中国人民就开始了争取民族独立和国家统一的救亡图存之路，进行了一系列可歌可泣的斗争，太平天国运动、洋务运动、戊戌变法、辛亥革命接连而起，各种救国方案轮番出台，但都以失败告终，中国也一直处于衰败不堪、积贫积弱的落后局面中。

争取民族独立、人民解放和实现国家富强、人民幸福这两大历史任务，迫切需要新的思想和新的组织来领导中国人民完成。十月革命一声炮响，给中国送来了马克思列宁主义。在马克思列宁主义同中国工人运动的紧密结合中，中国共产党在 1921 年应运而生。中国共产党是中国人民寻求民族独立和国家富强艰难求索历程的必然产物。中国共产党领导中国人民，从大革命、土地革命战争、抗日战争到解放战争，历经28 年浴血奋斗，成立了中华人民共和国，实现了民族独立、人民解放，夺取了新民主主义革命的伟大胜利，为实现国家富强和人民幸福创造了根本社会条件。

新民主主义革命的胜利，"彻底结束了旧中国半殖民地半封建社会的历史，彻底结束了极少数剥削者统治广大劳动人民的历史，彻底结束了旧中国一盘散沙的局面，彻底废除了列强强加给中国的不平等条约和

<hr>

① 蒋廷黻. 中国近代史. 上海：上海古籍出版社，1999：2.

帝国主义在中国的一切特权"①。中国共产党和中国人民以英勇顽强的奋斗向世界宣告，中国人民从此站起来了，中华民族任人宰割、饱受欺凌的时代一去不复返了，中国寻求富强的发展之路从此开启了新纪元。

二、社会主义革命和建设为实现中华民族富强梦奠定了根本政治前提和制度基础

新中国的成立，只是实现民族独立和人民解放的第一步，整个国家都处在一穷二白、百废待兴的状态，连一辆汽车、一架飞机、一辆坦克、一辆拖拉机都不能制造。摆在中国共产党和中国人民面前的是如何把一个经济落后、人民贫困的国家建设成为社会主义工业强国，从而更好地走上富强之路。1950 年 2 月 12 日，中共中央发布通知，要求全党学习《人民日报》社论《学会管理企业》，其中明确提出了建设富强国家的目标："我们要负起责任来，有计划、有步骤地克服当前的困难，逐渐把贫穷破产的国家变成富强，把人民的饥寒交迫的生活变成丰衣足食，领导人民一直走向我们理想的幸福的社会，社会主义的社会。"②随后，中共中央在 1950 年 4 月 26 日发出的《中共中央庆祝五一劳动节口号》中，也明确把建设"富强的新中国"作为其中一条口号③。

针对如何建设富强的国家，早在新中国成立前夕，毛泽东就在党的七届二中全会上明确将由落后的农业国变成先进的工业国作为中国共产

---

① 中共中央关于党的百年奋斗重大成就和历史经验的决议. 北京：人民出版社，2021：8.
② 中央档案馆，中共中央文献研究室. 中共中央文件选集（1949.10—1966.5）：第 2 册. 北京：人民出版社，2013：152.
③ 同②344.

党的富强建国方略。"在革命胜利以后，迅速地恢复和发展生产，对付国外的帝国主义，使中国稳步地由农业国转变为工业国，把中国建设成一个伟大的社会主义国家。"①经过三年的国民经济恢复时期，党于1953年正式提出过渡时期的总路线，即在一个相当长的时期内，逐步实现国家的社会主义工业化，并逐步实现国家对农业、手工业和资本主义工商业的社会主义改造。到1956年，我国基本上完成了对生产资料私有制的社会主义改造，消灭了一切剥削制度，基本上实现了生产资料公有制和按劳分配，建立起了社会主义基本制度，完成了社会主义革命，实现了中华民族有史以来最为广泛而深刻的社会变革，为党领导人民走向富强奠定了根本政治前提和制度基础。

在开始了从新民主主义到社会主义的转变后，以毛泽东同志为主要代表的中国共产党人，始终将把我国建设成为一个具有现代农业、现代工业、现代国防和现代科学技术的社会主义强国看作是自己的伟大使命和任务。1954年9月15日，毛泽东在第一届全国人民代表大会第一次会议致开幕词时指出："准备在几个五年计划之内，将我们现在这样一个经济上文化上落后的国家，建设成为一个工业化的具有高度现代文化程度的伟大的国家。"②周恩来在这次会议的政府工作报告中明确指出："我国的经济原来是很落后的；如果我们不建设起强大的现代化的工业、现代化的农业、现代化的交通运输业和现代化的国防，我们就不能摆脱

---

① 毛泽东. 毛泽东选集：第4卷. 2版. 北京：人民出版社，1991：1437.
② 中共中央文献研究室. 建国以来重要文献选编：第5册. 北京：中央文献出版社，1993：461.

落后和贫困，我们的革命就不能达到目的。"① 这是党第一次提出关于我国"四个现代化"的国家富强战略构想。在此基础上，党的八大明确提出全国人民的主要任务是集中力量发展社会生产力，实现国家工业化，逐步满足人民日益增长的物质和文化需要。

在随后的几个五年计划中，党领导人民开展了全面的大规模的社会主义建设，到1976年，我国国民生产总值和财政收入分别比新中国成立初期有了几倍、十几倍的增长，在"一穷二白"的基础上，逐步建立了独立的比较完整的工业体系和国民经济体系，为实现四个现代化的国家富强目标奠定了比较雄厚的物质基础。这一时期，国防科技工业从无到有，我们在全国范围内建设了一系列军工企业，并在核武器、航空航天、计算机等重大科技领域取得了重要突破。第一台电子管计算机试制成功，第一颗原子弹装置爆炸成功，第一枚自行设计制造的运载火箭发射成功，第一颗氢弹空爆试验成功，"东方红一号"人造地球卫星发射成功，在世界上首次人工合成牛胰岛素，等等。铁路、公路等也发生了翻天覆地的变化，穿越大西南腹地的成渝铁路修建完工，在大雪山和悬崖深谷间修建的康藏公路（今川藏公路）顺利竣工。在人民的生活水平方面，尽管全国总人口从1949年的5亿多增长到1976年的9亿多，但人均粮食占有量从418斤增加到615斤，关于人均消费水平，农村居民从1952年的65元增加到1976年的131元，城镇居民同期从154元增加到365元，在全国人民缩衣节食支持国家工业化建设的背景下，初步

---

① 中共中央文献研究室. 建国以来重要文献选编：第5册. 北京：中央文献出版社，1993：584.

满足了人们的基本生活需求①。正如邓小平所指出的："社会主义革命已经使我国大大缩短了同发达资本主义国家在经济发展方面的差距。我们尽管犯过一些错误，但我们还是在三十年间取得了旧中国几百年、几千年所没有取得过的进步。"② 当然，我们也要看到，尽管党在社会主义革命和建设时期在经济、科技、社会、民生等领域取得了举世瞩目的成就，但其间先后出现的"大跃进"运动、人民公社化运动等错误，特别是十年"文化大革命"灾难，使党、国家和人民的事业遭到严重的挫折和损失，使人民摆脱贫困、最终富裕起来的富强梦想未能实现。

三、改革开放和社会主义现代化建设为实现中华民族富强梦提供了体制保证和物质条件

改革开放是决定当代中国前途命运的关键一招。"文化大革命"结束后，党和国家基于对社会主义革命和建设实践的深刻总结和对人民群众期盼和需要的深刻体悟，提出着力要解决的根本问题就是如何使国家和人民摆脱贫困和落后的状态，尽快富裕起来。邓小平曾感慨地说："多少年来我们吃了一个大亏，社会主义改造基本完成了，还是'以阶级斗争为纲'，忽视发展生产力。'文化大革命'更走到了极端。十一届三中全会以来，全党把工作重点转移到社会主义现代化建设上来，在坚持四项基本原则的基础上，集中力量发展社会生产力。这是最根本的拨

---

① 中共中央党史研究室. 中国共产党的九十年. 北京：中共党史出版社，2016：638－639.
② 邓小平. 邓小平文选：第2卷. 2版. 北京：人民出版社，1994：167.

乱反正。"① 党的十一届三中全会后，以邓小平同志为主要代表的中国共产党人，深刻总结我国社会主义现代化建设正反两个方面的经验，借鉴世界社会主义历史经验，作出把党和国家工作中心转移到经济建设上来、实行改革开放的历史性决策，中国人民在富起来、强起来的征程中迈出了决定性的步伐。

为了破除长期以来束缚人们正当追求物质财富的思想桎梏，邓小平多次明确指出："贫穷不是社会主义，社会主义要消灭贫穷。""我们坚持社会主义，要建设对资本主义具有优越性的社会主义，首先必须摆脱贫穷。"② 这些极具震撼力的话语极大地激发了劳动人民创造财富和积累财富的热情与动力。除从否定的意义上谈论贫穷不是社会主义以外，邓小平还进一步从"共同富裕"的维度去深刻揭示社会主义的本质："社会主义的目的就是要全国人民共同富裕，不是两极分化。如果我们的政策导致两极分化，我们就失败了；如果产生了什么新的资产阶级，那我们就真是走了邪路了。"③ 坚持和发展中国特色社会主义，最大的优越性就是实现共同富裕。"社会主义的特点不是穷，而是富，但这种富是人民共同富裕。"④实现共同富裕，不是要求大家同时达到富裕的状态，而是让一部分人、一部分地区先富裕起来，"一部分地区发展快一点，带动大部分地区，这是加速发展、达到共同富裕的捷径"⑤。

针对如何推动大家走向共同富裕，党的十一届三中全会以后，以

① 邓小平. 邓小平文选：第 3 卷. 北京：人民出版社，1993：141.
② 同①116，225.
③ 同①110 - 111.
④ 同①265.
⑤ 同①166.

邓小平同志为主要代表的中国共产党人，坚持以经济建设为中心，坚持发展才是硬道理，坚定不移推动改革开放，把对外开放确立为基本国策，坚持科学技术是第一生产力，围绕发展社会生产力和提高人民生活水平，提出了实现小康社会的战略目标。1982 年，党的十二大正式提出"建设有中国特色的社会主义"，提出到 20 世纪末，人民的物质文化生活可以达到小康水平。1987 年，党的十三大提出了"三步走"发展战略，即：第一步，到 20 世纪 80 年代末，实现国民生产总值比 1980 年翻一番，解决人民的温饱问题。第二步，到 20 世纪末，使国民生产总值再增长一倍，人民生活达到小康水平。第三步，到 21 世纪中叶，人均国民生产总值达到中等发达国家水平，人民生活比较富裕，基本实现现代化。这个发展战略的制定，为我们在人口多、底子薄、生产力水平不高的国情下进行各项建设，实现国家富强、人民富裕提供了正确的方向，为逐步实现现代化奠定了坚实的物质基础。

党的十三届四中全会以后，以江泽民同志为主要代表的中国共产党人，在国内外形势十分复杂、世界社会主义出现严重曲折的严峻考验面前，将发展作为"党执政兴国的第一要务"[①]，实施科教兴国战略和西部大开发战略，积极推动经济、政治、文化"三位一体"社会主义建设总体布局，不断创造改革开放事业的新成就，为新世纪实现国家富强的伟大事业奠定了良好基础。1992 年，为在更大程度更广范围发挥市场在资源配置中的基础性作用，党的十四大积极推动以所有制改革和计划与市场关系的改革为主要内容的经济体制改革，确立了社会主义市场经

---

① 江泽民. 江泽民文选：第 3 卷. 北京：人民出版社，2006：515.

济的改革方向，明确提出，"要大力发展全国的统一市场，进一步扩大市场的作用，并依据客观规律的要求，运用好经济政策、经济法规、计划指导和必要的行政管理，引导市场健康发展"①，开创了全面改革开放新局面。1997年，党的十五大报告提出了"建设小康社会"的新"三步走"战略部署："展望下世纪，我们的目标是，第一个十年实现国民生产总值比二〇〇〇年翻一番，使人民的小康生活更加宽裕，形成比较完善的社会主义市场经济体制；再经过十年的努力，到建党一百年时，使国民经济更加发展，各项制度更加完善；到世纪中叶建国一百年时，基本实现现代化，建成富强民主文明的社会主义国家。"②

党的十六大以后，以胡锦涛同志为主要代表的中国共产党人，根据新的发展要求，深刻认识和回答了新形势下实现什么样的发展、怎样发展等重大问题，形成了科学发展观，强调要从经济发展和社会发展相结合的角度去理解国家富强和人民富裕。2002年，党的十六大报告指出："我国进入全面建设小康社会、加快推进社会主义现代化的新的发展阶段"，"要在本世纪头二十年，集中力量，全面建设惠及十几亿人口的更高水平的小康社会"。2004年，党的十六届四中全会明确强调，要"坚持以人为本、全面协调可持续的科学发展观"，把发展作为党执政兴国的第一要务，紧紧抓住重要战略机遇期，聚精会神搞建设，一心一意谋发展，不断增强综合国力和提高人民生活水平。与此同时，全会还要求，"坚持最广泛最充分地调动一切积极因素，不断提高构建社会主义

---

① 江泽民. 江泽民文选：第1卷. 北京：人民出版社，2006：227.
② 江泽民. 江泽民文选：第2卷. 北京：人民出版社，2006：4.

和谐社会的能力"，明确提出：形成全体人民各尽其能、各得其所而又和谐相处的社会，是巩固党执政的社会基础、实现党执政的历史任务的必然要求。要适应我国社会的深刻变化，把和谐社会建设摆在重要位置，注重激发社会活力，促进社会公平和正义，增强全社会的法律意识和诚信意识，维护社会安定团结①。2007 年，党的十七大报告进一步形成了中国特色社会主义事业"四位一体"总体布局，要求实施人才强国战略等，并在优化结构、提高效益、降低消耗、保护环境的基础上，实现人均国内生产总值到 2020 年比 2000 年翻两番②。

从党的十一届三中全会到党的十七大，党领导人民根据国际国内形势发展变化和我国发展新要求，一以贯之对推进改革开放和社会主义现代化建设作出全面部署，取得了举世瞩目的成就。国民经济高速增长，实现了从生产力相对落后的状况到经济总量跃居世界第二的历史性突破；人民群众所创造和积累的财富也得到了前所未有的增长，实现了人民生活从温饱不足到总体小康、奔向全面小康的历史性跨越，推进了中华民族从站起来到富起来的伟大飞跃。

四、中国特色社会主义新时代为实现中华民族富强梦提供了更为完善的制度保证、更为坚实的物质基础、更为主动的精神力量

党的十八大以来，中国特色社会主义进入新时代。以习近平同志

---

① 中共中央关于加强党的执政能力建设的决定. 求是，2004（19）.
② 胡锦涛. 胡锦涛文选：第 2 卷. 北京：人民出版社，2016；627.

为核心的党中央统筹把握中华民族伟大复兴的战略全局和世界百年未有之大变局，围绕建设什么样的社会主义现代化强国、怎样建设社会主义现代化强国等重大时代课题，贯彻党的基本理论、基本路线、基本战略，坚持稳中求进工作总基调，出台一系列重大方针政策，推出一系列重大举措，推进一系列重大工作，推进党和国家事业取得历史性成就、发生历史性变革，中华民族迎来了从站起来、富起来到强起来的伟大飞跃。

2012 年，着眼于实现第一个百年奋斗目标，开启实现第二个百年奋斗目标新征程，党的十八大提出中国特色社会主义事业"五位一体"总体布局，对全面推进经济建设、政治建设、文化建设、社会建设、生态文明建设作出重大部署。针对国内外发展环境和条件的深刻变化，党的十九大提出了社会主义现代化建设新"两步走"战略，将基本实现社会主义现代化的时间由 21 世纪中叶提前至 2035 年，并提出到 21 世纪中叶要建成富强民主文明和谐美丽的社会主义现代化强国。2022 年，党的二十大报告正式提出"中国式现代化"的目标。"从现在起，中国共产党的中心任务就是团结带领全国各族人民全面建成社会主义现代化强国、实现第二个百年奋斗目标，以中国式现代化全面推进中华民族伟大复兴。"[1] 根据这一目标，以习近平同志为核心的党中央对我国发展作出全面的部署，要求"必须坚持党的基本理论、基本路线、基本方略，统筹推进'五位一体'总体布局、协调推进'四个全面'战略布

---

[1] 习近平. 高举中国特色社会主义伟大旗帜 为全面建设社会主义现代化国家而团结奋斗：在中国共产党第二十次全国代表大会上的报告. 北京：人民出版社，2022：21.

局，全面深化改革开放，立足新发展阶段，完整、准确、全面贯彻新发展理念，构建新发展格局，推动高质量发展，推进科技自立自强，保证人民当家作主，坚持依法治国，坚持社会主义核心价值体系，坚持在发展中保障和改善民生，坚持人与自然和谐共生，协同推进人民富裕、国家强盛、中国美丽"①。这些重要论述，不断开辟中国特色社会主义发展新境界，为新时代全面建成社会主义现代化强国、全面推进中华民族伟大复兴提供了科学的理论指导和行动指南。党的十八大以来，中国各项事业取得了令世界瞩目的成就：基础研究和原始创新不断加强，一些关键核心技术实现突破，战略性新兴产业发展壮大，载人航天、探月探火、深海深地探测、超级计算机、卫星导航、量子信息、核电技术、新能源技术、大飞机制造、生物医药等取得重大成果，进入创新型国家行列②。

在新发展格局和理念的指导下，社会主要矛盾也发生了新的变化，变为"人民日益增长的美好生活需要和不平衡不充分的发展之间的矛盾"。立足于人民对美好生活的期盼和以人民为中心的发展思想，习近平总书记反复强调，消除贫困、改善民生、实现共同富裕，是社会主义的本质要求③。我们的现代化是全体人民共同富裕的现代化，为了在最大范围内消除绝对贫困，习近平总书记创造性地提出了精准扶贫、精准脱贫的重要思想，把脱贫攻坚作为全面建成小康社会的底线任务，

①　习近平. 在庆祝中国共产党成立 100 周年大会上的讲话. 人民日报，2021 - 07 - 02 (2).
②　习近平. 高举中国特色社会主义伟大旗帜 为全面建设社会主义现代化国家而团结奋斗：在中国共产党第二十次全国代表大会上的报告. 北京：人民出版社，2022：8.
③　习近平. 在河北省阜平县考察扶贫开发工作时的讲话. 求是，2021 (4).

组织开展了声势浩大的脱贫攻坚人民战争，到 2020 年底，脱贫攻坚目标任务如期完成，现行标准下 9 899 万农村贫困人口全部脱贫，832 个贫困县全部摘帽，12.8 万个贫困村全部出列①。"在解决困扰中华民族几千年的绝对贫困问题上取得了伟大历史性成就，创造了人类减贫史上的奇迹。"② 与此同时，党也把民生问题放到更加突出的位置，在推动高质量发展、做好做大"蛋糕"的同时，着力保障和改善民生，着力解决人民急难愁盼问题，自觉主动缩小地区差距、城乡差距、收入分配差距，坚决防止两极分化，推动现代化建设成果更多更公平惠及全体人民，推动共同富裕取得更为明显的实质性进展。

总之，在中国特色社会主义新时代，以习近平同志为核心的党中央围绕全面建设社会主义现代化国家，从"强国"和"富民"两个维度出发，对社会主义富强观进行了独创性的阐释。一方面强调到本世纪中叶"把我国建成富强民主文明和谐美丽的社会主义现代化强国"，使我国的综合国力和国际影响力都居于世界领先地位，另一方面强调"人的全面发展、全体人民共同富裕取得更为明显的实质性进展"③。由此，中国共产党对富强的追求就将"每个人的前途命运"与"国家和民族的前途命运"紧密联系在一起④，国家的强盛从根本上说就是要体现在人民的共同富裕和人的全面发展上。国家强盛、人民富裕是中国人民几千年的梦想，今天，在以习近平同志为核心的党中央的坚

---

① 中国的全面小康. 人民日报，2021－09－29（10）.
② 习近平. 在全国脱贫攻坚总结表彰大会上的讲话. 人民日报，2021－02－26（2）.
③ 习近平. 高举中国特色社会主义伟大旗帜 为全面建设社会主义现代化国家而团结奋斗：在中国共产党第二十次全国代表大会上的报告. 北京：人民出版社，2022：24.
④ 习近平. 习近平谈治国理政：第 1 卷. 2 版. 北京：外文出版社，2018：36.

强领导下，亿万中华儿女朝着强国建设、民族复兴昂扬奋进，比历史上任何时期都更接近、更有信心和能力实现国强民富这一光荣的梦想。

第二节

中国共产党领导中国人民追求民主的百年探索

追求民主是 19 世纪中叶以来中国人民寻求自己现代身份以及民族国家认同的重要命题。从诞生那天起，中国共产党就带领中国人民高举民主旗帜，以追求和实现民主为目标，把马克思主义的民主理论同中国革命和建设的具体实践结合起来，逐渐形成了中国特色社会主义民主理论，探索和开辟了一条具有中国特色的社会主义民主新路。尽管中国共产党在探索民主政治建设过程中也走过不少弯路，有许多深刻的教训，但这丝毫没有动摇过党坚持领导人民建设社会主义民主政治的追求和信心。在要不要民主的问题上，共产党人的回答从来就是十分明确的，从来没有含糊过。因此，探索民主在中国有一段曲折而又漫长的历程，梳理中国共产党所领导的民主发展道路，有助于我们更好地把握民主政治建设的规律和方向，以期把中国的民主政治建设推向新的高度，把中国真正建设成为社会主义民主法治国家。

一、新民主主义革命时期中国共产党的民主探索与实践

1921 年，在马克思列宁主义同中国工人运动的紧密结合中，中国共产党应运而生。自成立开始，中国共产党就创造性地实践和发展马克思主义民主理论，始终高扬民主旗帜，认识到工人革命的第一步就是使无产阶级上升为统治阶级，争得民主，建立一个独立的民主主义和社会主义的国家政权。中国共产党第一个纲领明确提出，"党的根本政治目的是实行社会革命"，"革命军队必须与无产阶级一起推翻资本家阶级的政权"，承认无产阶级专政，"直到阶级斗争结束，即直到消灭社会的阶级区分"①。

中共二大在正确地分析中国的社会性质，中国革命的性质、对象、动力和前途的基础上，按照民主集中制的组织原则，在中国近代史上第一次明确提出反帝反封建的民主革命纲领，制定了"消除内乱，打倒军阀，建设国内和平；推翻国际帝国主义的压迫，达到中华民族完全独立；统一中国本部（东三省在内）为真正民主共和国"的政治目标，提出"工人和农民，无论男女，在各级议会、市议会有无限制的选举权，言论、出版、集会、结社、罢工绝对自由"② 等民主政治的行动准则，强调工人和农民要与城市小资产阶级组成"民主主义联合战线"，这些都为中国人民探索民主政治建设指明了方向。

大革命时期，中国共产党帮助孙中山改组了国民党，建立了国民革

---

① 中共中央文献研究室，中央档案馆. 建党以来重要文献选编（1921—1949）：第 1 册. 北京：中央文献出版社，2011：1.
② 同①133.

命军，兴起了蓬勃的工人运动和轰轰烈烈的南方农民运动，开始了伟大的北伐战争。在此过程中，中国共产党人越来越清晰地认识到，除了无产阶级是最彻底的革命民主派，农民就是最大的革命民主派。正当革命形势迅猛发展、工农革命运动成为燎原之势时，1927 年，蒋介石和国民党反动派背叛孙中山的革命政策，将大革命推入血与火的深渊中。血腥的屠杀并未能阻止中国共产党人对民主进程的推进，相反，他们在血的教训中认识到：要推进民主政治建设，建立人民自己的政权，无产阶级政党必须掌握革命的领导权，开展武装的革命斗争。武装夺取政权，开展根据地建设，就成为中国实现民主的前提条件。

大革命失败后，中国共产党先后领导了南昌起义、秋收起义等一系列的武装起义。在城市斗争遭到挫折后，以毛泽东同志为主要代表的中国共产党人果断地将革命方向转向农村，创建了井冈山革命根据地，并开始建立中央工农民主政府。随后的几年，红色政权区域已扩展到湘鄂赣 300 多个县城。在此基础上，1931 年 11 月，中华苏维埃第一次全国代表大会在江西瑞金召开，大会通过了《中华苏维埃共和国宪法大纲》，成立了中华苏维埃共和国临时中央政府。《中华苏维埃共和国宪法大纲》规定，中华苏维埃政权所建设的，是工人和农民的民主专政的国家，苏维埃全部政权"属于工人、农民、红军兵士及一切劳苦民众"，因而是彻底的民权主义。中华苏维埃的政权组织形式是工农兵代表大会制度，全国工农兵代表大会是最高政权机关，它保障工农群众享有言论、出版、集会、结社等权利，并规定其在中华苏维埃法律面前一律平等。中华苏维埃共和国的建立，是中国共产党早期探索民主政权建设的一个成功实践，标志着中国共产党领导建立的、由工农大众当家作主的政权首次以国家形态的形式登上了中国政治舞台，在中国民主发展史上有着划时代的意义。

"九一八事变"爆发后，中华民族与日本帝国主义的矛盾逐渐上升为主要矛盾。在此背景下，中国共产党开始逐步调整民主政治的发展路径，把"争得民主"看成是"抗日救亡"取得胜利的中心环节，强调政治制度的民主改革和人民的自由权利，是抗日民族统一战线纲领上的重要部分。毛泽东在《中国共产党在抗日时期的任务》一文中就指出："中国必须立即开始实行下列两方面的民主改革。第一方面，将政治制度上国民党一党派一阶级的反动独裁政体，改变为各党派各阶级合作的民主政体。"①"第二方面，是人民的言论、集会、结社自由。没有这种自由，就不能实现政治制度的民主改革"②。着力于此，中国共产党除了积极督促国民党切实"实现民主改革，以动员全体民众加入抗日战线"③，还广泛联系社会的各个阶层，为建立"新民主主义共和国"，积极开展民主政治的实践：依据"三三制"原则，在边区和各抗日根据地建立了具有广泛民主基础的抗日民主政权，将陕甘宁边区政府建设成"民主的模范政府"；各根据地政权发布了《中共北方分局关于晋察冀边区目前施政纲领》《晋冀鲁豫边区政府施政纲领》《陕甘宁边区施政纲领》等宪法性文件，规定实行普遍、直接、平等、无记名投票的选举制

---

① 毛泽东. 毛泽东选集：第 1 卷. 2 版. 北京：人民出版社，1991：256 - 257.
② 同①257.
③ 毛泽东. 毛泽东选集：第 2 卷. 2 版. 北京：人民出版社，1991：373.

度，选举出"议行合一"的边区、县、乡三级参议会，保障了一切抗日人民的选举权和被选举权；明确规定人民享有广泛民主的自由权利，并在民主实践中教育和引导人民正确行使自己的民主权利；依据民主集中制的原则，充分"发扬党员的自动性与积极性"，增强党员对党的事业的责任心，鼓励党员在党章规定的范围内发表自己的意见，进一步完善和扩大了中国共产党的党内民主。

抗战胜利后，为了反对国民党所推行的一党独裁统治，中国共产党明确提出要"让一切不民主的制度死亡"。为了将边区政府的政治民主化向全国范围内推广，中国共产党于1946年召开陕甘宁边区第三届参议会，制定了《陕甘宁边区宪法原则》，提出了建设"模范自治省区"的口号。国共和谈破裂后，中国共产党开始了由以"三三制"为特征的民主政府向人民民主政府的转变。1948年4月30日，中共中央发布"五一口号"，号召召开没有反动分子参加的新的政治协商会议，筹建民主联合政府。各民主党派和无党派民主人士纷纷响应。1949年9月，由中国共产党和其他民主党派参加的新"政治协商会议"在北平召开，会议通过了起临时宪法作用的《中国人民政治协商会议共同纲领》，规定中华人民共和国是工人阶级领导的、以工农联盟为基础的、团结各民主阶级和国内各民族的人民民主专政的国家，国家的政权属于人民，人民行使国家政权的机关为各级人民代表大会和各级人民政府，从而最终在法律上确认了中国共产党关于通过建立人民共和国走向人民民主、走向社会主义的政治主张。

中国共产党在新民主主义革命时期，以追求人民民主为自己的历史职责，在民主理论和民主实践上进行了许多卓有成效的探索和斗争，最终领导中国人民战胜帝国主义、封建主义、官僚资本主义，打败国民党专制独裁政府，推翻了一切不民主的旧制度，为中国人民最终实现人民民主奠定了坚实的基础。

二、新中国成立后中国共产党的民主探索与实践

1949 年 10 月，中华人民共和国的成立，使中国人民获得了空前的民主与自由。"但人民享受的民主自由的实质，必须有一个民主的组织形式把它固定下来，否则民主生活是不巩固的。"[①] 因此，对于由革命党演变为执政党的中国共产党来说，最为急迫的任务就是要将数十年来的民主诉求以民主的制度体系表达出来。1954 年 9 月，第一届全国人民代表大会第一次会议召开。会议通过了《中华人民共和国宪法》，以根本大法的形式把人民民主和社会主义原则固定下来，肯定了人民民主专政的国体和人民代表大会制度的政体，这是中国共产党把民主制度化、法律化、体系化的一个重要里程碑，在中国政治发展史乃至世界政治发展史上都具有划时代的意义。从此，我国的社会主义民主政治建设就在中国共产党的领导下进入一个全新的阶段。之后，我们党对新中国成立以来民主政治建设的实践进行了全方位的总结，把正确处理人民内部矛盾作为国家政治生活的主题，明确提出要造成"一个又有集中又有民主，又有纪律又有自由，又有统一意志，又有个人心情舒畅、生动活泼"的政治局面。

---

① 董必武. 董必武政治法律文集. 北京：法律出版社，1986：183.

　　然而，我们也要看到，尽管中国共产党在其执政过程中，始终全心全意地为人民的民主不懈努力，但是追求民主的道路从来都不是一帆风顺的，而是注定会充满曲折与艰辛。1957年后，寻求民主的道路开始偏离原初的轨迹，特别是在"文化大革命"期间，以大鸣、大放、大辩论、大字报为特征的所谓"大民主"，出现了大量违背社会主义民主法制的事情，人民的民主权利在实际生活中没有得到充分的实现，无论是党内民主还是人民民主都遭到严重的破坏，党的领导遭到严重的削弱。正如党的十一届六中全会通过的《关于建国以来党的若干历史问题的决议》指出的："逐步建设高度民主的社会主义政治制度，是社会主义革命的根本任务之一。建国以来没有重视这一任务，成了'文化大革命'得以发生的一个重要条件，这是一个沉痛教训。"邓小平也强调："我们也没有自觉地、系统地建立保障人民民主权利的各项制度，法制很不完备，也很不受重视，特权现象有时受到限制、批评和打击，有时又重新滋长。"①

　　党的十一届三中全会后，中国共产党认真总结新中国成立以来民主政治建设正反两个方面的经验教训，重新确定了发展社会主义民主的基本方针，同时采取各项措施努力扩大人民民主和党内民主，明确提出"没有民主就没有社会主义，就没有社会主义现代化"的科学论断，把发展民主政治提升到决定社会主义事业前途和命运的战略高度。以此为指导，党的十三大报告指出，我们的目标是把我国建设成为富强、民

---

① 邓小平. 邓小平文选：第2卷. 2版. 北京：人民出版社，1994：332.

主、文明的社会主义现代化国家，民主是三位一体总目标的重要组成部分。在如何实现民主的问题上，针对"文化大革命"期间所出现的个人集权甚至破坏党和国家政治秩序的现象，党的十一届三中全会强调："为了保障人民民主，必须加强社会主义法制，使民主制度化、法律化，使这种制度和法律具有稳定性、连续性和极大的权威。"党的十五大报告，第一次明确把"依法治国""建设社会主义法治国家"作为国家政治生活的基本方略提出来，这就为坚持和发展社会主义民主政治建设提供了最为有力的保障。党的十六大报告明确指出，"党内民主是党的生命"。党的十七大报告进一步强调："人民民主是社会主义的生命。"在党的这些重要战略思想和决策的指导下，在改革开放和社会主义现代化建设新时期，社会主义民主政治建设在中国取得了重大的进展。坚持正确的政治方向，以保证人民当家作主为根本，以增强党和国家活力、调动人民积极性为目标，积极稳妥推进政治体制改革，不断扩大社会主义民主，发展社会主义政治文明；坚持中国特色社会主义政治发展道路，坚持党的领导、人民当家作主、依法治国有机统一，坚持和完善人民代表大会制度、中国共产党领导的多党合作和政治协商制度、民族区域自治制度以及基层群众自治制度，不断推进社会主义民主政治制度自我完善和发展；坚持党总揽全局、协调各方的领导核心作用，提高党科学执政、民主执政、依法执政水平，保证党领导人民有效治理国家；坚持国家一切权力属于人民，从各个层次、各个领域扩大公民有序政治参与，最广泛地动员和组织人民依法管理国家和社会事务、管理经济和文化事业；更加注重健全民主制度、丰富民主形式，保证人民依法实行民主选举、民主决策、民主管理、民主监督；坚持依法治国基本方略，树立社会主义法治理念，实现国家各项工作法治化，保障公民合法权益；坚持社会主义政治制度的特点和优势，推进社会主义民主政治制度化、规范化、程序化，为党和国家长治久安提供政治和法律制度保障。

三、新时代中国共产党的民主探索与实践

党的十八大以来，随着中国特色社会主义迈入新时代，习近平总书记从坚持正确的民主政治发展道路的高度出发，进一步谋划和推进中国式民主的发展。他强调"人民当家作主是社会主义民主政治的本质特征"[①]，中国式民主必须要"扩大人民有序政治参与，保证人民依法实行民主选举、民主协商、民主决策、民主管理、民主监督"[②]。为了真正落实"五个民主"，习近平总书记进一步提出，"保证和支持人民当家作主，通过依法选举、让人民的代表来参与国家生活和社会生活的管理是十分重要的，通过选举以外的制度和方式让人民参与国家生活和社会生活的管理也是十分重要的。人民只有投票的权利而没有广泛参与的权利，人民只有在投票时被唤醒、投票后就进入休眠期，这样的民主是形式主义的"[③]。正是依据这一思维发展路径，习近平总书记在庆祝中国共产党成立 100 周年大会上提出"发展全过程人民民主"的重大理念。

---

① 习近平. 习近平谈治国理政：第 3 卷. 北京：外文出版社，2020：28.
② 同①29.
③ 中共中央宣传部. 习近平新时代中国特色社会主义思想学习纲要. 北京：学习出版社，2019：131.

这一理念不仅是百年来中国共产党探索中国式民主的经验总结和智慧结晶，是理论创新、实践创新和制度创新相统一的最新成果，而且对中国式民主提出了新的要求和目标方向，标志着中国式民主进入新的发展阶段。

作为中国特色社会主义民主政治的一种重大创新和理论升华，"全过程人民民主"是对中国式民主性质的全新定位，也是对中国式民主过程的全新规范。它不仅丰富了中国式民主的内涵和外延，全景式地概括了中国式民主的政治实践，透彻阐明了中国式民主的特质和优势，而且超越了西式民主的各种理念和实现形态，体现了民主的初心和价值根本，表达了人类的共同价值和理想追求。

"全过程人民民主"最早来源于"全过程民主"的政治理念。2019年11月，习近平总书记在上海考察时开创性地提出：我们走的是一条中国特色社会主义政治发展道路，人民民主是一种全过程的民主，所有的重大立法决策都是依照程序、经过民主酝酿，通过科学决策、民主决策产生的①。在这里，看似习近平总书记只是从立法决策的具体环节谈论民主的全过程性，但实际上在他的思想深处已将全过程民主作为人民民主的本质属性，将其与中国特色社会主义民主政治发展道路有机关联，暗含着他对中国特色社会主义民主政治未来走向的新思考。

2021年7月1日，庆祝中国共产党成立100周年大会召开。在会议

---

① 人民当家作主的生动实践和必由之路. 人民日报，2022－04－08（9）.

上，习近平总书记基于自身对中国民主政治发展规律的新认识和新理解，首次提出了"全过程人民民主"这一科学命题，强调"践行以人民为中心的发展思想，发展全过程人民民主，维护社会公平正义"①，将其明确为未来新征程上必须坚守的民主价值和必须贯彻的民主制度。2021年10月，习近平总书记在中央人大工作会议上，从坚持和完善人民代表大会制度的角度出发，提出必须"不断发展全过程人民民主"②，并在此基础上，全面系统地阐述了全过程人民民主的理论。2021年11月11日，《中共中央关于党的百年奋斗重大成就和历史经验的决议》更是三次提到"全过程人民民主"，不仅明确指出必须坚持以人民为中心的发展思想来不断践行全过程人民民主，而且指出要将全过程人民民主置于坚持党的领导、人民当家作主、依法治国的有机统一中不断推进，还指出全党必须发展全过程人民民主，保证人民当家作主。由此可见，虽然"全过程人民民主"提出的时间较晚，但提出的意义却非常重大，它不仅为实现中华民族伟大复兴的民主政治道路指明了前进的方向，而且为探索人类社会的政治文明实践提供了新境界与新形态。

总之，100多年来，中国人民在中国共产党的领导下，始终高扬民主光辉旗帜，把发展现代民主作为社会主义核心价值追求，成功开辟和坚持了中国特色社会主义政治发展道路。这些事实充分证明，中国社会主义民主政治具有强大生命力，中国特色社会主义政治发展道路是符合中国国情、保证人民当家作主的正确道路。

---

① 习近平. 在庆祝中国共产党成立100周年大会上的讲话. 人民日报，2021-07-02（2）.
② 坚持和完善人民代表大会制度 不断发展全过程人民民主. 人民日报，2021-10-15（1）.

第三节

中国共产党领导中国人民发展文明的百年探索

习近平总书记在党史学习教育动员大会上指出："我们党的历史是中国近现代以来历史最为可歌可泣的篇章，历史在人民探索和奋斗中造就了中国共产党，我们党团结带领人民又造就了历史悠久的中华文明新的历史辉煌。"[①] 中华民族是世界上古老而伟大的民族，创造了绵延5 000多年的灿烂文明，为人类文明进步作出了不可磨灭的贡献。然而，步入近代社会，面对3 000年未有之大变局所带来的文明碰撞，中华文明面临严峻的挑战。鸦片战争以后，中华文明遭遇到全方位的危机，进入习近平总书记所概括的"文明蒙尘"时期。百余年来，中国共产党领导人民以发展社会主义文明为旨趣，着眼于推动中华文明复苏并超越资本主义文明局限，坚持把马克思主义基本原理同中国具体实际相结合、同中华优秀传统文化相结合，不断推动中华优秀传统文化创造性转化、创新性发展，既继承中华优秀传统文化又借鉴人类文明成果，实现物质文明、政治文明、精神文明、社会文明、生态文明协调发展，在创造以人民为中心的人类文明新形态上取得了丰富的理论和实践成果，

---

① 习近平. 在党史学习教育动员大会上的讲话. 求是，2021（7）.

书写了中华民族几千年历史上最恢宏的史诗，对中华文明和世界文明作出了卓越的贡献。

一、新民主主义革命时期：寻求一个被新文化统治因而文明先进的中国

尽管中华文明在 5 000 多年悠久历史中一直遥遥领先于其他文明，但随着工业革命的来临，人类社会开始从农业文明时代进入崭新的工业文明时代，而仍然处于农业文明阶段的中华文明并未能跟上这一世界发展进程，相反，所谓的"康乾盛世"蒙蔽了统治者和民众的眼睛，反而以天朝上国自居，闭关锁国，导致晚清时期封建统治腐败，文明处于停滞状态。而随着 1840 年鸦片战争的爆发，西方列强对中国进行了一轮又一轮的野蛮入侵，我们被迫签订了一个又一个丧权辱国的不平等条约，国家蒙辱、人民蒙难、文明蒙尘，几千年来辉煌灿烂的中华文明遭遇到前所未有的危机。

为了拯救民族危亡，中国人民在奋起反抗外敌入侵的同时，也开始反思并力图寻找解决方案。为什么引以为傲的传统中华文明在西方工业文明面前不堪一击？在西方文明的冲击下，传统中华文明是否真的是中国走向现代社会进程中必须清除的障碍物呢？以儒家思想为主体的传统中华文明能否获得新生？这些思考使得闭关自守的中国与文明世界隔绝的状态被打破，中国开始与外界发生联系，此种联系的第一个积极成果就是有部分开明士绅和新兴知识分子对传统的"天下观"和"夷夏观"进行反思。他们开始睁眼看世界，认识到"天朝上国"只不过是天下之

一国，而尽管"师夷制夷""中体西用"等话语仍然是在传统"华夷之辨"框架中进行自我言说的，但只要开始主动进入在技术、制度和文化上全面占据优势的他者语境中，不仅原本那种盲目自大的"华夏蛮夷"心理和"以夏变夷"的传统观念会加以改变，而且注定会逐渐产生与"天朝上国"截然相反的"弱国子民"的民族自我意识。正是在此背景下，中西交往经历了从"夷务"到"洋务"再到"时务"的转变，而对西方人的称谓也由贬义的"夷"变为平等的"西"乃至尊崇的"泰西"。许多先进的士大夫开始从认为"虽然中国人觉得西洋的物质文明以及政治法律的组织比中国高；但是所谓精神文明以及各种社会伦理的组织总是不及中国的"，转向认为"西洋人不但有文明，而且有文化；不但有政治，而且有社会；不但有法律，而且有伦理。这些东西不但不比中国的坏而且比中国的好，比中国的合理，比中国的近情"①。

在很大程度上，将欧洲文明置于人类文明的顶端，这是很多落后的非西方国家思想家期待本国改变落后状况时所持有的立场。日本启蒙之父福泽谕吉就认为，日本之所以受到西方入侵，其本质是文明与野蛮的冲突。他接受"野蛮""半开化""文明"的文明等级论，提出"现代世界的文明情况，要以欧洲各国和美国为最文明的国家，土耳其、中国、日本等亚洲国家为半开化的国家，而非洲和澳洲的国家算是野蛮的国家"，并认为这种观点"为世界人民所公认"②，而世界各国"如果想使本国文明进步，就必须以欧洲文明为目标，确定它为一切议论的标

---

① 罗家伦. 近代中国文学思想的变迁. 新潮, 1920 (5).
② 福泽谕吉. 文明论概略. 北京编译社, 译. 北京：商务印书馆, 1959：9.

准"①。在 19 世纪末 20 世纪初，这种认为西方文明优越、以西方标准为标准的文明观也为越来越多的中国学者所认同。甚至有学者还将整个中国传统文明归为落后和野蛮，认为必须加以废除和超越。"欲使中国不亡，欲使中国民族为二十世纪文明之民族，必以废孔学，灭道教为根本之解决。""废孔学，不可不先废汉文；欲驱除一般人之幼稚的野蛮的顽固的思想，尤不可不先废汉文。"②

与此同时，也有越来越多的学者提出，这种完全否定中华传统文化的观念根本不可能使中华文明走出"衰落"或"蒙尘"的境况，特别是看到第一次世界大战的爆发暴露了资本主义文明世界的矛盾和缺陷时，他们逐渐认识到，东西方两种文明各有所长，亦各有所短，因此，中华文明的复兴出路不在于完全摒弃自己，走西方文明道路，而是要在兼蓄两种文明之长的基础上再造一种"新文明"。吴宓就指出："西洋真正之文化与吾国之国粹，实多互相发明，互相裨益之处，甚可兼蓄并收，相得益彰。""今欲造成中国之新文化，自当兼取中西文明之精华，而熔铸之，贯通之。"③胡适也认为："取他人所长，补我所不足，折衷新旧，贯通东西，以成一新中国之新文明。"④梁启超更是主张中华文明亦有助于西方文明的增益："拿西洋的文明来扩充我的文明，又拿我的文明去补助西洋的文明，叫他化合起来成一种新文明。"⑤只不过，这种新的文明观，注定会因为没有在民族危亡的背景下找到建设新文明的道路

① 福泽谕吉. 文明论概略. 北京编译社，译. 北京：商务印书馆，1959：11.
② 钱玄同. 中国今后之文字问题. 新青年，1918（4）.
③ 吴宓. 论新文化运动. 学衡，1922（4）.
④ 姜义华. 胡适学术文集・教育. 北京：中华书局，1998：14.
⑤ 梁启超. 欧游心影录. 北京：商务印书馆，2014：49.

而成为空中楼阁。文明的复兴迫切需要新的思想引领救亡运动，迫切需要新的组织凝聚革命力量。

十月革命一声炮响，给中国送来了马克思列宁主义，使越来越多的中国仁人志士站在马克思主义立场上，重新思考中西文明的差异以及中华文明复兴之路。在中国率先举起马克思主义旗帜的革命先驱李大钊，早在 1916 年 8 月，在为《晨钟报》第三日刊所撰写的《"第三"》一文中，就指出第一文明即中华文明偏于灵，第二文明即西方文明偏于肉，而自己"宁欢迎'第三'之文明。盖'第三'之文明，乃灵肉一致之文明，理想之文明，向上之文明也"①。在 1918 年的《东西文明根本之异点》中，李大钊在强调东西文明之间存在差异的基础上，明确提出："平情论之，东西文明，互有长短，不宜妄为轩轾于其间。"② "东洋文明与西洋文明，实为世界进步之二大机轴，正如车之两轮、鸟之双翼，缺一不可。而此二大精神之自身，又必须时时调和、时时融会，以创造新生命，而演进于无疆。"③ 而如何融会这两种不同的文明，他在 1918 年 7 月的《法俄革命之比较观》中写道，俄国革命对于 20 世纪初叶以后的世界文明有十分重要的作用。"俄国今日之革命，诚与昔者法兰西革命同为影响于未来世纪文明之绝大变动。"④ 由于俄国位于欧亚之交，故其文明的要素兼具欧亚的特质，因此"俄罗斯之精神，将表现于东西二文明之间"，"实具有调和东西文明之资格"⑤。李大钊主张，十月革命

---

① 中国李大钊研究会. 李大钊全集：第 1 卷. 北京：人民出版社，2013：340.
②③ 中国李大钊研究会. 李大钊全集：第 2 卷. 北京：人民出版社，2013：311.
④ 同②329.
⑤ 同②331.

的爆发，为 20 世纪带来了新生活、新文明、新世界，这种新文明能使中华民族复活，就如古代文明一样，对世界进步作出自己的贡献，中华新文明"犹能卷土重来，以为第二次之大贡献于世界之进步乎"①。

随着李大钊等革命先驱开始深入研究十月革命及其指导思想马克思列宁主义，并以此为指导投身到五四运动等实际斗争中，1921 年，中国共产党在马克思列宁主义同中国工人运动的紧密结合中应运而生。从此，中华民族和中国人民的面貌焕然一新，中国共产党的诞生也为中华文明的发展繁荣提供了不竭动力。中国共产党人以马克思主义为理论指导，寻求以社会主义文明来改造中国与世界。1923 年 11 月，瞿秋白在《现代文明的问题与社会主义》一文中就主张，西方现代文明是科学的技术文明，而单纯的技术文明的结果并不能真正解放人类，而"社会主义的文明，以扩充科学的范围为起点，而进于艺术的人生"②。因此，再造中华文明的出路就只能是寻求文明的"社会主义定向"。"社会主义的文明是热烈的斗争和光明的劳动所能得到的；人类什么时候能从必然世界跃入自由世界，——那时科学的技术文明便能进于艺术的技术文明。"③"那不但是自由的世界，而且还是正义的世界；不但是正义的世界，而且还是真美的世界！"④ 1924 年，陈独秀发文指出，"我们并不迷信西方已有的资产阶级文化已达到人类文化之顶点，所以现在不必为西方文化辩护"⑤，强调要建设超越于西方文明的新文明。

---

① 中国李大钊研究会. 李大钊全集：第 2 卷. 北京：人民出版社，2013：312.
② 瞿秋白. 瞿秋白文集：政治理论编：第 2 卷. 北京：人民出版社，1988：282.
③④ 同②284.
⑤ 陈独秀. 陈独秀文集：第 2 卷. 北京：人民出版社，2013：603.

随着中国共产党领导中国人民进行的反帝反封建革命事业的深入推进，以毛泽东同志为主要代表的中国共产党人，逐渐认识到革命实践与中国具体国情的重要性，提出要坚持以马克思主义中国化的方案来再造中华新文明，明确提出"必须将马克思主义的普遍真理和中国革命的具体实践完全地恰当地统一起来，就是说，和民族的特点相结合，经过一定的民族形式"①。针对五四以来的那些完全否定中国传统的历史和文化虚无主义，1938 年 10 月，毛泽东强调："我们这个民族有数千年的历史，有它的特点，有它的许多珍贵品。对于这些，我们还是小学生……我们不应当割断历史。从孔夫子到孙中山，我们应当给以总结，承继这一份珍贵的遗产。"② 在此基础上，毛泽东提出了"中华民族的新文化"这一概念，并将这种新文化概括为民族化、民主化、科学化、大众化四个方面。1940 年 1 月 9 日，毛泽东在陕甘宁边区文化协会第一次代表大会上作了《新民主主义的政治与新民主主义的文化》的报告，随后将此报告修改为《新民主主义论》一文。在该文中，毛泽东进一步明确，新文化是"民族的科学的大众的文化，就是人民大众反帝反封建的文化，就是新民主主义的文化，就是中华民族的新文化"③。从民族的角度去理解新文化，这无疑体现了此时中国共产党人已经认识到，文化建设必须坚守民族立场，造就新文化和新文明，就必须把马克思主义与中华民族自身的特点结合起来，辩证地看待中华传统文化，取其精华，去其糟粕。着眼于此，毛泽东在《新民主主义论》中明确强调，基

---

① 毛泽东. 毛泽东选集：第 2 卷. 2 版. 北京：人民出版社，1991：707.
② 同①533 - 534.
③ 同①708 - 709.

于反帝反封建的时代使命，中国共产党建设具有中华民族特点的现代文明，首先就是建设"反对帝国主义压迫，主张中华民族的尊严和独立的"① 新文化，从而为新中国现代文明建设奠定了深厚的文化基础。在反帝反封建的救国实践中，以毛泽东同志为主要代表的中国共产党人不断深化关于社会主义文明建设的理论和实践图景。"我们不但要把一个政治上受压迫、经济上受剥削的中国，变为一个政治上自由和经济上繁荣的中国，而且要把一个被旧文化统治因而愚昧落后的中国，变为一个被新文化统治因而文明先进的中国。一句话，我们要建立一个新中国。"② 经过 28 年浴血奋斗，中国共产党领导中国人民，在各民主党派和无党派民主人士积极合作下，于 1949 年 10 月 1 日宣告成立中华人民共和国，实现民族独立、人民解放，彻底结束了旧中国半殖民地半封建社会的历史，彻底结束了旧中国一盘散沙的局面，彻底废除了列强强加给中国的不平等条约和帝国主义在中国的一切特权，为实现中华民族新文明建设创造了根本社会条件。

二、社会主义革命和建设时期：一位一体的文明观

新中国成立前夕，毛泽东在中国人民政治协商会议第一届全体会议上提出，中华人民共和国成立后，中国共产党面临的主要任务由"破坏一个旧世界"转向"建设一个新世界"，为此，党要带领中国人民，"以勇敢而勤劳的姿态工作着，创造自己的文明和幸福，同时也促进世界的

---

① 毛泽东. 毛泽东选集：第 2 卷. 2 版. 北京：人民出版社，1991：706.
② 同①663.

和平和自由"①。新中国成立后，以毛泽东同志为主要代表的中国共产党人着力于从"破"和"立"两个维度去推动社会主义文明建设。一是破除旧文明。为了扫除落后的近代中国所留下来的各种愚昧现象，党领导人民开展土地改革运动和镇压反革命运动，坚决同各种制约文明社会发展的顽疾进行斗争，迅速涤荡了旧社会留下的污泥浊水，使社会风气焕然一新。在此基础上，党又领导开展了广泛大规模的扫盲运动和思想改造运动，引导人民大力开展扫除封建迷信等移风易俗活动，积极改造旧思想、旧观念、旧习惯。二是建设新文明。毛泽东强调：要将"文明"看作是社会进步和发展的衡量标准。中国人要从被人认为不文明的时代走出来，就必须"以一个具有高度文化的民族出现于世界"②。新中国伊始，可谓是满目疮痍、百废待兴。实现国家强盛，并走向现代文明，这是全中国人民的期待。在此背景下，党中央明确将"工业化"与"现代化"并置，凸显了高度重视物质文明建设的一位一体的文明观。具体而言，表现为：

首先，通过社会主义三大改造，确立社会主义制度，为文明建设提供制度基础。在唯物主义视域中，制度是人类文明成果的集中体现。在社会化大生产背景下，资本主义文明处于受资本力量支配和雇佣劳动控制的社会发展阶段，这种文明虽然促进了生产力的发展，但由于在所有制层面是生产资料私有制，资本主义国家不可避免地会陷入周期性的危机中，最终无法真正解放和发展社会生产力。中国共产党自成立起，就

---

① 中共中央文献研究室. 毛泽东文集：第 5 卷. 北京：人民出版社，1996：344.
② 同①345.

将消灭私有制、消灭剥削，建立公有制，看作社会主义制度文明的应有之义。因此，新中国成立后建设的新文明，必须是社会主义文明。新中国成立后，在巩固国家新生政权的基础上，中国共产党于 1953 年提出了过渡时期的总路线，强调要在一个相当长的时期内，基本上实现国家工业化和对农业、手工业、资本主义工商业的社会主义改造。至 1956 年，对生产资料私有制的社会主义改造已经基本上完成，建立了以生产资料公有制和按劳分配为主要形式和特点的社会主义经济制度，实现了一穷二白、人口众多的东方大国大步迈进社会主义社会的伟大飞跃，初步形成了破除"东方从属于西方"西式文明模式的新文明形态。

其次，大力发展生产力，推动全国规模的经济建设，为文明建设提供物质基础。物质生产力的发展，是一个社会文明程度的重要体现和根本所在。着眼于此，新中国成立后，中国共产党开始致力于推进中国工业化建设，努力使中国这样一个落后的农业国转变为一个先进的工业国。1953 年 1 月 1 日《人民日报》社论指出："工业化——这是我国人民百年来梦寐以求的理想，这是我国人民不再受帝国主义欺侮不再过穷困生活的基本保证，因此这是全国人民的最高利益。"① 党的过渡时期的总路线明确提出要实现"国家工业化"，要求以五年计划为抓手，大规模推进社会主义工业化建设全面铺开。1954 年，第一届全国人民代表大会第一次会议把社会主义工业化的总任务定位为四个方面的现代化，即强大的现代化的工业、现代化的农业、现代化的交通运输业和现

---

① 迎接一九五三年的伟大任务. 人民日报，1953 - 01 - 01（1）.

代化的国防，这里的"四化"，都是物质的现代化。把以实现"四化"为核心内容的工业化作为党和国家的奋斗目标的提出，标志着党的第一代领导集体一位一体文明观的形成。

最后，传承中华优秀传统美德，铸造社会主义时代精神。社会主义基本制度确立以后，"在中国共产党领导下，我国各族人民意气风发投身中国历史上从来不曾有过的热气腾腾的社会主义建设"① 中，涌现出大量先进典型和英雄模范人物，形成了"抗美援朝精神""'两弹一星'精神""雷锋精神""焦裕禄精神""大庆精神和铁人精神""红旗渠精神""北大荒精神""塞罕坝精神""'两路'精神""老西藏精神""西迁精神""王杰精神"等跨越时空、历久弥新的时代精神，抒写了无数敢教日月换新天的壮丽诗篇。这些精神赓续中华优秀传统文明，彰显了人们在特定环境和特定考验面前的价值选择和道德实践，对于树立良好社会风尚具有不可替代的教育作用。

三、改革开放和社会主义现代化建设新时期：推进社会主义文明全面建设

改革开放是决定当代中国命运的关键一招。以 1978 年党的十一届三中全会为标志，我国开启了改革开放和社会主义现代化建设新时期。这一时期，以邓小平同志为主要代表的中国共产党人，深刻认识到社会主义精神文明的战略地位，坚持物质文明建设和精神文明建设两手都要

---

① 中共中央文献研究室. 十八大以来重要文献选编：上. 北京：中央文献出版社，2014：691.

抓，从理论和实践层面推动了社会主义文明建设，逐渐探索出了以"两个文明"为核心的中国特色社会主义文明。

1979 年，邓小平在中国文学艺术工作者第四次代表大会上指出："我们要在建设高度物质文明的同时，提高全民族的科学文化水平，发展高尚的丰富多彩的文化生活，建设高度的社会主义精神文明。"①1980 年 12 月，邓小平在中共中央工作会议上指出："我们要建设的社会主义国家，不但要有高度的物质文明，而且要有高度的精神文明。所谓精神文明，不但是指教育、科学、文化（这是完全必要的），而且是指共产主义的思想、理想、信念、道德、纪律，革命的立场和原则，人与人的同志式关系，等等。"② 建设社会主义精神文明是建设中国式现代文明的重要保证。没有这种精神文明，怎么能建设社会主义？不加强精神文明建设，物质文明建设也会受到破坏，走弯路。而只要我们的生产力发展了，保持一定的经济增长速度，坚持两手抓，社会主义精神文明建设就可以搞上去。党的十二大报告进一步对社会主义物质文明和精神文明建设进行了系统的阐述，提出社会主义精神文明是社会主义的重要特征，是社会主义制度优越性的重要表现。1986 年 9 月，党的十二届六中全会通过《中共中央关于社会主义精神文明建设指导方针的决议》，明确社会主义精神文明建设的根本任务，是适应社会主义现代化建设的需要，培育有理想、有道德、有文化、有纪律的社会主义公民，提高整个中华民族的思想道德素质和科学文化素质。该决议也强调必须

①　邓小平. 邓小平文选：第 2 卷. 2 版. 北京：人民出版社，1994：208.
②　同①367.

坚决执行"百花齐放、百家争鸣"的方针，支持和鼓励以科学研究为基础的大胆探索和自由争论，使马克思主义的理论研究大大活跃起来，使各项决策建立在更加民主和科学的基础之上。这就标志着以邓小平同志为主要代表的中国共产党人以社会主义物质文明和精神文明为内容的二位一体文明观的正式形成。

党的十三届四中全会后，以江泽民同志为主要代表的中国共产党人，进一步丰富和发展了"两个文明"建设思想，提出还要建设"政治文明"，把建设"三个文明"作为全面建设小康社会的根本任务和长远目标。1996 年 10 月，党的十四届六中全会通过《中共中央关于加强社会主义精神文明建设若干重要问题的决议》，强调物质文明和精神文明"两个不能动摇"。"我们在社会主义现代化建设的整个过程中，必须始终重视物质文明的发展，牢牢把握经济建设这个中心，努力把国民经济搞上去。这是实现我们民族振兴和国家富强的基础，是任何时候都不能动摇的。同时，我们必须始终重视社会主义精神文明的发展，重视思想、道德和教育、科学、文化的建设。这是促进经济和社会全面进步的重要保证，也是任何时候都不能动摇的。"① 2002 年 5 月 31 日，江泽民在中央党校省部级干部进修班毕业典礼上，明确提出了"建设社会主义政治文明"的命题，把政治文明同物质文明和精神文明并列，确定为社会主义现代化建设的重要目标。同年 11 月，江泽民在党的十六大上作了《全面建设小康社会 开创中国特色社会主义事业新局面》的报告，

---

① 中共中央文献研究室. 江泽民论有中国特色社会主义. 北京：中央文献出版社，2002：381 - 382.

明确提出要促进"社会主义政治文明"与社会主义物质文明和精神文明系统发展，从而确定了社会主义"三个文明"建设目标。在全面建设小康社会的背景下，中国特色社会主义经济、政治、文化全面发展的目标，就是要"在中国共产党的坚强领导下，发展社会主义市场经济、社会主义民主政治和社会主义先进文化，不断促进社会主义物质文明、政治文明和精神文明的协调发展，推进中华民族的伟大复兴"①。"三个文明"协调发展的提出，表明我们党对社会主义文明建设规律的认识不断深化，社会主义物质文明、政治文明和精神文明三位一体文明观正式形成。

在中共十六届三中全会第二次全体会议上，胡锦涛提出，为实现全面建设小康社会宏伟目标，我们党要树立和落实全面发展、协调发展、可持续发展的科学发展观，"促进社会主义物质文明、政治文明、精神文明协调发展，坚持在经济发展的基础上促进社会全面进步和人的全面发展，坚持在开发利用自然中实现人与自然的和谐相处"②。在这一论述中，胡锦涛特别突出了社会全面进步与人的全面发展的和谐目标，倡导在开发利用自然资源的过程中，实现人与自然的和谐相处。这不仅使"社会文明"思想呼之欲出，而且也为"生态文明"思想的萌发和提出奠定了重要理论基础。

在党的十七大报告中，胡锦涛从构建社会主义和谐社会的大局出发，对实现全面建设小康社会的奋斗目标做出了新的部署。针对进入新

---

① 江泽民. 全面建设小康社会 开创中国特色社会主义事业新局面：在中国共产党第十六次全国代表大会上的报告. 北京：人民出版社，2002：56.

② 胡锦涛. 胡锦涛文选：第2卷. 北京：人民出版社，2016：104.

世纪新阶段，我国经济社会发展中呈现出的政策性、体制性、技术性等因素导致的能源资源浪费、生态环境恶化等严峻的资源和环境形势，我们党明确要求在巩固现有文明成果的基础上，贯彻科学发展观，建设生态文明。"建设生态文明，基本形成节约能源资源和保护生态环境的产业结构、增长方式、消费模式。循环经济形成较大规模，可再生能源比重显著上升。主要污染物排放得到有效控制，生态环境质量明显改善。生态文明观念在全社会牢固树立。"① 在这里，生态文明建设作为社会建设的重要组成部分被纳入中国特色社会主义事业"四位一体"总体布局中："要按照中国特色社会主义事业总体布局，全面推进经济建设、政治建设、文化建设、社会建设，促进现代化建设各个环节、各个方面相协调，促进生产关系与生产力、上层建筑与经济基础相协调。坚持生产发展、生活富裕、生态良好的文明发展道路，建设资源节约型、环境友好型社会，实现速度和结构质量效益相统一、经济发展与人口资源环境相协调，使人民在良好生态环境中生产生活，实现经济社会永续发展。"②

四、中国特色社会主义新时代：五位一体文明观与人类文明新形态的形成

党的十八大以来，中国特色社会主义进入新时代。以习近平同志为核心的党中央站在传承中华文明和续写中华文明的战略高度，明确了五

---

① 胡锦涛. 胡锦涛文选：第 2 卷. 北京：人民出版社，2016：628.
② 同①624.

位一体的文明观，深刻分析了文明的基本特征，科学回答了中华文明进步的本质要求，形成了中华文明在新时代发展的系统性设计，即人类文明新形态。通过这种有序推进，新时代的中国以比以往任何时候都更加开放包容、一往直前的奋斗姿态，不断实现着中华文明的大发展。

第一，提出五位一体文明观，形成中国特色社会主义文明体系。中国特色社会主义进入新时代，中国特色社会主义事业飞速发展，社会主要矛盾也由原来的人民日益增长的物质文化需要同落后的社会生产之间的矛盾转变为人民日益增长的美好生活需要和不平衡不充分的发展之间的矛盾。而要解决这一新时代的主要矛盾，中国社会不仅要大力发展经济，推进物质文明的建设，更要从全面发展、深度发展的角度，全方位推进社会文明和生态文明的建设，以系统化实现各个文明的协调发展。

党的十八大报告着眼于解决发展的不平衡和不充分问题，回应人民群众对美好生活的价值诉求，首次将"生态文明建设"纳入中国特色社会主义事业总体布局中，形成了经济建设、政治建设、文化建设、社会建设、生态文明建设"五位一体"总体布局，使生态文明建设的战略地位更加明确，体现了党在推进社会主义现代化建设中对发展规律和生态文明建设重要性的深刻认识。

2012年11月17日，习近平总书记在主持十八届中共中央政治局第一次集体学习时指出："党的十八大把生态文明建设纳入中国特色社会主义事业总体布局，使生态文明建设的战略地位更加明确，有利于把生态文明建设融入经济建设、政治建设、文化建设、社会建设各方面和全过程。这是我们党对社会主义建设规律在实践和认识上不断深化的重要成果。"① 2013 年 5 月 24 日，习近平总书记在主持中共中央政治局第六次集体学习时指出："建设生态文明，关系人民福祉，关乎民族未来。党的十八大把生态文明建设纳入中国特色社会主义事业五位一体总体布局，明确提出大力推进生态文明建设，努力建设美丽中国，实现中华民族永续发展。这标志着我们对中国特色社会主义规律认识的进一步深化，表明了我们加强生态文明建设的坚定意志和坚强决心。"② 这些重要论述强调了生态文明建设在中国特色社会主义事业中的基础性地位，为我国现代化建设注入了绿色发展理念，推动了经济社会的转型升级，也为建设人与自然和谐共生的美丽中国奠定了理论基础和实践路径。

党的十九大报告中，习近平总书记擘画了第二个百年的宏伟蓝图，提出到 21 世纪中叶，要"把我国建成富强民主文明和谐美丽的社会主义现代化强国。到那时，我国物质文明、政治文明、精神文明、社会文明、生态文明将全面提升，实现国家治理体系和治理能力现代化，成为综合国力和国际影响力领先的国家，全体人民共同富裕基本实现，我国人民将享有更加幸福安康的生活，中华民族将以更加昂扬的姿态屹立于世界民族之林"③。其中，"富强"是物质文明的目标，旨在全面改变中国的传统发展模式，贯彻新发展理念，构建新发展格局，推动高质量发展；"民主"是政治文明的目标，旨在健全人民当家作主的制度体系，

---

① 习近平. 紧紧围绕坚持和发展中国特色社会主义 学习宣传贯彻党的十八大精神. 人民日报，2012－11－19 (2).

② 习近平在中共中央政治局第六次集体学习时强调 坚持节约资源和保护环境基本国策 努力走向社会主义生态文明新时代. 人民日报，2013－05－25 (1).

③ 习近平. 决胜全面建成小康社会 夺取新时代中国特色社会主义伟大胜利：在中国共产党第十九次全国代表大会上的报告. 北京：人民出版社，2017：29.

保障人民主体地位；"文明"是精神文明的目标，旨在坚持马克思主义在意识形态领域的指导地位，传承社会主义先进文化、革命文化和中华优秀传统文化，丰富人民群众的精神生活；"和谐"是社会文明的目标，旨在保障和改善民生，扎实推进共同富裕，不断实现人民对美好生活的向往；"美丽"是生态文明的目标，旨在坚持"绿水青山就是金山银山"的生态理念，推动全球共建生命共同体，促进人与自然和谐共生。这样，"五个文明"就与中国特色社会主义事业"五位一体"总体布局遥相呼应，协调发展，解决了之前文明建设与总体布局不够对应的问题。

　　党的二十大进一步从实践层面将"五位一体"文明观推向纵深发展。一是强调物质文明和精神文明的协调发展。由于物质富足、精神富有是社会主义现代化文明的根本要求，缺一不可，因此，在推进新时代的文明发展过程中，"我们不断厚植现代化的物质基础，不断夯实人民幸福生活的物质条件，同时大力发展社会主义先进文化，加强理想信念教育，传承中华文明，促进物的全面丰富和人的全面发展"①。二是强调提高全社会的文明程度。具体而言，新时代的文明实践不仅要积极贯彻实施公民道德建设工程，"弘扬中华传统美德，加强家庭家教家风建设，加强和改进未成年人思想道德建设，推动明大德、守公德、严私德，提高人民道德水准和文明素养"②，而且要统筹推进文明培育、文明实践和文明创建的三融合，在全社会弘扬劳动精神、奋斗精神、奉献精神、创造精神、勤俭节约精神，培育时代新风新貌。三是强调增强中

---

① 习近平. 高举中国特色社会主义伟大旗帜 为全面建设社会主义现代化国家而团结奋斗：在中国共产党第二十次全国代表大会上的报告. 北京：人民出版社，2022：23.
② 同①44.

华文明的传播力和影响力。在这一过程中，文明的发展不仅要始终坚守中华文化立场，提炼展示中华文明的精神标识和文化精髓，加快构建中国话语和中国叙事体系，讲好中国故事，展现可信、可爱、可敬的中国形象，而且要加强中华文明的国际传播能力建设，"全面提升国际传播效能，形成同我国综合国力和国际地位相匹配的国际话语权"[①]。

综上可见，从"五个文明"的提出，到"五个文明"向实践方向的纵深发展，新时代的文明观极大地丰富了社会主义文明的理论内涵和实践外延，标志着中国特色社会主义文明体系的形成。随着中国迈向全面建设社会主义现代化国家的新征程，"五个文明"一起抓，彼此相辅相成，互相联系，又互相促进，协调发展，共同构筑了中华文明的新形态，促进了其新发展。

第二，推动中华文明的创造性转化和创新性发展。进入新时代，以习近平同志为核心的党中央在坚持扎根中国大地、传承中华文明的同时，尊重世界其他文明形态，积极主动地与世界其他文明交流对话，借鉴其他文明的优秀成果，不断地使中华文明充满生机、活力和魅力。

中华优秀传统文化是中华文明的智慧结晶和精华所在，是中华民族的根和魂，其不仅是中华民族在几千年文明流变中战胜艰难险阻、生生不息的强大精神支撑，更为新时代的中国人民实现中华民族伟大复兴的中国梦和应对世界百年未有之大变局提供了有益启迪。正是基于此，2014年9月24日，习近平主席在纪念孔子诞辰2565周年国际学术研

---

① 习近平. 高举中国特色社会主义伟大旗帜 为全面建设社会主义现代化国家而团结奋斗：在中国共产党第二十次全国代表大会上的报告. 北京：人民出版社，2022：46.

讨会上进一步指出，"包括儒家思想在内的中国优秀传统文化中蕴藏着解决当代人类面临的难题的重要启示"①。在古为今用的过程中，我们激发传统文化的活力，不仅需要薪火相传、代代守护，而且必须要与时俱进、推陈出新，进行创造性转化和创新性发展。

为了实现创造性转化和创新性发展，一方面，新时代的中国共产党坚守中华文明的民族性特征，加强对中华文明的历史研究，提高其理论阐释力。2023 年 6 月，习近平总书记在文化传承发展座谈会上提出"只有全面深入了解中华文明的历史，才能更有效地推动中华优秀传统文化创造性转化、创新性发展，更有力地推进中国特色社会主义文化建设，建设中华民族现代文明"②。为此，新时代的中国共产党不仅依托以中华文明探源工程为代表的考古研究揭示中华文明的起源和发展历程，而且运用马克思主义的真理力量，对中华传统文化辨伪识真，不断激活优秀传统文化的当代价值，提高其理论阐释力。另一方面，新时代的中国共产党尊重人类文明的多样性特征。按照马克思主义的观点，虽然人类文明逐步进步，但由于各个国家的生存环境、经济基础、发展状况、历史渊源、文化传统都不相同，因此，每一个国家和民族的生存智慧和精神力量都有自己存在的价值。正如习近平主席所指出的，"每一个国家和民族的文明都扎根于本国本民族的土壤之中，都有自己的本色、长处、优点"③，都值得尊重与借鉴。基于此，新时代的中国共产

---

① 习近平. 在纪念孔子诞辰 2565 周年国际学术研讨会暨国际儒学联合会第五届会员大会开幕会上的讲话. 人民日报，2014-09-25（2）.

② 担负起新的文化使命 努力建设中华民族现代文明. 人民日报，2023-06-03（1）.

③ 同①.

党不仅搭建文明交流对话的平台，广泛宣传中华文明的核心理念，而且畅通文化交流渠道，依托汉语教学等形式，设立海外文化交流中心，建立常态化的交流机制，实现了文明的互学互鉴、美美与共。

第三，倡导树立"平等、互鉴、对话、包容的文明观"。2018 年 6 月 10 日，习近平主席在上海合作组织成员国元首理事会第十八次会议上，倡导树立"平等、互鉴、对话、包容的文明观"，提出"以文明交流超越文明隔阂，以文明互鉴超越文明冲突，以文明共存超越文明优越"[①]。具体而言：

首先，坚持人类文明的平等性。世界上不存在十全十美的文明，也不存在一无是处的文明。作为一个国家和民族的灵魂，不同的文明有其独特魅力和深厚底蕴，都有其存在的价值，并无高低优劣之别。因此，习近平总书记提出"各种人类文明在价值上是平等的，都各有千秋，也各有不足"[②]，必须坚持人类文明的平等性。

其次，坚持人类文明的互鉴性。由于不同国家有着不同的文明发展脉络，而每一种文明又都凝聚着一个国家、一个民族的非凡智慧和精神追求，因此，我们既不能要求有着不同自然条件、历史进程和宗教信仰、文化底蕴的国家采用同一种发展模式，当然，也不能故步自封、封闭保守，而是要不断地以文明的交流、互鉴和共存来推动人类文明实现共同发展和繁荣。

再次，坚持人类文明的对话性。人类文明要实现互鉴，就必须进行

---

① 习近平. 习近平谈治国理政：第 3 卷. 北京：外文出版社，2020：441.
② 习近平. 习近平谈治国理政：第 1 卷. 2 版. 北京：外文出版社，2018：259.

对话和交流。没有对话，也就没有互鉴。只有在对话交流中，中华文明才可能兼收他者的缤纷绚丽、并蓄他者的百态千姿，才能在"美美与共"的互赞与互赏中滋养人类文明共同的根，在"相辅相成"的互惠与互鉴中创造齐头并进、多元协调的文明景观，实现中华文明的永续发展。

最后，坚持人类文明的包容性。包容是文明发展的基本规律，"文明是包容的，人类文明因包容才有交流互鉴的动力"①。因此，在文明的发展过程中，我们需要打破文明交往的壁垒，超越文明隔阂、冲突和优越，从每一个国家和民族的实际国情出发，取长补短，择善而从，推动不同文明相互尊重、求同存异，共同建设开放包容的文明世界。

第四，创造人类文明新形态。2021 年 7 月 1 日，习近平总书记在庆祝中国共产党成立 100 周年大会上正式提出"人类文明新形态"的概念。"我们坚持和发展中国特色社会主义，推动物质文明、政治文明、精神文明、社会文明、生态文明协调发展，创造了中国式现代化新道路，创造了人类文明新形态。"②

首先，创造的人类文明新形态是中华文明的新形态。中华文明历经5 000 多年依然传承不衰，历久弥新。虽然到了近代，中华文明面临巨大的危机，不断蒙尘，但随着中国共产党的成立，其团结带领中国人民，力挽狂澜，使中华文明始终立于不败之地，书写了中华民族几千年

---

① 习近平. 习近平谈治国理政：第 1 卷. 2 版. 北京：外文出版社，2018：259.
② 习近平. 在庆祝中国共产党成立 100 周年大会上的讲话. 人民日报，2021 - 07 - 02（2）.

历史上最辉煌的文明史诗。中国式现代化新道路的形成，不仅标志着中华民族开始真正强起来，更标志着中华文明进入一种新的形态。这种中华文明新形态使传统的中华文明革新思想、包容思想等得到了创造性转化和创新性发展，为人类文明新形态赋予了浓郁的中华文化底色。中国特色社会主义进入新时代后，习近平总书记既继承了毛泽东的"人民民主专政"等思想，又发展了邓小平的社会主义市场经济等理论，创立了习近平新时代中国特色社会主义思想，实现了中华文明新形态的基本"定型"。

其次，创造的人类文明新形态是社会主义文明的新形态。社会主义制度的建立标志着社会主义文明的开始。在社会主义的建设发展过程中，社会主义文明的形成经历了许多曲折，尤其是苏联解体、东欧剧变后，社会主义文明究竟要如何构建一直是社会主义国家面临的难题。随着中国特色社会主义进入新时代，中国共产党不但正确回答了"社会主义向何处去"的问题，而且破解了"社会主义文明如何构建"的难题，将以人民为中心等核心理念纳入社会主义文明中，创造了人类文明新形态。而这种人类文明新形态的中国创造，不仅捍卫了社会主义文明的一系列基本原则，更使得传统的社会主义文明有了一种新的形态。

最后，创造的人类文明新形态是人类文明发展的新形态。人类文明是建立在强大的物质基础上的，没有物质基础作保证，人类社会根本不可能进入文明时代。中国经济总量跃升到世界第二，直接增强了人类文明社会的物质基础。更进一步，中国特色社会主义提供了人类文明的

"中国方案"。这种文明方案使西方文明模式走下神坛，为人类文明的发展贡献了中国智慧，开拓了新的发展方向。

第四节

中国共产党领导中国人民追求和谐的百年历程

中国共产党自成立之日起，就把实现共产主义作为自身的最高理想和最终目标。作为自由人联合体，共产主义社会的本质就是一个大和谐的社会形态。为了追求这种美好理想，中国共产党人历经新民主主义革命时期、社会主义革命和建设时期、改革开放和社会主义现代化建设新时期、中国特色社会主义新时代的历史发展阶段，取得了社会和谐的丰硕成就，形成了完善的和谐思想，不断彰显着自身的思想智慧和价值境界。

一、新民主主义革命时期中国共产党人的和谐追求

在新民主主义革命时期，为了追求社会和谐，结束近代以来中国社会的动荡不安状态，中国共产党的主要任务就是反对帝国主义、封建主义、官僚资本主义，争取民族独立与人民解放。为了完成这一历史任务，当时的中国共产党进行了艰辛的探索和实践，不仅提出了以新民主

主义革命求生存、谋发展的和谐思想，而且积极推进土地革命和改革，解决民生问题，尤其是在中央苏区和各抗日根据地进行的民主政治实践，更是凸显了这一时期中国共产党人的和谐智慧。

第一，提出和践行新民主主义革命的和谐思想。为了救民于水火之中，促进社会和谐，实现共产主义社会，这一时期的中国共产党：

首先，深刻分析了中国社会的突出矛盾和问题，揭示了造成中国社会不和谐的根本原因。早在 1922 年党的二大上，中国共产党就明确指出，中国社会混乱的根本在于"国际帝国主义宰制"。为了摆脱被压迫的命运，中国的劳苦群众必须要"从帝国主义的压迫中把自己解放出来"①。1925 年，毛泽东在《中国社会各阶级的分析》一文中进一步指出，军阀、官僚、买办阶级、大地主阶级以及附属于他们的一部分反动知识界，是"附属于帝国主义的……他们始终站在帝国主义一边"②，与帝国主义相勾结，是革命的敌人。为了使民众充分认清帝国主义的这一本质，中国共产党在革命过程中，必须使一般民众明白认识帝国主义与其工具中国军阀之关系。为了进一步使民众认清军阀统治的本质，澎湃从当时民众的生活状态出发指出，在封建军阀的统治下，民众毫无和谐生活可言，"我们蒙昧时代，以为'政府'统治我们，可以维持我们的安宁幸福。我们现在晓得'政府'利用法律，来榨取我们的财产，扩充军备"③。基于此，当时的中国共产党认为，新民主主义革命时期的

① 中共中央文献研究室，中央档案馆. 建党以来重要文献选编（1921—1949）：第1册. 北京：中央文献出版社，2011：128.
② 毛泽东. 毛泽东选集：第1卷. 2版. 北京：人民出版社，1991：4.
③ 澎湃. 澎湃文集. 北京：人民出版社，1981：3.

中国社会动乱不堪的根本原因在于帝国主义的入侵和封建主义的统治。

其次，提出要从根本上解决中国社会的主要矛盾，实现未来社会的和谐安定就必须进行反帝反封建的新民主主义革命。在当时的共产党看来，只有进行反帝反封建的革命斗争，才能实现中华民族的独立自主，才能最终给人民带来安定和谐的生活环境。为此，党的二大就制定了中国民主革命的奋斗目标，"消除内乱，打倒军阀，建设国内和平""推翻国际帝国主义的压迫，达到中华民族完全独立""统一中国本部（东三省在内）为真正民主共和国"[①]。在不断开启的新民主主义革命中，中国共产党，一方面明确了中国革命的根本目标是实现社会主义和共产主义，"要组织无产阶级，用阶级斗争的手段，建立劳农专政的政治，铲除私有财产制度，渐次达到一个共产主义的社会"[②]。另一方面不断探索中国革命的规律。在中国共产党看来，为了推动社会和谐，实现共产主义社会，中国的革命既不能完全照搬马克思主义本本或苏联经验，也不能凭着主观主义或经验主义，而是必须要依据马克思主义的指导，走农村包围城市、武装夺取政权的革命道路。

最后，要求必须建立统一战线，发挥统一战线在反帝反封建革命斗争中的作用。由于中国革命的敌人异常强大，单凭一个阶级、一个政党是很难取得革命胜利的，因此，中国的新民主主义革命自开启时，就特别重视与各个革命阶级建立民主统一战线。在这一统一战线的不断建立

---

①②　中共中央文献研究室，中央档案馆. 建党以来重要文献选编（1921—1949）：第1册. 北京：中央文献出版社，2011：133.

过程中，中国共产党，一是认识到了农民在中国革命中的重要地位，提出农民问题是国民革命的中心问题，要求全方位建立与农民阶级的联合，形成了牢固的工农联盟。二是注意在革命的特定时期与民族资产阶级的联合。如1922年7月，党的二大制定的《关于"民主的联合战线"的决议案》就提出要"联合全国革新党派，组织民主的联合战线，以扫清封建军阀推翻帝国主义的压迫，建设真正民主政治的独立国家为职志"①。1935年，面对日本帝国主义的侵略，中国共产党更是提出建立抗日民族统一战线，并针对国民党后期的消极抗日，进行"有理有利有节"的斗争，坚决维护抗日民族统一战线。正是在这种以斗争求生存、求和平的过程中，中国共产党取得了新民主主义革命的胜利，坚定地行走在实现中国社会和谐的道路上。

第二，关注民生，进行土地革命与改革的和谐要求。在新民主主义革命时期，中国共产党除了不断推进新民主主义革命以促进中国社会和谐，还积极关注民生，全力推进土地革命和土地改革。由于中国的社会和谐在很大程度上取决于人民群众物质生活水平的不断提高，因此，中国共产党不管是在中央苏区，还是在陕甘宁边区，都十分重视民生问题。

一方面，中国共产党十分关注人民群众的生活。1934年在江西瑞金召开的第二次全国工农兵代表大会上，毛泽东就提出："我们应该深刻地注意群众生活的问题，从土地、劳动问题，到柴米油盐问题。妇女

---

① 中共中央文献研究室，中央档案馆. 建党以来重要文献选编（1921—1949）：第1册. 北京：中央文献出版社，2011：139.

群众要学习犁耙，找什么人去教她们呢？小孩子要求读书，小学办起了没有呢？对面的木桥太小会跌倒行人，要不要修理一下呢？许多人生疮害病，想个什么办法呢？一切这些群众生活上的问题，都应该把它提到自己的议事日程上。应该讨论，应该决定，应该实行，应该检查。要使广大群众认识我们是代表他们的利益的，是和他们呼吸相通的。"① 到了延安时期，中国共产党更是努力增加人民的物质财富，给老百姓看得见的实惠以保证边区的和谐发展。为此，当时的中国共产党不仅建立新民主主义经济制度，运用各类政策、法律和行政手段，调节不同利益者之间的关系，促进人民群众发展生产，而且重视所有政策落实的有效性。1942 年，毛泽东在《经济问题与财政问题》一文中就明确指出，"一切空话都是无用的，必须给人民以看得见的物质福利"②，而要给人民怎样的福利呢？"就目前陕甘宁边区的条件说来，就是组织人民、领导人民、帮助人民发展生产，增加他们的物质福利，并在这个基础上一步一步地提高他们的政治觉悟与文化程度"③。

另一方面，中国共产党关注土地问题。1927 年，毛泽东根据在湖南进行的 32 天实地考察，提出"宗法封建性的土豪劣绅，不法地主阶级，是几千年专制政治的基础，帝国主义、军阀、贪官污吏的墙脚。打翻这个封建势力，乃是国民革命的真正目标"④。为了促进社会和谐，实现中国革命的目的，中国共产党必须没收地主、劣绅、军阀的土地归农民，禁止重利盘剥，取消苛捐杂税，推进土地革命，改变封建的生产

① 毛泽东. 毛泽东选集：第 1 卷. 2 版. 北京：人民出版社，1991：138.
②③ 中共中央文献研究室. 毛泽东文集：第 2 卷. 北京：人民出版社，1993：467.
④ 同①15.

关系。到了抗日战争时期，中国共产党在各个抗日根据地更是大力组织人民群众发展生产，不仅调节不同利益者之间的关系，建立了新民主主义经济制度，而且非常重视经济政策的执行效果，提出我们的工作不是向人民索取，而是奉献，我们的任务是要帮助人民发展生产，增加他们看得见的物质财富。随着抗日战争相持阶段的到来，为了克服当时各抗日根据地的严峻困难，中国共产党又实施了地主减租减息、农民交租交息的政策。通过上述政策的推动，抗日战争时期根据地的各阶级、各阶层的利益关系得到了均衡协调，整个社会和谐有序。抗战胜利后，由于国民党的内战方针，中国社会再度跌入战火动荡的深渊。为了实现中国的和平发展，这一时期的中国共产党从绝大多数人民的根本利益出发，进一步开展土地改革运动，调动农民生产的积极性。1946年的"五四指示"就提出，当时最基本的历史任务和一切工作的最基本环节就是解决解放区的土地问题，必须尽最大决心和力量完成。1947年，中共中央在西柏坡召开全国土地会议，制定了《中国土地法大纲》，明确规定"废除封建性及半封建性剥削的土地制度，实行耕者有其田的土地制度"，并依据此大纲制定了土地改革总路线。在这一总路线的指导下，解放区基本完成了"耕者有其田"的改革任务，从根本上铲除了延续几千年的封建土地制度，为农村的社会和谐发展奠定了坚实的基础。

第三，重视民主法治，加强干部廉政建设的和谐实践。

一是不断完善法制。在中央苏区时期，为了彰显党对法制的重视程度，中华苏维埃共和国临时中央政府在成立当日就通过了《中华苏维埃共和国宪法大纲》。这一大纲明确规定，苏维埃全部政权都"属于工人、农民、红色战士及一切劳苦民众"①。随着宪法大纲的实施，从 1930 年到 1934 年，中央苏区制定和颁布的苏维埃法律共计 130 多部。这些法律对于维护和巩固苏维埃政权和稳定苏区社会生活，发挥了重要的作用。到了延安时期，为了规范政府行为，实现边区和谐发展，当时的陕甘宁边区先后制定了 64 个类别的上千个法规条例。其中，仅仅关于规范政府行为的法规条例，就有《陕甘宁边区政府组织条例》《陕甘宁边区政务会议暂行规程》等。这些法制建设不仅有利于规束公职人员的权力运用，而且有利于营造民主、平等、公正的社会氛围，开创了边区社会民主和谐的新风尚。

二是加强廉政建设。为了在革命与反革命政权的对峙下，使受尽压迫剥削的民众对于苏维埃每一具体的施政，简直如同铁屑之追随于磁石②，中央苏区时期的中国共产党要求苏维埃政府和党员干部必须全力贯彻党的群众路线，不仅把人民的疾苦放在心中，而且廉洁奉公、率先示范，使自身获得人民群众的拥护和支持，实现党群关系的和谐。在延安时期，为了使陕甘宁边区成为民主抗日的模范区，中国共产党更是厉行廉洁政治，坚决反腐倡廉。1941 年 5 月 1 日，《陕甘宁边区施政纲领》就明确规定，"厉行廉洁政治，严惩公务人员之贪污行为，禁止任何公务人员假公济私之行为，共产党员有犯法者从重治罪。同时实行俸以养廉原则，保障一切公务人员及其家属必需的物质生活及充分的文化

---

① 中共中央文献研究室，中央档案馆. 建党以来重要文献选编（1921—1949）：第 11 册. 北京：中央文献出版社，2011：160.

② 中共江西省委党校党史教研室，江西省档案馆. 中央革命根据地史料选编：下. 南昌：江西人民出版社，1982：302.

娱乐生活"①。正是通过对自身的严格要求，中国共产党在边区创造了"只见公仆不见官"的清风正气，使延安成为全国人民向往的一片和谐净土。

三是深化民主政治改革。民主是凝聚人心、促进和谐的增强剂。尤其是在抗日战争时期，中国共产党为了推进全民族的抗战，一方面，使自身的政权形式从工农苏维埃政权转变为人民共和国政权再转变为抗日民主政权，凸显了团结抗战、共同抗战的和谐要求；另一方面，为了给全国树立一个民主政治的榜样，推动全国性的民主抗战，中国共产党深化民主政治改革，调节各抗日阶级之间的关系，在各抗日根据地建立了以"三三制"为特征的民主政权，为构建边区的和谐社会奠定了坚实的社会基础。

二、社会主义革命和建设时期中国共产党人的和谐追求

随着新中国的成立，中国进入社会主义革命和建设时期。在这一时期，为了维护国家稳定，使中国能够成功走过艰难的社会转型期，中国共产党不仅积极稳定社会秩序，提出"不要四面出击"的战略方针，而且要求调动国内外一切积极因素，协调社会建设的十大关系，正确处理人民内部矛盾，不断彰显了这一时期的党对社会和谐的思考和追求。

第一，稳定社会秩序的和谐要求。稳定社会秩序是治国理政的根本，也是构建和谐社会的前提和基础。由于新中国成立初期，国家百废

---

① 中共中央文献研究室，中央档案馆. 建党以来重要文献选编（1921—1949）：第 18 册. 北京：中央文献出版社，2011：242.

待兴，社会各项事业急需有一个崭新的开始，而这一切都要首先有一个安定团结的社会环境，因此，为了加强社会团结，维护社会稳定，这一时期的中国共产党不仅在战略方针上提出"不要四面出击"，而且在行动上领导中国人民进行了抗美援朝、镇压反革命、土地改革、"三反""五反"运动等。

一方面，中国共产党提出了"不要四面出击"的战略方针。1950年6月6日，为了推动国家财政经济状况的基本好转，毛泽东在党的七届三中全会上提出："我们不要四面出击。四面出击，全国紧张，很不好。我们绝不可树敌太多，必须在一个方面有所让步，有所缓和，集中力量向另一方面进攻。我们一定要做好工作，使工人、农民、小手工业者都拥护我们，使民族资产阶级和知识分子中的绝大多数人不反对我们。"① 而如何才能做到"不要四面出击"呢？毛泽东进一步提出，"不要四面出击"就是"我们绝不可树敌太多，必须在一个方面有所让步，有所缓和，集中力量向另一方面进攻"②。通过对这一战略方针的贯彻落实，这一时期的中国共产党很快稳定了时局民心，维护了社会团结，推动了和谐社会的建设。

另一方面，中国共产党进行了抗美援朝、镇压反革命等一系列维护社会和谐的革命运动。新中国成立之初，国内外形势十分严峻。从国际上看，虽然新中国得到一些社会主义国家的承认，但以美国为首的帝国主义对中国采取政治上孤立、经济上封锁和军事上包围的措施，企图将

---

① 毛泽东著作选读：下册. 北京：人民出版社，1986：697.
② 中共中央文献研究室. 毛泽东文集：第6卷. 北京：人民出版社，1999：75.

新生的政权扼杀在摇篮中。1950 年，朝鲜战争爆发，美国入朝干涉朝鲜内战，并扩大侵朝战争，严重威胁我国安全。为了维护中国的利益，毛泽东作出了"抗美援朝、保家卫国"的决策，派遣志愿军，一起抗击美国侵略者。1953 年，美国在停战协定上签字。抗美援朝战争的胜利提高了新中国在国际上的威望，为中国的经济社会发展赢得了一个相对安定的和平环境。从国内来看，新社会的一些角落还存在一大批的国民党特务、土匪、恶霸等，他们兴风作浪，严重威胁了新生的国家政权。为了坚决打击反革命的破坏活动，维护人民的根本利益，1950 年 10 月，中共中央发出了《关于镇压反革命活动的指示》，开始了大规模的剿匪行动。1951 年 10 月底，镇压反革命运动基本结束。通过这场卓有成效的群众运动，中国共产党巩固了新生的人民政权，为国家经济的根本好转创造了稳定和谐的社会环境。

第二，协调十大关系的和谐意蕴。由于社会是一个人与人、人与自然相互作用形成的关系体系，因此，要实现社会和谐，就需要处理和协调好各种社会关系，而在处理和协调过程中，最基本的就是要调动有利于社会发展的一切积极因素。基于此，为了探索适合中国社会发展的社会主义道路，避免出现苏联社会主义建设中的问题，1956 年 4 月 25 日，毛泽东作了《论十大关系》的报告。这一报告的核心就是要处理好十大关系，调动一切积极因素为社会主义建设服务，"提出这十个问题，都是围绕着一个基本方针，就是要把国内外一切积极因素调动起来，为社会主义事业服务"[①]。具体而言，这十大关系的和谐可以分为四个层

---

① 中共中央文献研究室. 毛泽东文集：第 7 卷. 北京：人民出版社，1999：23.

面的内容。

一是经济关系的和谐。在推进社会主义的经济关系和谐方面，《论十大关系》报告提出：一方面要推进经济结构和经济布局的和谐，不仅要关注重工业、轻工业和农业的关系，要在优先发展重工业的同时，实行工业与农业同时并举，逐步建立现代化的工业和现代化的农业，而且要关注沿海工业和内地工业的关系，要求"沿海的工业基地必须充分利用，但是，为了平衡工业发展的布局，内地工业必须大力发展"①。另一方面要推动经济建设与其他建设之间、经济活动各主体之间的和谐发展。在经济建设与其他建设之间，强调国防建设是必不可少的，但国防建设是以经济建设为前提的，因此，必须大力发展经济建设。在经济活动各主体之间，要求必须兼顾国家、集体和个人三方的利益，对经济成果进行合理分配。

二是政治关系的和谐。在十大关系中，属于政治关系的主要有中央与地方、党与非党、革命与反革命之间的关系。就中央与地方的关系，毛泽东提出，既要巩固和服从中央的统一领导，又要"在巩固中央统一领导的前提下，扩大一点地方的权力，给地方更多的独立性，让地方办更多的事情"②。就党与非党的关系，毛泽东强调，在中国革命发展的历程中，民主党派是不可缺少的力量，其关系和谐是有利于社会和谐发展的。就革命与反革命的关系，毛泽东要求，对于反革命分子，除非是罪大恶极的必须坚决镇压的，其他的大多数反革命分子"都应当给以生活出路，

---

① 中共中央文献研究室. 毛泽东文集：第 7 卷. 北京：人民出版社，1999：25.
② 同①31.

使他们有自新的机会。这样做，对人民事业，对国际影响，都有好处"①。

三是民族关系的和谐。中国是一个多民族的国家，能否处理好汉族和其他少数民族之间的关系，自古就关系着国家的稳定和社会的和谐。新中国成立后，其自然也成为毛泽东的关注点。在《论十大关系》中，毛泽东专门论述了汉族与少数民族之间的关系，提出，"我们必须搞好汉族和少数民族的关系，巩固各民族的团结，来共同努力于建设伟大的社会主义祖国"②。而怎样才能搞好各民族之间的关系，使其万众一心，自觉地服务于社会主义建设呢？毛泽东认为，"我们要诚心诚意地积极帮助少数民族发展经济建设和文化建设"③，只有少数民族的经济发展好了，少数民族群众的生活富裕了，其就会自觉地融入社会主义的大家庭中，汉族与少数民族之间的关系自然就和谐了。

四是国际关系的和谐。中华民族是一个善于学习，并乐于学习的民族。而要向其他国家和民族学习，就需要一个和谐的国际关系，基于此，毛泽东在《论十大关系》中提出，我们必须要处理好和其他国家之间的关系。在处理和协调国际关系方面，毛泽东认为：一方面，我们不能自卑，要有民族自信心。"我国过去是殖民地、半殖民地，不是帝国主义"④，不能因为我们"做奴隶做久了，感觉事事不如人，在外国人面前伸不直腰"⑤。只有我们自信，其他国家才可能尊重我们。另一方面，我们也不能骄傲，要谦虚谨慎，要承认我们"工农业不发达，科学

---

① 中共中央文献研究室. 毛泽东文集：第7卷. 北京：人民出版社，1999：39.
②③ 同①34.
④⑤ 同①43.

技术水平低……很多地方不如人家"①。只有我们谦虚，我们才能真正保持一个学习的态度，其他国家才可能愿意向我们提供帮助。也只有做到了这两点，我们才能建立起一个和谐的国际关系，借鉴和吸纳国外一切文明成果，加速我们的社会主义现代化建设。

第三，正确处理人民内部矛盾的和谐旨意。为了推动社会和谐，社会主义革命和建设时期的中国共产党除了积极稳定社会秩序、协调好十大关系，还提出了正确处理人民内部矛盾的理论。这一理论不仅蕴含着构建和谐社会的目标诉求，而且蕴含着构建和谐社会的方法指导。

一方面，蕴含着构建和谐社会的目标诉求。从哲学上理解，和谐就是矛盾的同一性，是事物发展的一种相对平衡状态。由于任何社会都不可能没有矛盾，因此，要不断实现社会的和谐，就需要妥善处理社会中存在的各种矛盾，"世界是由矛盾组成的。没有矛盾就没有世界。我们的任务，是要正确处理这些矛盾"②。基于此，毛泽东认为，对于一个新建的社会主义国家，要想保持社会的稳定和谐，自然也需要研究和处理好社会主义社会的各类矛盾。在社会主义社会中，由于主要的矛盾表现为人民内部矛盾，因此，毛泽东指出，要想维护社会主义社会的和谐，中国共产党就需要正确处理人民内部矛盾，并提出了正确处理人民内部矛盾的命题。为了使这种"正确处理"有一个明确的方向，毛泽东强调，我们正确处理人民内部矛盾的目标就是造成"一个又有集中又有民主，又有纪律又有自由，又有统一意志、又有个人心情舒畅、生动活

① 中共中央文献研究室. 毛泽东文集：第7卷. 北京：人民出版社，1999：43.
② 同①44.

泼”① 的政治局面。通过这一目标的确立，这一时期的中国共产党积极开启了不断推进社会和谐的实践。

另一方面，蕴含着构建和谐社会的方法指导。为了真正落实人民内部矛盾的正确处理，毛泽东在明确了正确处理人民内部矛盾的目标后，就进一步提出了正确处理人民内部矛盾的方法。具体来说：一是针对中国共产党和民主党派之间的矛盾，提出了“长期共存、互相监督”的方针。由于“凡属一切确实致力于团结人民从事社会主义事业的、得到人民信任的党派，我们没有理由不对它们采取长期共存的方针”②，同时“一个党同一个人一样，耳边很需要听到不同的声音”，“有了民主党派，对我们更为有益”③，因此，毛泽东认为用“长期共存、互相监督”来处理中国共产党和民主党派之间的矛盾是有利于社会的稳定和谐的。二是针对社会各阶级之间的矛盾，提出了“统筹兼顾、适当安排”的原则。由于社会主义社会是以人民为中心的，是依靠人民建设和发展的，因此“我们作计划、办事、想问题，都要从我国有六亿人口这一点出发”④，全面考虑，妥善处理社会各方面的利益关系，化解社会的利益矛盾，从而实现社会的公平与和谐。三是针对各民族之间的矛盾，提出“平等、团结、互助”的原则。1949 年，中国人民政治协商会议第一届全体会议通过的《中国人民政治协商会议共同纲领》明确规定，“中华人民共和国境内各民族一律平等”，“各少数民族聚居的地区，应实行民族的区域自治”。正是这种以平等、团结、互助为原则的民族区域自治

---

① 中共中央文献研究室. 建国以来重要文献选编：第 15 册. 北京：中央文献出版社，1997：50.
②③ 中共中央文献研究室. 毛泽东文集：第 7 卷. 北京：人民出版社，1999：235.
④ 同②227－228.

制度促进了各民族的共同繁荣，保证了这一时期国家的经济发展和社会稳定。

三、改革开放和社会主义现代化建设新时期中国共产党人的和谐追求

随着中国进入改革开放和社会主义现代化建设新时期，中国共产党对社会和谐的追求开始从强调"均等"转入"发展"，不仅提出了以"经济建设为中心"，不断推进小康社会建设的和谐发展思想，而且提出了以人为本，全面、协调、可持续的科学发展思想，尤其是将构建社会主义和谐社会作为中国现代化建设的一个明确、具体目标，并对其进行了系统构想，彰显了这一时期中国共产党关于社会和谐整体的、科学的谋划和设计。

第一，以"经济建设为中心"的和谐内涵。对于任何社会形态来说，经济发展都是最基本的要求，如果经济不发展，那么社会即便"和谐"，也是一种原始的、低水平的、短暂的和谐。而经济要发展，对于当时的中国共产党来说，第一位的要求就是把党和国家的工作重心转移到以经济建设为中心的轨道上。为此，这一时期的中国共产党，首先，将发展生产力作为推进社会和谐的根本任务。按照历史唯物主义的观点，生产力是一切社会形态不断发展的最终决定力量，因此，社会主义制度建立后，要巩固社会主义，实现社会的和谐发展，就必须解放和发展生产力，"在社会主义国家，一个真正的马克思主义政党在执政以后，一定要致力于发展生产力，并在这个基础上逐步提高人民的生活水

平"①。只有生产力发展了，国家才能强大，人民才能富裕，社会才能和谐。其次，将社会主义市场经济作为推进社会和谐的条件保证。明确了发展生产力是推进社会和谐的根本任务后，怎样才能有效发展生产力就是需要面对的又一个问题。依据马克思主义的观点，生产效率的提高是整个社会全面和谐发展的根本动力和首要条件，而市场经济则是迄今为止最有效的资源配置方式，"资产阶级在它的不到一百年的阶级统治中所创造的生产力，比过去一切世代创造的全部生产力还要多，还要大"②。因此，在社会主义初级阶段，为了不断提高生产效率，实现和谐发展，中国共产党就需要将社会主义与市场经济相结合，坚定不移地走发展社会主义市场经济之路。最后，将按经济规律办事作为推进社会和谐的基本要求。在以经济发展促进社会和谐的过程中，由于经济的波动常会引起社会的动荡，影响社会的和谐，因此，经济的发展必须按规律办事，使其各个方面按比例协调推进，"我们要按价值规律办事，按经济规律办事。搞得好，有可能为今后五十年以至七十年的持续、稳定、协调发展打下基础"③。为此，早在 1979 年 4 月，李先念就提出，要"通过调整、改革和整顿，大大提高管理水平和技术水平，更好地按客观经济规律办事"④。同年 10 月，邓小平又进一步强调，搞经济，要"鼓实劲，不鼓虚劲"，要按客观规律办事，"经济工作要按经济规律办事，不能弄虚作假，不能空喊口号，要有一套科学的办法"⑤。

---

① 邓小平. 邓小平文选：第 3 卷. 北京：人民出版社，1993：28.
② 马克思，恩格斯. 马克思恩格斯文集：第 2 卷. 北京：人民出版社，2009：36.
③ 同①130.
④ 中共中央文献研究室. 三中全会以来重要文献选编：上. 北京：中央文献出版社，2011：111.
⑤ 邓小平. 邓小平文选：第 2 卷. 2 版. 北京：人民出版社，1994：196.

第二，全面建设小康社会战略的和谐意义。全面建设小康社会与社会和谐发展是有机统一的。社会和谐发展是全面建设小康社会的重要内容和实现条件，而全面建设小康社会的根本目的就是要使社会实现和谐发展。具体而言：一方面，全面建设小康社会战略包含着社会和谐的要求。经过改革开放20多年的发展，到21世纪初，虽然中国人民生活总体上达到了小康，但由于这种总体上的小康还是一种低水平的、不全面的、发展很不平衡的小康，因此，这一时期的中国社会还存在着人与自然、人与社会关系不协调的情况。针对这些发展状况，为了进一步提升社会的发展质量，2002年，江泽民在党的十六大报告中提出，要在经济更加发展、民主更加健全、科教更加进步、文化更加繁荣、社会更加和谐、人民生活更加殷实的基础上全面建设更高水平的小康社会。在这一建设过程中，江泽民强调，我们必须要努力形成全体人民各尽其能、各得其所而又和谐相处的局面，巩固和发展民主团结、生动活泼、安定和谐的政治局面。由此可见，全面建设小康社会内在地蕴含着追求社会和谐的重要要求。另一方面，全面建设小康社会的核心目标就是实现社会和谐发展。为了推进社会的和谐发展，这一时期的中国共产党不仅在全面建设小康社会的战略中，将健康和谐发展作为一项重要内容进行建设，而且更是将社会和谐发展作为全面建设小康社会的重要目标进行推进。2002年，江泽民从社会和谐的角度明确提出，全面建设小康社会的奋斗目标就是：在经济方面使"城镇人口的比重较大幅度提高，工农差别、城乡差别和地区差别扩大的趋势逐步扭转。社会保障体系比较健全，社会就业比较充分，家庭财产普遍增加，人民过上更加富足的生活"①。在政治方面使"社会主义法制更加完备，依法治国基本方略得到全面落实，人民的政治、经济和文化权益得到切实尊重和保障。基层民主更加健全，社会秩序良好，人民安居乐业"②。在文化方面使"人民享有接受良好教育的机会，基本普及高中阶段教育，消除文盲。形成全民学习、终身学习的学习型社会，促进人的全面发展"③。在生态方面促进"人与自然的和谐，推动整个社会走上生产发展、生活富裕、生态良好的文明发展道路"④。由此可见，全面建设小康社会的这四个方面目标充分表达了中国共产党追求社会和谐的强烈意愿和实施愿景。

第三，社会主义和谐社会的提出和基本要求。将构建社会主义和谐社会作为中国现代化建设的一个明确的、具体的目标，并对其相关问题进行科学的、系统的构想，是从以胡锦涛为总书记的中央领导集体开始的。2004 年 9 月，党的十六届四中全会通过的《中共中央关于加强党的执政能力建设的决定》中，党中央第一次明确提出了"构建社会主义和谐社会"的战略任务，把提高构建社会主义和谐社会的能力确定为加强党的执政能力建设的重要内容。2005 年，在省部级主要领导干部提高构建社会主义和谐社会能力专题研讨班上，胡锦涛进一步指出："实现社会和谐，建设美好社会，始终是人类孜孜以求的一个社会理想，也是包括中国共产党在内的马克思主义政党不懈追求的一个社会理想。"⑤"根据马克思主义基本原理和我国社会主义建设实践经验，根据新世纪

---

① ② ③　江泽民. 江泽民文选：第 3 卷. 北京：人民出版社，2006：543.
④　同①544.
⑤　胡锦涛. 胡锦涛文选：第 2 卷. 北京：人民出版社，2016：279.

新阶段我国经济社会发展的新要求和我国社会出现的新趋势新特点，我们所要建设的社会主义和谐社会，应该是民主法治、公平正义、诚信友爱、充满活力、安定有序、人与自然和谐相处的社会。"① 在这里，民主法治就是通过协调人们之间的利益关系，规范市场竞争秩序，使社会主义民主得到充分发扬，依法治国方略得到充分落实，各方面积极因素都得到广泛调动，最终达到和谐状态。公平正义是社会各方面的利益关系得到妥善协调，人民内部矛盾得到正确处理，社会公平正义得到切实维护和实现，整个社会不断彰显着和谐发展的意蕴。诚信友爱是以为人民服务为核心，以集体主义为原则，全社会成员都互帮互助、平等友爱、融洽相处，凸显人际关系上的和谐发展。充满活力就是要使一切有利于社会进步的愿望得到尊重、创造才能得到发挥、创造成果得到肯定。通过这种创造活力的释放和发挥，社会矛盾不断解决，各尽其能、各得其所的和谐状态不断形成。安定有序是社会组织机制健全、社会管理完善、社会秩序良好、社会保持安定团结、人民安居乐业，不断实现人与人、人与社会的和谐共处。人与自然和谐相处是生产发展、生活富裕、生态良好，强调人与自然之间的良性互动关系。综上可见，社会主义和谐社会的六大构建要求都蕴含着中国共产党追求和谐、不断进步的发展目标。

四、中国特色社会主义新时代中国共产党人的和谐追求

随着中国特色社会主义进入新时代，为了推进中华民族的伟大复

---

① 胡锦涛. 胡锦涛文选：第 2 卷. 北京：人民出版社，2016：285.

兴，实现国家富强、人民幸福和世界大同，中国共产党在以全体人民共同富裕为发展目标，积极完善社会治理体系，全力推进人与自然共生共处的过程中，不断彰显着自身对社会和谐的追求和向往。

第一，全体人民共同富裕的和谐目标。2022 年，党的二十大报告在界定中国式现代化时明确提出，中国式现代化是全体人民共同富裕的现代化，这种共同富裕是"坚持把实现人民对美好生活的向往作为现代化建设的出发点和落脚点，着力维护和促进社会公平正义，着力促进全体人民共同富裕，坚决防止两极分化"①。从这一中国式现代化的目标任务来看，全体人民共同富裕既是一种全民的、全面性的富裕，又是一种整体推进的、渐进性的富裕，其实现不仅要求社会公平正义，而且要求防止两极分化，彰显了中国共产党对社会和谐的追求向往和实施路径。在推进全体人民共同富裕的过程中，新时代的中国共产党以满足人民美好生活需要为价值目标，以共享发展为根本理念，全力实施脱贫攻坚，不断实现社会的和谐发展。

首先，满足人民美好生活需要是实现社会和谐的应有之义。作为共同富裕的价值目标，美好生活是一种不断克服和超越交往危机、生态危机和意义危机，真正实现人与社会、人与自然、人与自身共生的发展状态，其本质是和谐、平衡和有序。如果不能满足人民对美好生活的需要，社会发展就会产生这样或那样的矛盾，和谐的状态自然不可能实现。因此，不断满足人民对美好生活的需要是推动全体人民共同富裕的

---

① 习近平. 高举中国特色社会主义伟大旗帜 为全面建设社会主义现代化国家而团结奋斗：在中国共产党第二十次全国代表大会上的报告. 北京：人民出版社，2022：22.

根本意义所在，其彰显了新时代的中国共产党追求社会和谐的价值意蕴。

其次，共享发展是推动社会和谐的根本理念。由于共享发展的本质是坚持以人民为中心，维护社会的公平正义，因此，它不仅是实现共同富裕的必要条件，更是促进社会和谐的根本理念。在新时代，为了实现共享发展，解决社会的公平正义问题，中国共产党，一是在政策的关注点上从先富群体转向后富群体，尤其是关注贫困群体；二是在扶持的着眼点上从东部地区转向中西部地区，从城市转向农村。而正是这几个转向使得新时代的中国共产党在贯彻共享发展理念的过程中，不断推动着经济社会的和谐发展。

最后，脱贫攻坚是推动社会和谐的政策托底。关注困难群众的脱贫问题是缩小贫富差距、防止两极分化的重要着力点，也是实现共同富裕的底线要求。为了推进脱贫攻坚走向纵深，新时代的中国共产党不仅提出了精准扶贫，要求"做到扶持对象精准、项目安排精准、资金使用精准、措施到户精准、因村派人精准、脱贫成效精准"[1]，而且提出了加快推进乡村振兴战略，要求"形成以工促农、以城带乡、工农互惠、城乡一体的工农城乡关系，不断缩小城乡发展差距"[2]。在不断推进脱贫攻坚的过程中，发展不平衡不协调的问题逐渐得到解决，经济社会实现了和谐发展。

第二，完善社会治理体系的和谐要求。为了推进和谐社会的构建，

---

[1]　习近平. 习近平著作选读：第1卷. 北京：人民出版社，2023：396.
[2]　习近平. 习近平谈治国理政：第2卷. 北京：外文出版社，2017：207.

新时代的中国共产党除了提出全体人民共同富裕的和谐目标，还提出了完善社会治理体系的和谐要求。在社会治理体系的完善过程中，这一时期的中国共产党：

首先，健全社会治理制度。进入新时代，全面深化改革进入深水区，贫富悬殊、阶层固化、腐败严重，在一定程度上影响着社会的公平正义。为了化解这些矛盾和问题，以习近平同志为核心的党中央提出健全共建共治共享的社会治理制度。其中，以共建为起点，凸显社会治理制度的建构性，侧重预先设计性；以共治为重点，凸显社会治理制度的过程性，侧重问题指向性；以共享为落脚点，凸显社会治理制度的普惠性，侧重时空公正性。正是通过这一社会治理制度的健全，新时代的中国共产党不断推进着社会发展的和谐共生。

其次，发展新时代"枫桥经验"。党的二十大明确提出，"在社会基层坚持和发展新时代'枫桥经验'，完善正确处理新形势下人民内部矛盾机制"①。所谓"枫桥经验"是 20 世纪 60 年代浙江绍兴诸暨枫桥干部群众在社会主义教育实践中，为了保证社会和谐稳定，本着"矛盾不上交"的原则，创造性化解基层复杂尖锐矛盾甚至是"破坏活动"的典型经验。进入新时代后，2013 年 10 月，习近平总书记重申"枫桥经验"，作出"把'枫桥经验'坚持好、发展好"②的重要批示。为了扎实贯彻批示精神，推进社会的和谐、灵动发展，实现"枫桥经验"的新时代发

---

① 习近平. 高举中国特色社会主义伟大旗帜 为全面建设社会主义现代化国家而团结奋斗：在中国共产党第二十次全国代表大会上的报告. 北京：人民出版社，2022：54.
② 把"枫桥经验"坚持好、发展好 把党的群众路线坚持好、贯彻好. 人民日报，2013 - 10 - 12（1）.

展，这一时期的中国共产党，一方面，在宏观层面强调党组织的作用发挥，要求党组织"向前一步"，主动作为，积极构建党建引领下的合作治理新体系；另一方面，在微观层面强调自治、法治、德治的"三治融合"和人防、物防、技防、心防"四防并举"。在这一新时代"枫桥经验"的推动下，中国共产党不仅打破了"发展悖论"，创造了社会长期稳定的"大治"局面，而且超越管制思维，形成了中国模式下的社会共治格局。

最后，建设人人有责、人人尽责、人人享有的社会治理共同体。为了不断推进社会的和谐发展，社会治理共同体构建和运行有几项基本要求。一是人人有责。它倡导共建，表达了社会治理是社会成员的共同责任，社会成员必须牢记责任、履行责任，不断推进社会治理的发展。二是人人尽责。它倡导共治，要求社会成员为了实现社会的和谐发展，必须尽力尽责，共同参与治理。三是人人享有。它倡导共享，其不仅表达了社会治理共同体成员在尽力尽责基础上享有的权利，而且呈现出对人人有责、人人尽责的激励和保证。正是借助于这三项基本要求，新时代的中国共产党在积极建设社会治理共同体的过程中，不断推进着新时代社会的和谐发展。

第三，推进人与自然共生共处的和谐意义。如果说不断推进全体人民共同富裕、积极完善社会治理体系是从人与社会的角度出发来促进整个社会的和谐发展的，那么推进人与自然的共生共处则是从人如何对待和利用自然的角度出发来不断彰显新时代的社会和谐发展的。所谓人与自然的共生共处是指作为实践活动主体的人，以与自然平等的姿态，尊重自然、顺应自然和保护自然，不断实现人与自然的双向增值共生。它既是社会和谐的基本要求，也是人类文明的必由之路。因此，为了推进人与自然的这种共生共处，新时代的中国共产党不仅将人与自然作为一个生命共同体来看待，科学认识人与自然的共生共处，而且提出加快社会发展方式的绿色转型，全面推进生态良好的文明发展，实现中国社会的生态和谐与永续发展。

首先，科学认识人与自然的共生共处。一方面，要认识到自然是生命之母。在新时代的中国共产党看来，人类根源于自然界，是自然界的一部分，"大自然是人类赖以生存发展的基本条件"①，人只有依靠自然才能生存和发展。因此，习近平总书记强调我们必须清醒认识到这一点，树立"尊重自然、顺应自然、保护自然的生态文明理念"②。另一方面，要认识到人与自然是生命共同体。由于自然界对于人类而言，是具有根本性地位的，人类对自然有着绝对的依赖性，而人类又是具有类社会性的自然存在物，自然界是"人的无机的身体"，因此，习近平总书记指出，生态环境没有替代品，用之不觉，失之难存③，我们只有从生命共同体的角度理解人与自然的关系，充分认识到"人因自然而生，人与自然是一种共生关系，对自然的伤害最终会伤及人类自身"④，才能"更好平衡人与自然的关系，维护生态系统平衡，才能守护人类

---

① 习近平. 高举中国特色社会主义伟大旗帜 为全面建设社会主义现代化国家而团结奋斗：在中国共产党第二十次全国代表大会上的报告. 北京：人民出版社，2022：49.
② 习近平. 习近平谈治国理政：第1卷. 2版. 北京：外文出版社，2018：209.
③ 习近平. 习近平谈治国理政：第2卷. 北京：外文出版社，2017：209.
④ 同③394.

健康"①。

其次，加快社会发展方式的绿色转型。2021年4月，习近平总书记在中共十九届中央政治局第二十九次集体学习时指出，"生态环境问题归根到底是发展方式和生活方式问题。建立健全绿色低碳循环发展经济体系、促进经济社会发展全面绿色转型是解决我国生态环境问题的基础之策"②。基于此，为了加快社会发展方式的绿色转型，新时代的中国共产党，一是坚持推进绿色低碳发展，提出不仅要强化国土空间规划和用途管控，严守生态保护红线，而且要全面提高资源利用效率，促进能源清洁安全发展；二是深入打好污染防治攻坚战，"坚持精准治污、科学治污、依法治污，保持力度、延伸深度、拓宽广度，持续打好蓝天、碧水、净土保卫战"③；三是促进生态高质量发展，一方面实施山水林田湖草沙一体化保护和修复工程，另一方面有效开展大规模国土绿化行动，有序推行草原森林河流湖泊湿地休养生息；四是积极推进全球可持续发展，以构建人类命运共同体为理论起点，主动参与全球环境治理；五是提高生态治理现代化水平，不断构建一体化环境治理体系，深化生态文明体制改革，增强全民的节约意识和环保意识，倡导绿色低碳的生活方式。

最后，全面推进生态良好的文明发展。生态兴则文明兴，生态衰则文明衰。为了进一步实现人与自然的共生共处、和谐发展，2018年，习近平总书记在全国生态环境保护大会上提出，"我们要积极回应人民

① 习近平. 习近平谈治国理政：第4卷. 北京：外文出版社，2022：355.

② 同①363.

③ 同①364.

群众所想、所盼、所急，大力推进生态文明建设，提供更多优质生态产品，不断满足人民日益增长的优美生态环境需要"[1]。在全面推进生态良好的文明发展过程中，新时代的中国共产党认为：一是要"站在人与自然和谐共生的高度谋划发展"[2]，即不仅要从生命共同体的站位来理解人与自然的关系，而且要从政治安全、文明永续的高度来领悟生态良好的价值意蕴。二是努力推进人与自然和谐共生的现代化，坚持节约优先、保护优先、自然恢复为主的建设方针，"坚定不移走生产发展、生活富裕、生态良好的文明发展道路"[3]。三是积极构建生态正义的人类命运共同体，在不断重塑生态价值观、重构生态利益观、重建生态责任观的过程中，让大自然真正回归到"自然本位"，最终实现人与自然共生共处的和谐愿景。

---

① 习近平. 习近平谈治国理政：第3卷. 北京：外文出版社，2020：359－360.
② 习近平. 高举中国特色社会主义伟大旗帜 为全面建设社会主义现代化国家而团结奋斗：在中国共产党第二十次全国代表大会上的报告. 北京：人民出版社，2022：50.
③ 同②23.

第三章

国家层面社会主义核心价值观的精神意蕴

对一个民族、一个国家来说，最持久、最深层的力量是全社会共同认可的核心价值观。富强、民主、文明、和谐，作为国家层面的社会主义核心价值观，以为人民谋幸福、为国家谋复兴、为世界谋大同为价值目标，以促进社会公平正义、增进人民福祉为出发点和落脚点，既承载着中华民族的精神追求，也彰显了全人类共同的价值追求，体现了国家在增加人民福祉、实现中华民族伟大复兴、促进世界和平与发展过程中所凝练出的精神力量，成为增强民族凝聚力和向心力、促进国家长治久安和社会和谐发展的精神支柱，推动国家在经济、政治、文化、社会、生态等领域的全面进步。

 **第一节**

富强的价值旨归

作为理解和阐释"建设什么样的社会主义现代化强国、怎样建设社会主义现代化强国"重大时代课题的核心范畴，新时代的富强观念蕴含着体现社会主义本质特征和中国式现代化建设的价值取向。富强不仅指一个国家在经济和军事上的强大，更指全社会人民生活水平的提高、权利的保障、机会的平等和个人的全面发展。通过实现富强，国家能够为人民提供更加丰富的物质和精神条件，使每个人都能够在自由、公平的环境中充分发展自己的才能和潜力，实现个人价值和社会价值的统一。这种全面的发展，不仅能促进个人的幸福，也有助于整个社会的进步和世界的和平与发展。

一、实现"人的全面发展"是新时代富强观的价值取向

实现人的全面发展是马克思主义的最高社会理想和根本价值取向。在马克思那里，社会生产力的发展是个体力量不断扩展的结果，与之相适应的生产方式和交往形式则由个体自主活动所推动，体现了个人的力量。社会结构和国家的产生也是在特定的个体生活和交往方式基础上形成的。在此意义上，马克思认为，社会就是联合起来的单个人。社会的历史始终都只是个体发展的历史，而人类社会的发展，就是要使"每一个个人"都能"以一种全面的方式，就是说，作为一个总体的人，占有自己的全面的本质"①，也即使人的本质力量充分展现，使人在人格、劳动能力、社会关系等方面都得到全面发展。

同时，人的本质是一切社会关系的总和。每个人都不是鲁滨孙式的原子式的个体，也不是抽象的蛰居于世界之外的存在物，因此，"个体生活的存在方式是——必然是——类生活的较为特殊的或者较为普遍的方式，而类生活是较为特殊的或者较为普遍的个体生活"②。我们不能脱离社会的发展而静态地看待个人的全面发展。个人只有在共同体中才能确证自己的存在，个人的发展取决于和他直接或间接进行交往的其他

---

① 马克思，恩格斯. 马克思恩格斯全集：第3卷. 2版. 北京：人民出版社，2002：303.
② 同①302.

一切人的发展。由此，共同体的发展是人的全面发展的前提，"只有在共同体中，个人才能获得全面发展其才能的手段，也就是说，只有在共同体中才可能有个人自由"①。

党的十八大以来，以习近平同志为核心的党中央，坚持把人民对美好生活的向往作为奋斗目标，坚持以人民为中心的发展思想，创造性地将促进人的全面发展深深地植根于建设社会主义现代化强国的理论逻辑和实践逻辑之中。习近平总书记指出："人，本质上就是文化的人，而不是'物化'的人；是能动的、全面的人，而不是僵化的、'单向度'的人。人类不仅追求物质条件、经济指标，还要追求'幸福指数'……追求生命的意义。"② 人民对美好生活的向往，体现为对物质生活富足和精神生活富有等各方面的诉求和多层次的需要，而满足这些诉求和需要以实现人的全面发展，就是现代化的最终目标所在。"现代化的最终目标是实现人自由而全面的发展。"③ 习近平总书记在党的十九届五中全会第二次全体会议上指出："我国长期所处的短缺经济和供给不足的状况已经发生根本性改变，人民对美好生活的向往总体上已经从'有没有'转向'好不好'，呈现多样化、多层次、多方面的特点，其中有很多需求过去并不是紧迫的问题，现在人民群众要求高了，我们对这些问题的认识和工作水平也要相应提高。"④ 在党的二十大报告中，习近平总书记进一步明确指出："中国式现代化是物质文明和精神文明相协调

---

① 马克思，恩格斯. 马克思恩格斯文集：第1卷. 北京：人民出版社，2009：571.

② 习近平. 之江新语. 杭州：浙江人民出版社，2007：150.

③ 习近平. 携手同行现代化之路：在中国共产党与世界政党高层对话会上的主旨讲话. 北京：人民出版社，2023：2.

④ 习近平. 新发展阶段贯彻新发展理念必然要求构建新发展格局. 求是，2022（17）.

的现代化。"① 物质富足、精神富有是社会主义现代化的根本要求。在此意义上，坚持以人民为中心，促进人的全面发展，是寻求国富民强的社会主义富强观的根本价值取向。当代社会的复杂变革与深刻重构，经济、政治、文化、社会、生态等领域深层次问题的相互交织，为人的全面发展提供了更加广阔的空间。我们要建设社会主义现代化强国，就是要坚持在发展中保障和改善民生，解决好人民最关心最直接最现实的利益问题，更好满足人民对美好生活的向往，不断厚植现代化的物质基础，不断夯实人民幸福生活的物质条件，同时大力发展社会主义先进文化，让现代化更好回应人民各方面诉求和多层次需要，促进物的全面丰富和人的全面发展。

二、寻求社会公平正义是新时代富强观的应有之义

党的十八大以来，以习近平同志为核心的党中央把握发展阶段的新变化，在建设社会主义现代化强国的征程中，把寻求社会公平正义、逐步实现全体人民共同富裕摆在了更加突出的位置。习近平总书记多次强调，共同富裕是中国特色社会主义的本质要求。"我们追求的发展是造福人民的发展，我们追求的富裕是全体人民共同富裕"。2015 年 10 月 29 日，习近平总书记在党的十八届五中全会第二次全体会议上谈到坚持创新、协调、绿色、开放、共享的发展理念时指出："共享发展注重的是解决社会公平正义问题。'治天下也，必先公，公则天下平矣。'让

---

① 习近平. 高举中国特色社会主义伟大旗帜 为全面建设社会主义现代化国家而团结奋斗：在中国共产党第二十次全国代表大会上的报告. 北京：人民出版社，2022：22.

广大人民群众共享改革发展成果，是社会主义的本质要求，是社会主义制度优越性的集中体现，是我们党坚持全心全意为人民服务根本宗旨的重要体现。这方面问题解决好了，全体人民推动发展的积极性、主动性、创造性就能充分调动起来，国家发展也才能具有最深厚的伟力。"①

在资本主义社会，虽然生产力有了极大的发展，但不仅无法实现共同富裕，而且两极分化的问题会越来越严重。习近平总书记指出："一些发达国家工业化搞了几百年，但由于社会制度原因，到现在共同富裕问题仍未解决，贫富悬殊问题反而越来越严重。"② 在社会主义条件下，国家的强盛和人民的富裕绝不能出现"富者累巨万，而贫者食糟糠"的现象。"我们坚持把实现人民对美好生活的向往作为现代化建设的出发点和落脚点，着力维护和促进社会公平正义，着力促进全体人民共同富裕，坚决防止两极分化。"③

三、追求世界和平与发展是新时代富强观的价值目标

党的十八大以来，习近平总书记围绕"建设一个什么样的世界、如何建设这个世界"这一重大课题作出了一系列重要论述。2013 年，习近平主席在莫斯科国际关系学院发表《顺应时代前进潮流 促进世界和平发展》的重要演讲，首次提出了命运共同体的重要理念，明确强调中国将坚定不移走和平发展道路④。这之后，习近平主席在不同场合先

---

① 习近平. 在党的十八届五中全会第二次全体会议上的讲话（节选）. 求是，2016（1）.
② 习近平. 习近平谈治国理政：第 4 卷. 北京：外文出版社，2022：143.
③ 习近平. 高举中国特色社会主义伟大旗帜 为全面建设社会主义现代化国家而团结奋斗：在中国共产党第二十次全国代表大会上的报告. 北京：人民出版社，2022：22.
④ 习近平. 顺应时代前进潮流 促进世界和平发展. 人民日报，2013-03-24（2）.

后提出全球发展倡议、全球安全倡议、全球文明倡议。他还提出要"坚持对话协商，建设一个持久和平的世界""坚持共建共享，建设一个普遍安全的世界""坚持合作共赢，建设一个共同繁荣的世界""坚持交流互鉴，建设一个开放包容的世界"，对如何建设一个持久和平、普遍安全、共同繁荣、开放包容的世界给出了中国方案，为我们在新时代以推动全球和平与共同发展来谋求国家富强、民族振兴提供了理论指南和实践遵循。习近平总书记在党的二十大报告中强调，中国式现代化是走和平发展道路的现代化。在此背景下，中国人民在谋求国家富强、民族振兴时，将自身的前途命运同世界各国人民的前途命运紧密相连，坚定维护世界和平，促进各国共同发展，推动文明交流互鉴。

首先，中国的富强之路，坚持走维护和平道路，始终做世界和平的建设者。

坚持走维护和平道路，是中国文化传统和寻求自身发展的必然要求。"和文化"是中国传统文化最突出的特征，中国人民自古就推崇坚持"以和为贵""有容乃大"，追求"和而不同""协和万邦"，倡导"亲仁善邻，国之宝也""国虽大，好战必亡"。近代以来，中国人民蒙受了外国侵略和内部战乱的苦难，更是深知和平的宝贵，最需要在和平环境中进行国家建设。中华民族历来是爱好和平的民族，中国人的血脉中没有称王称霸、穷兵黩武的基因。1953 年底，周恩来总理面对热战的惨痛浩劫和冷战的分裂对峙，首次提出和平共处五项原则，超越"集团政治""势力范围"等陈旧狭隘观念和对立对抗思维，为推动国际秩序朝着更加公正合理的方向发展奠定了重要思想基础。

70 多年来，中国始终践行和平共处五项原则，坚定奉行独立自主的和平外交政策，坚决反对一切形式的霸权主义和强权政治，反对冷战思维，反对干涉别国内政，反对搞双重标准，成为推动人类社会和平发展的重要力量。在以中国式现代化全面推进中华民族伟大复兴进程中，中国不走殖民掠夺的老路，不走国强必霸的歪路，走的是和平发展的人间正道。中国的发展壮大，是世界和平力量的增长，带给世界的是更多机遇而不是什么威胁。"无论发展到什么程度，中国永远不称霸、永远不搞扩张。"①

2022 年 4 月，习近平主席郑重提出全球安全倡议，倡导以对话弥合分歧、以合作化解争端，主张以团结精神和共赢思维应对复杂交织的安全挑战，营造公道正义、共建共享的安全格局，为国际社会提供了和平解决冲突的新路径。当今国际局势日益复杂、传统与非传统安全威胁交织，全球安全倡议正是为了应对这些挑战，提出了中国对全球安全问题的系统性解决方案，旨在通过合作共赢、平等对话来推动国际社会的和平与安全，不仅展现了中国在复杂多变的国际局势中推动和平与安全的坚定立场，也为推动构建更加公正合理的国际安全秩序作出了重要贡献。

其次，中国的富强之路，坚持走合作共赢道路，始终做全球发展的贡献者。

新时代新阶段，随着经济全球化深入发展，国与国之间的联系越来越紧密，同时，各种纷繁复杂的全球性挑战日益增多，需要各国携手合作应对，世界日益成为休戚与共的命运共同体。"这个世界，各国相互

---

① 习近平. 高举中国特色社会主义伟大旗帜 为全面建设社会主义现代化国家而团结奋斗：在中国共产党第二十次全国代表大会上的报告. 北京：人民出版社，2022：61.

联系、相互依存的程度空前加深，人类生活在同一个地球村里，生活在历史和现实交汇的同一个时空里，越来越成为你中有我、我中有你的命运共同体。"[1] 中国的发展与世界的发展密不可分。中国的发展不仅仅是为了自身的繁荣，更是为了推动全球的发展和人类的共同进步。在第三届"一带一路"国际合作高峰论坛等多个场合，习近平主席多次围绕世界现代化深入阐释中国主张："我们追求的不是中国独善其身的现代化，而是期待同广大发展中国家在内的各国一道，共同实现现代化。世界现代化应该是和平发展的现代化、互利合作的现代化、共同繁荣的现代化。"[2] 这一重要论断同构建人类命运共同体的理念一脉相承，提出了携手实现世界现代化的宏伟愿景，是对世界现代化理论的重大创新。

2021年9月21日，习近平主席在第七十六届联合国大会一般性辩论上发表重要讲话，着眼全球共同发展的长远目标和现实需要，提出了全球发展倡议，旨在推动全球共同发展，特别是通过加强国际合作，帮助发展中国家满足需求和实现可持续发展目标，为有效凝聚共促发展、合作共赢的国际共识贡献了中国方案和中国智慧。在全面建成社会主义现代化强国、以中国式现代化全面推进中华民族伟大复兴的伟大征程中，中国不走一些国家通过战争、殖民、掠夺等方式实现现代化的老路，而是始终坚持走和平发展道路，高举和平、发展、合作、共赢旗帜，在坚定维护世界和平与发展中谋求自身发展，又以自身发展更好维护世界和平与发展，推动世界走向和平、安全、繁荣、进步的光明前景。在出席俄罗斯纪念卫国战争胜利70周年庆典并访问俄罗斯前夕，

---

① 习近平. 顺应时代前进潮流 促进世界和平发展. 人民日报, 2013 - 03 - 24 (2).
② 习近平. 建设开放包容、互联互通、共同发展的世界. 人民日报, 2023 - 10 - 19 (2).

习近平主席在俄罗斯《俄罗斯报》发表题为《铭记历史，开创未来》的署名文章，鲜明地指出："弱肉强食、丛林法则不是人类共存之道。穷兵黩武、强权独霸不是人类和平之策。赢者通吃、零和博弈不是人类发展之路。和平而不是战争，合作而不是对抗，共赢而不是零和，才是人类社会和平、进步、发展的永恒主题。"①

全面建成社会主义现代化强国，不仅能给中国带来繁荣和进步，也能为全球发展做出重要贡献。中国发展自身也是在为全球的发展做贡献。中国实现了贫困人口全部脱贫的目标，这不仅为全球经济发展减负，更带来了宝贵的经验。中国基于自身发展经验，着力解决全球发展难题。中国越发展，越能为世界提供更多机遇，越能造福全人类。我们加快构建新发展格局，坚定推进高水平、制度型对外开放，持续放宽市场准入，以中国式现代化新成就为世界发展提供更多新机遇。中国现代化产业体系建设的推进，为世界提供了更多更好的中国制造和中国创造，为世界提供了更大规模的中国市场和中国需求，推动实现和平发展、互利合作、共同繁荣的世界现代化。

中国始终同其他发展中国家同呼吸、共命运，坚定支持和帮助广大发展中国家加快发展，实现工业化、现代化，为缩小南北差距、实现共同发展提供中国方案和中国力量。在"金砖＋"领导人对话会上，习近平主席宣布，中方已经成立总额 40 亿美元的全球发展和南南合作基金，中国金融机构即将推出 100 亿美元专项资金，专门用于落实全球发展倡议②。在和平共处五项原则发表 70 周年纪念大会上，习近平主

---

① 习近平在俄罗斯媒体发表署名文章 铭记历史，开创未来. 人民日报，2015－05－08（1）.
② 习近平. 勠力同心 携手同行 迈向发展共同体. 人民日报，2023－08－25（2）.

席宣布，为更好支持"全球南方"合作，中方将设立"全球南方"研究中心，未来 5 年向"全球南方"国家提供 1 000 个"和平共处五项原则卓越奖学金"名额、提供 10 万个研修培训名额，并启动"全球南方"青年领军者计划①。通过中国高质量发展带动世界的发展繁荣，二者相互促进、相得益彰。

最后，中国的富强之路，坚持走文明互鉴道路，始终做人类进步的推动者。

在当前世界进入动荡变革期的背景下，国际社会面临的问题和挑战变得越来越复杂。要应对这些问题和挑战，不仅需要科技的进步、经济的发展，也需要文化、文明的力量。在西方主导的价值观和文明观中，"西方文明优越论"的观点甚嚣尘上，不同文明被认为最终会陷入"文明冲突论"中。中华文明自古就以开放包容、和而不同而闻名于世，从而呈现出与西方文明显著的差异。文明的繁盛、人类的进步，离不开求同存异、开放包容，离不开文明交流、互学互鉴。不同文明包容共存、交流互鉴，在推动人类社会现代化进程、繁荣世界文明百花园中具有不可替代的作用，它们彼此应该和谐共生、相得益彰，共同为人类发展提供精神力量。

习近平总书记立足于开阔的文化视野、深厚的文化积淀和坚定的文化自信，秉承中华文明中"各美其美""美美与共"的文明共生与交往理念，给我们描绘了一幅各个文明彼此间相知相亲、互学互鉴的图景，向世界展现了中国为推动世界和平与发展而努力的大国胸襟和责任担

---

① 和平共处五项原则发表 70 周年纪念大会在北京隆重举行. 人民日报，2024 - 06 - 29（2）.

当。2014年3月，在法国巴黎的联合国教科文组织总部，习近平主席发表演讲，首次向世界阐明新时代中国的文明观，指出文明交流互鉴，是推动人类文明进步和世界和平发展的重要动力。2017年12月1日，习近平主席在中国共产党与世界政党高层对话会上发表主旨讲话，我们应该坚持世界是丰富多彩的、文明是多样的理念，让人类创造的各种文明交相辉映，编织出斑斓绚丽的图画，共同消除现实生活中的文化壁垒，共同抵制妨碍人类心灵互动的观念纰缪，共同打破阻碍人类交往的精神隔阂，让各种文明和谐共存，让人人享有文化滋养。2019年5月，在亚洲文明对话大会上，习近平主席提出，文明因多样而交流，因交流而互鉴，因互鉴而发展，展现了对人类文明对话与互鉴这一发展大势的深刻把握。2021年，习近平主席在博鳌亚洲论坛2021年年会上，进一步倡导不同文明交流互鉴，促进人类文明发展。2023年3月15日，习近平主席在中国共产党与世界政党高层对话会上提出了全球文明倡议，强调"一花独放不是春，百花齐放春满园"，指出在各国前途命运紧密相连的今天，不同文明包容共存、交流互鉴，在推动人类社会现代化进程、繁荣世界文明百花园中具有不可替代的作用。

从本质特征来看，寻求国家富强、民族振兴的中国式现代化，"既基于自身国情、又借鉴各国经验，既传承历史文化、又融合现代文明，既造福中国人民、又促进世界共同发展"①，为发展中国家走向现代化提供了中国经验，代表了人类文明的方向。因此，以习近平同志为核心的党中央团结带领全国人民，全面建设社会主义现代化国家、以中国式

---

① 习近平. 携手同行现代化之路，人民日报，2023 - 03 - 16（2）.

现代化全面推进中华民族伟大复兴，就不只是能带来自身的繁荣富强、文化兴盛，而且能以中国式现代化新成就推动不同文明的平等对话，推动文明交流互鉴，繁荣世界文明百花园，将全世界人民汇聚成一个多元文明共同体，为创造人类文明新形态提供中国方案，贡献中国智慧，促进人类文明的进步。

第二节

民主的价值旨归

习近平总书记指出："评价一个国家政治制度是不是民主的、有效的，主要看国家领导层能否依法有序更替，全体人民能否依法管理国家事务和社会事务、管理经济和文化事业，人民群众能否畅通表达利益要求，社会各方面能否有效参与国家政治生活，国家决策能否实现科学化、民主化，各方面人才能否通过公平竞争进入国家领导和管理体系，执政党能否依照宪法法律规定实现对国家事务的领导，权力运用能否得到有效制约和监督。"[①] 据此，真正的民主不仅仅表征着一种类概念的国家制度，同时也表征着一种基本的政治价值诉求。民主是人类文明发展的重大成果，是全人类的共同价值，体现着现代政治文明的本质特征。

---

① 习近平. 在庆祝全国人民代表大会成立 60 周年大会上的讲话. 人民日报，2014 - 09 - 06 (2).

在民主的漫长发展过程中，全过程人民民主体现了中国社会主义民主政治的特质和优势，不仅表达了对马克思主义民主思想理论的继承与发展，而且彰显了对西式民主的全面超越，具有重要的理论价值、实践功能和世界意义。从理论价值来看，全过程人民民主是对社会主义民主本质内涵的重大创新。从实践功能来看，全过程人民民主是中国共产党带领人民追求民主、发展民主、实施民主的伟大创造，是对社会主义民主实现形式的伟大创新。从世界意义来看，全过程人民民主是中国人民对世界"民主危机"的一种解决方案，是人类政治文明发展的崭新形态。

一、全过程人民民主深化了社会主义民主的本质内涵

社会主义民主是建立在生产资料公有制基础上的通过各种形式赋予人民管理国家的经济、政治、文化、社会、生态文明等事务的权利来真正实现人民当家作主的一种政治形态。在中国社会主义民主的发展过程中，以毛泽东同志为主要代表的中国共产党人提出了人民民主专政理论，建立了社会主义政治制度的基本框架，为社会主义民主理论奠定了制度基础。改革开放后，以邓小平同志为主要代表的中国共产党人，提出"没有民主就没有社会主义，就没有社会主义的现代化"[①]的重大论断，将民主与社会主义、现代化有机地融合，完善了社会主义民主的根本政治制度和基本政治制度，形成了中国特色社会主义的民主政治制度。进入21世纪后，以江泽民同志、胡锦涛同志为主要代表的中国共产党人继续探索社会主义民主政治的本质和发展道路，坚持在党的领

[①]　邓小平. 邓小平文选：第2卷. 2版. 北京：人民出版社，1994：168.

导、人民当家作主和依法治国的有机统一中不断推进人民民主的理论和实践发展。随着中国特色社会主义迈入新时代，以习近平同志为核心的党中央在深刻把握人类民主政治发展规律的基础上，提出了全过程人民民主的科学命题，丰富和发展了社会主义民主政治的本质内涵。

全过程人民民主对社会主义民主政治的丰富和发展，具体表现为：一是全过程人民民主更强调政党领导的保障作用。对于社会主义民主政治而言，其本质是人民当家作主，而要想保证人民能够真正实现当家作主，最为根本的是要有一个没有任何私利的、坚实的、能代表最广大人民利益的领导力量。在全过程人民民主中，这一伟大的领导力量就是中国共产党，"党代表中国最广大人民根本利益，没有任何自己特殊的利益，从来不代表任何利益集团、任何权势团体、任何特权阶层的利益"①。因此，只要我们毫不动摇地坚持党的全面领导，把党的领导落实到党和国家事业发展的各领域、各方面、各环节，就能够凝聚人民的力量，整合人民的意志，维护人民的利益，进而从根本上确保人民在全环节、全领域行使当家作主的权利，保证全过程人民民主的社会主义方向。二是全过程人民民主更强调将人民的主体地位落实到具体的政治实践的各个领域和环节中。在新时代中国特色社会主义民主政治的发展过程中，由于保障人民参与国家政治生活的根本政治制度和基本政治制度已经建立起来，"全过程人民民主"的主要任务就集中于在进一步完善由人民代表大会制度、中国共产党领导的多党合作和政治协商制度、民族区域自治制度、基层群众自治制度所构成的政治制度的基础上，将

---

① 中共中央关于党的百年奋斗重大成就和历史经验的决议. 北京：人民出版社，2021：66.

"民主价值和理念进一步转化为科学有效的制度安排和具体现实的民主实践"①，实施具体的可操作性的步骤和精细化的做法。基于此，习近平总书记提出，我们建设的全过程人民民主要"把人民当家作主具体地、现实地体现到党治国理政的政策措施上来，具体地、现实地体现到党和国家机关各个方面各个层级工作上来，具体地、现实地体现到实现人民对美好生活向往的工作上来"②，使人民真正成为国家的主人。

二、全过程人民民主丰富了社会主义民主的实现形式

民主的实现形式是指"以体现民主价值的政治制度安排为核心的一整套相互联系、相互作用的制度、体制、机制的总和"③。对于一个国家而言，选择怎样的方式来实现民主，是由这个国家的历史遭遇、文化传统、现实国情、社会发展等多因素决定的。"民主是历史的、具体的、发展的，各国民主植根于本国的历史文化传统，成长于本国人民的实践探索和智慧创造，民主道路不同，民主形态各异。"④ 1949 年，新中国成立，中国人民根据本国的历史特点和基本国情选择了社会主义制度。在社会主义制度下，劳动人民成了管理国家的主人，一切民主政治建设的着眼点都在于以什么样的方式来确保人民当家作主。基于对这一问题的考量，中国共产党创造性地探索出了具有强大生命力的社会主义民主的实现形式：人民代表大会制度。经过 70 多年的发展和完善，人民代

---

① 中国的民主. 人民日报，2021－12－05（5）.
② 坚持和完善人民代表大会制度 不断发展全过程人民民主. 人民日报，2021－10－15（1）.
③ 王宗礼，李振江. 全过程人民民主：社会主义民主政治理论与实践的重大创新. 行政论坛，2021（4）.
④ 同①.

表大会制度从立法到实施，在各个环节都保证了人民能够自主地行使国家权力，也保证了国家权力的一切实施行为都能受到人民监督。

中国特色社会主义进入新时代，国家社会不断发展，新型的社会阶层和社会组织不断产生，人民群众的社会生活领域在不断扩大，人民对全方位各领域各环节的民主需求愈渐强烈。立足于中国社会的这些新形势、新发展和新要求，习近平总书记对社会主义民主的实现形式进行了新的探索，创造性地提出了"全过程人民民主"。这一新概念对社会主义民主实现形式的丰富和发展，主要体现在以下三个方面。

一是发展了非国家形态的民主形式。随着现代中国社会的不断发展，尤其是中国特色社会主义市场经济体制的建立和完善，社会生活领域不断与国家权力趋向分离，这就要求国家将民主的各项原则和方法扩大到社会生活领域，发展非国家形态的民主形式。"中国的民主不仅仅表现在政治选举上，还体现在经济、文化、社会方方面面。中国的民主不仅是政治选举时的民主，还有微观工作和日常生活中的民主"[1]。因此，在全过程人民民主的实施过程中，农村的村民自治、城市的居民自治、社会组织的自治管理等非国家形态的民主形式都是人民群众自我管理的有效方式。这些非国家形态的民主形式与国家形态的民主形式互相推进，不断发展，全过程地实现了人民当家作主。

二是发展了参与性的民主形式。进入新时代，社会主义民主必须真实管用，必须让人民能看得到，感受得到，必须让人民完整地参与实践。基于此，为了保证人民群众在各个层次、各个领域都能真实地参与

---

① 韩震. 全过程民主制度保证了中国道路的成功. 社会主义论坛，2019（12）.

政治实践，表达自己的政治利益和要求，全过程人民民主积极拓宽人民参与国家社会管理的渠道，不仅通过国家管理层面的民主选举、民主协商、民主决策、民主管理、民主监督等方式，而且通过社会自治层面的恳谈会、听证会、议事会、评议会、座谈会、意见会、征询会等民主形式，使人民能够广泛地参与各类国家社会事务和自身生活事务的管理。

三是发展了协商性的民主形式。从中国社会主义民主发展的经验来看，保证人民的各项权利，不能单纯依赖选举民主，而是要将选举民主与协商民主相结合，尤其要注重协商形式。基于此，为了强有力地保障人民当家作主，全过程人民民主积极倡导在治国理政的全过程中与人民进行广泛的深刻的协商。"社会主义协商民主，应该是实实在在的、而不是做样子的，应该是全方位的、而不是局限在某个方面的，应该是全国上上下下都要做的、而不是局限在某一级的。……协商就要真协商，真协商就要协商于决策之前和决策之中，……从制度上保障协商成果落地，使我们的决策和工作更好顺乎民意、合乎实际"①。在这种"真协商"的过程中，全过程人民民主不仅广泛地凝聚了共识，促进决策的科学化、民主化、程序化，而且也丰富和发展了社会主义民主的实现形式。

三、全过程人民民主提供了人类民主政治的新型样态

全过程人民民主是中国共产党领导人民历经百年实践，创造的一种既不同于中国传统民主政治样态，也不同于现代西方民主政治样态的人

---

① 习近平. 在庆祝中国人民政治协商会议成立 65 周年大会上的讲话. 人民日报，2014 - 09 - 22（2）.

类民主政治新样态。作为人类文明的新样态，全过程人民民主不仅凸显了中国智慧和中国思想，为民主提供了一种新型的话语表达，而且凸显了民主的多元化和全方位性，使民主呈现出一种复合型样态。

从形式上看，全过程人民民主是一种新型的人类民主话语表达。在现代民主政治国家的话语表达中，以天赋人权论、竞争选举论、公民社会论等为核心内容，以文明等级、"价值普世"、历史终结为基础的思维方式[①]的西方民主话语，由于自身所蕴含的资产阶级意识形态、等级普世的思维方式和强势资本的利益追求，越来越呈现出一种阶级性、虚伪性和危害性。为了让人民更清醒地意识到这一点，打破对西方民主话语的迷信与盲信，习近平总书记提出了全过程人民民主的话语表达。这一话语表达，一方面呈现出民主的共性与特性的有机统一。在全过程人民民主的话语表达中，其本身不仅含有如平等、自由、法治、选举等现代民主话语的共同范畴，凸显了人类文明的共同价值和历史趋势，而且蕴含如坚持党的领导、人民当家作主和依法治国有机统一，以人民为中心，以党内民主带动人民民主等中国民主政治的独有范畴和理念，体现了中国气派和中国风格。基于此，《中国的民主》明确指出："全过程人民民主，既有鲜明的中国特色，也体现全人类共同价值，为丰富和发展人类政治文明贡献了中国智慧、中国方案。"[②]另一方面呈现出民主话语的社会主义性质。由于民主与社会主义有着天然的相关性，民主日益被看成一种无论在价值还是在目标上都与社会主义具有很大共同性的制

---

① 李海青. 论中国民主话语对西方民主话语的批判与超越. 马克思主义研究, 2021（6）.
② 中国的民主. 人民日报, 2021-12-05（5）.

度和理念，一种一旦实现就可能导致社会主义取代资本主义的力量①，因此，对于资产阶级来说，如果想要利用民主之名又能避免民主对自身制度的冲击，唯一的选择就是对民主进行改造，将其限定在程序层面。为了超越这种资产阶级民主话语，习近平总书记构建的全过程人民民主重塑了民主与社会主义之间的本质关系，明确将"人民当家作主是社会主义民主政治的本质和核心""人民民主是社会主义的生命"的理念贯穿于民主的实践中，体现了民主的规范性与经验性、程序性与实质性的有机统一，"充分彰显社会主义国家性质，充分彰显人民主体地位，使人民意志得到更好体现、人民权益得到更好保障、人民创造活力进一步激发"②，代表了人类民主话语的发展趋势与未来方向。

从内容上看，全过程人民民主是一种新型的复合民主形式。在现代民主的发展实践中，我们可以发现，任何一种民主形式在一定的情况下都可以是最好的，但在另一种情况下又都可以是最坏的③。因此，对于任何一个国家而言，要想使其民主发展真正体现人民性，都不可能仅仅借助和依赖某一特定的民主样态而无条件地否定和排斥另一种民主样态，总是会在多重社会因素的共同作用下，从性质、内容、功能等方面寻找更多的民主，以确定一种复合的民主形式。在资本主义民主的推行过程中，民主的政治实践是以选举为最根本的形式，民主的全部指向都体现在定期的选举过程中，在选举进行时，人民主体出场，在选举结束后，人民主体退场，其本质是一种单一型民主。相比于这种单一型民

---

① 张飞岸. 西方自由民主危机与中国民主话语构建. 当代世界与社会主义，2020 (2).

② 中国的民主. 人民日报，2021－12－05 (5).

③ 卢梭. 社会契约论. 何兆武，译. 修订第 3 版. 北京：商务印书馆，2003：84.

主，全过程人民民主不仅在民主的内容上关注人民民主和国家意志的复合，在民主的特征上关注过程民主和成果民主的复合，而且在民主的运行上关注直接民主与间接民主的复合，在民主的形式上关注程序民主和实质民主的复合。基于此，习近平总书记指出，我国的"全过程人民民主，实现了过程民主和成果民主、程序民主和实质民主、直接民主和间接民主、人民民主和国家意志相统一"①，是一种最广泛、最真实、最管用的民主，能够最大限度地彰显人类民主文明的新特质和显著优势。

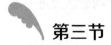 第三节

文明的价值旨归

作为人类劳动与智慧的结晶，文明是人类改造自然与社会的物质和精神成果的总和，社会进步和社会发展状况的标志②，它既体现着人类社会发展的过程，也表达着人类社会发展的结果。由于文明是社会发展和进步的产物，其意味着人类走出愚昧与野蛮，进入发达与强盛的存在状态，而这种社会的发展与进步又绝不是某一些人或阶级的发展，因此，文明一定是全体人民的共同进步，是"人民至上"的价值体现，其

---

① 中国的民主. 人民日报，2021-12-05（5）.
② 中国大百科全书总编辑委员会《社会学》编辑委员会，中国大百科全书出版社编辑部. 中国大百科全书·社会学. 北京：中国大百科全书出版社，1991：419.

不仅代表着全体人民共同富裕的发展方向，而且表征着"人的全面发展"的价值目标。

一、文明指向于"人民至上"的价值理念

按照马克思主义唯物史观的理解，"无产阶级的运动是绝大多数人的，为绝大多数人谋利益的独立的运动"，因此，坚持人民至上，以人民为中心，把人民放在心中最高的位置，是马克思主义政党实现社会发展、追求文明进步的根本要求。作为一个马克思主义的政党，中国共产党自成立之日起，就将为人民谋幸福写在自己的旗帜上，把人民利益高于一切作为人民性的出发点，以满足人民对美好生活的向往为人民性内涵，以汇聚人民群众力量为人民性要求，不断推进中国社会的发展和进步，彰显了社会主义文明观中"人民至上"的价值理念。

第一，人民利益高于一切是文明的人民性出发点。"天地之大，黎元为先"。人民是文明得以延续发展的血脉源头，更是文明得以繁荣进步的力量根基。没有人民，文明就无从谈起，文明是人的文明，具有人民性的价值取向。只有关注人民、以人民为中心的文明才是一种人类向往的真正意义上的文明。基于此，为了不断地推进文明、走向文明，中国共产党始终坚持人民立场，提出"人的问题，是检验一个政党、一个政权性质的试金石……必须始终把人民利益摆在至高无上的地位"①，坚定地将"人民利益高于一切"确定为文明的价值出发点和落脚点。所

① 习近平. 决胜全面建成小康社会 夺取新时代中国特色社会主义伟大胜利：在中国共产党第十九次全国代表大会上的报告. 人民日报，2017 - 10 - 28 (1).

谓的"人民利益高于一切"并不是一个抽象的口号，而是坚持人民主体地位、坚持人民标准至上、坚持人民共享成果的具体的行动表达，表征着文明的价值出发点和落脚点。

首先，坚持人民主体地位。文明是一个社会进步和发展的目标，是由人民群众书写的，更是由人民群众创造的。人民是推动社会文明发展和进步的主体力量。因此，习近平总书记指出："波澜壮阔的中华民族发展史是中国人民书写的！博大精深的中华文明是中国人民创造的！历久弥新的中华民族精神是中国人民培育的！中华民族迎来了从站起来、富起来到强起来的伟大飞跃是中国人民奋斗出来的！"①纵观中国共产党的奋斗史，党之所以能够领导人民进行革命、建设和改革，建设社会主义文明，发展社会主义文明，究其根本就在于其在这一过程中始终坚持人民主体地位，"坚持全心全意为人民服务，立党为公、执政为民，始终把最广大人民根本利益作为党和国家工作的根本出发点和落脚点，坚持尊重社会发展规律和尊重人民历史主体地位的一致性，坚持为崇高理想奋斗和为最广大人民谋利益的一致性，坚持完成党的各项工作和实现人民利益的一致性，坚持发展为了人民、发展依靠人民、发展成果由人民共享"②。中国特色社会主义进入新时代后，习近平总书记更是强调提出，"人民是历史的创造者，是决定党和国家前途命运的根本力量。必须坚持人民主体地位，坚持立党为公、执政为民"③，我们推进中国

---

① 习近平. 习近平谈治国理政：第3卷. 北京：外文出版社，2020：139.
② 胡锦涛. 胡锦涛文选：第3卷. 北京：人民出版社，2016：4.
③ 习近平. 决胜全面建成小康社会 夺取新时代中国特色社会主义伟大胜利：在中国共产党第十九次全国代表大会上的报告. 人民日报，2017-10-28（1）.

特色社会主义文明必须要坚持人民主体地位，如果"忘记了人民，脱离了人民，我们就会成为无源之水、无本之木，就会一事无成"①。

其次，坚持人民标准至上。能够考虑和尊重人民意愿，坚持人民标准至上，是一个社会、一个政党走向文明的标志。中国共产党是代表中国最广大人民根本利益的政党，不管是在革命建设时期，还是在改革发展时期，党的一切工作都尊重人民意愿，由人民来检验和评判，坚持把"人民拥护不拥护、赞成不赞成、高兴不高兴、答应不答应"作为"根本标准"②。正是在此基础上，习近平总书记提出"时代是出卷人，我们是答卷人，人民是阅卷人"③的重要论断。坚持人民标准至上的本质就是重视人民群众的评价和看法。人民的意愿、心声、态度和意见最能体现一个社会和政党政策的优劣好坏，反映这一社会发展的文明进步程度，因此，习近平总书记早在 2013 年就强调："我们党的执政水平和执政成效都不是由自己说了算，必须而且只能由人民来评判。人民是我们党的工作的最高裁决者和最终评判者。"④把人民作为"最高裁决者"和"最终评判者"，中国共产党就从根本上为社会主义文明赋予了人民立场，凸显了社会主义文明的价值出发点。

最后，坚持人民共享成果。人民是社会主义文明的创造者，也是社会主义文明的享有者。习近平总书记指出，"国家建设是全体人民共同

① 习近平. 在纪念红军长征胜利 80 周年大会上的讲话. 人民日报，2016 - 10 - 22（2）.
② 习近平. 习近平谈治国理政：第 3 卷. 北京：外文出版社，2020：142.
③ 同②70.
④ 习近平. 在纪念毛泽东同志诞辰 120 周年座谈会上的讲话. 人民日报，2013 - 12 - 27（2）.

的事业，国家发展过程也是全体人民共享成果的过程"①，而"让改革发展成果更多更公平惠及全体人民，朝着实现全体人民共同富裕不断迈进"②则是社会主义文明的本质要求。"让广大人民群众共享改革发展成果，是社会主义的本质要求，是社会主义制度优越性的集中体现，是我们党坚持全心全意为人民服务根本宗旨的重要体现。"③由于共享是人民的平等享有，而不是专属于某一个群体或某一个地区的享有，因此，共享要求坚守人民的主体性，即"人民利益高于一切"的基本准则。"每个人的自由发展是一切人的自由发展的条件"④，其不仅内含着对全体人民意志的遵从和对全体人民参与权利的肯定，而且表达了对全体人民利益的敬畏与崇尚，是社会主义文明的价值落脚点。

第二，满足人民对美好生活的向往是文明的人民性内涵。对于文明而言，它代表一种进步的、开化的社会状态与过程，其发展的目的是给所有人以幸福。人类文明发展进步的显著标志便在于……不断提升人之生活的丰富性与自由性⑤，其内蕴着人民对美好生活的向往。由于"向美""向好""向善"的特性，文明从来都不是高悬于生活之上的抽象存在物，而是具体展开于人民的生产与生活之中，是具有特定生活意涵的实践创造物。在这一实践创造的过程中，我们党坚持"人民至上"的价值理念，不仅奉行"人民利益高于一切"的价值出发点，更是将"满足

---

① 习近平. 在庆祝"五一"国际劳动节暨表彰全国劳动模范和先进工作者大会上的讲话. 人民日报，2015-04-29 (2).

② 习近平. 决胜全面建成小康社会 夺取新时代中国特色社会主义伟大胜利：在中国共产党第十九次全国代表大会上的报告. 人民日报，2017-10-28 (1).

③ 习近平. 习近平谈治国理政：第2卷. 北京：外文出版社，2017：200.

④ 马克思，恩格斯. 马克思恩格斯文集：第2卷. 北京：人民出版社，2009：53.

⑤ 项久雨. 新时代美好生活的样态变革及价值引领. 中国社会科学，2019 (11).

人民对美好生活的向往"作为文明的价值内涵，不断充实与发展它。正是基于此，习近平总书记提出："人民对美好生活的向往，就是我们的奋斗目标。"①

首先，满足人民对美好物质生活的需要。在满足人民对美好生活的向往过程中，满足人民对美好物质生活的需要具有基础性的作用。马克思在《〈政治经济学批判〉序言》中就指出："物质生活的生产方式制约着整个社会生活、政治生活和精神生活的过程。"② 要满足人民对美好物质生活的需要，就需要推动物质文明的高质量发展。为此，要坚持新发展理念，不断改善人民的生活状态，扎实推进全体人民共同富裕。

其次，满足人民对美好政治生活的需要。人民对美好生活的向往，除了包括对美好物质生活的向往，最为根本的就是对美好政治生活的向往，而这种美好政治生活的人民性主要呈现为人民当家作主。人民当家作主是社会主义政治文明的本质要求，也是创造美好政治生活的必然要求。在社会主义政治文明的发展过程中，人民当家作主"不是一句口号、不是一句空话，必须落实到国家政治生活和社会生活之中，保证人民依法有效行使管理国家事务、管理经济和文化事业、管理社会事务的权力"③。保障人民的民主权利，支撑人民有序参与政治生活，推进全过程人民民主，就是人民对美好生活向往的政治文明呈现，凸显了人民的政治主体性。

---

① 中共中央文献研究室. 习近平关于社会主义社会建设论述摘编. 北京：中央文献出版社，2017：4.
② 马克思，恩格斯. 马克思恩格斯文集：第2卷. 北京：人民出版社，2009：591.
③ 习近平. 习近平谈治国理政：第2卷. 北京：外文出版社，2017：291-292.

再次，满足人民对美好精神生活的需要。美好精神生活是精神文明建设的内在要求。所谓精神文明，不但指教育、科学、文化，而且指共产主义的思想、理想、信念、道德、纪律，革命的立场和原则，人与人之间的同志式关系等。因此，要满足人民对美好精神生活的需要，就需要在提高人民的科学文化水平的基础上，促使他们坚定马克思主义理想信念，坚定共产主义远大理想，树立正确的世界观、人生观、价值观，创造更加美好的精神生活，从而实现精神文明的高质量发展。

又次，满足人民对美好社会生活的需要。"社会生活是在'关系'中展开的生活，具有特殊的关系规定性。"① 而这种关系的规定性特征会使社会一直存在矛盾，基于此，邓小平就提出："社会生活总会有矛盾，有矛盾就要调整。"② 不断地协调人与人、人与社会之间的关系，应对矛盾、解决矛盾，就是社会文明的发展过程。在这一发展过程中，社会文明不仅要推动各个组织之间的联结，畅通渠道，而且要把更多的资源下沉到基层，不断激活人民参与社会生活的意识并提高相应的能力，进而满足人民对美好社会生活的需要，实现社会文明的高质量发展。

最后，满足人民对美好生态生活的需要。美好生态生活的需要是人民美好生活需要的重要组成部分。建设社会主义生态文明的根本就在于满足人民对美好生态生活的需要，毕竟，这是人民群众最直观最可感的需要内容。为了满足人民对美好生态生活的需要，在社会主义生态文明的建设过程中，中国共产党不仅集中力量攻克人民群众生活中出现的突

---

① 项久雨. 创造美好生活的人类文明新形态. 教学与研究, 2022 (10).
② 中共中央文献研究室. 邓小平文集：1949—1974 年：中卷. 北京：人民出版社, 2014：291.

出生态环境问题，让人民群众实实在在地感受到生态环境的改善，而且将其提到一个未来战略发展的高度，不断形塑人民对低碳生活、绿色生活的意识与行动。

第三，汇聚人民群众力量是文明的人民性要求。人民群众是社会历史的创造者，也是国家和社会发展的力量所在，对推动文明的发展起着决定性作用。因此，为了使社会不断进步，坚守"人民至上"，就需要最大程度汇聚人民群众的力量，即不仅要牢牢把握民心，"站稳人民立场、把握人民愿望、尊重人民创造、集中人民智慧"①，涵养为民服务情怀，把民心作为最大的政治，而且要密切联系人民群众，充分发挥人民群众的积极性和主动性，汇集民智民力。

一方面，牢牢把握民心。民心就是广大人民的共同心愿、期盼和意向，集中表现为人民群众对美好生活的向往、对党和政府的态度与看法。在不断追求社会发展与进步的过程中，文明始终是指向民心的。毕竟，只有指向民心，并牢牢把握民心，文明才能得以真正实现和永续存在。一个不以人民为中心的、不关注民心的社会，是不可能被认定为一个文明的社会。纵观中国社会的发展历程，由于社会主义新文明的建设是在中国共产党领导下进行的，其文明价值始终与中国共产党"为人民服务"的宗旨密切相关，因此，不管是建设社会主义文明，还是发展社会主义文明，文明的发展都蕴含着民心价值。在新民主主义革命时期，中国共产党之所以能够赢得政权，开启社会主义文明之门，主要是因为

---

① 习近平. 高举中国特色社会主义伟大旗帜 为全面建设社会主义现代化国家而团结奋斗：在中国共产党第二十次全国代表大会上的报告. 北京：人民出版社，2022：19.

其赢得了民心。1943年10月，毛泽东在《论合作社》中就指出："为群众服务，这就是处处要想到群众，为群众打算，把群众的利益放在第一位。这是我们与国民党的根本区别，也是共产党员革命的出发点和归宿。"① 在社会主义革命和建设时期，以毛泽东同志为主要代表的中国共产党人领导人民建立了保证人民当家作主的新型政治制度，从根本上结束了中国广大劳动人民受剥削压迫的历史，从制度上保证了人民的社会政治地位。1957年，毛泽东告诫全党："共产党就是要奋斗，就是要全心全意为人民服务，不要半心半意或者三分之二的心三分之二的意为人民服务。"② 在改革开放和社会主义现代化建设新时期，改革开放的过程本身就是顺应民心、赢得民心的过程，也是不断建设社会主义文明、发展社会主义文明的过程。进入新时代以来，民心的重要性更是被多次强调。2016年1月，习近平总书记在党的十八届中央纪委六次全会上第一次提出"民心是最大的政治"③ 的重大论断。2021年11月，习近平总书记在党的十九届六中全会上总结党的百年奋斗历史经验时，更是提出"党的根基在人民、血脉在人民、力量在人民，人民是党执政兴国的最大底气。民心是最大的政治，正义是最强的力量"④。综上可见，正是由于中国共产党牢牢把握了民心，中国社会才建设和发展了社会主义文明。也正是这种社会主义文明的建设和发展，才能进一步践行对人民负责、为人民服务的文明宗旨。

---

① 中共中央文献研究室. 毛泽东著作专题摘编：下. 北京：中央文献出版社，2003：1883.
② 中共中央文献研究室. 毛泽东文集：第7卷. 北京：人民出版社，1999：285.
③ 坚持全面从严治党依规治党 创新体制机制强化党内监督. 人民日报，2016-01-13 (1).
④ 中共中央关于党的百年奋斗重大成就和历史经验的决议. 北京：人民出版社，2021：66.

另一方面，密切联系人民群众。如果说牢牢把握民心是社会主义文明建设和发展的前提条件，那么，密切联系人民群众就是其建设和发展的内在要求，是其实现的方法论要求。只有密切联系人民群众，社会主义文明才能永续繁荣。1945 年 4 月，毛泽东在《论联合政府》报告中就指出："我们共产党人区别于其他任何政党的又一个显著的标志，就是和最广大的人民群众取得最密切的联系。全心全意地为人民服务，一刻也不脱离群众；一切从人民的利益出发，而不是从个人或小集团的利益出发；向人民负责和向党的领导机关负责的一致性；这些就是我们的出发点。"① 改革开放后，邓小平从"人民群众创造历史的活动"中吸取思想营养和前进力量，提出，"改革开放中许许多多的东西，都是群众在实践中提出来的"，"绝不是一个人脑筋就可以钻出什么新东西来"，而是"群众的智慧，集体的智慧"。江泽民在总结中国共产党 80 年来的历史经验时指出："始终保持同人民群众的血肉联系，是我们党战胜各种困难和风险、不断取得事业成功的根本保证。在任何时候任何情况下，与人民群众同呼吸、共命运的立场不能变，全心全意为人民服务的宗旨不能忘，坚信群众是真正英雄的历史唯物主义观点不能丢。"② 中国特色社会主义进入新时代后，习近平总书记更是强调："人民群众有着无尽的智慧和力量，只有始终相信人民，紧紧依靠人民，充分调动广大人民的积极性、主动性、创造性，才能凝聚起众志成城的磅礴之力。"③ 由此可见，正是由于密切联系人民群众，中国共产党才

① 毛泽东. 毛泽东选集：第 3 卷. 2 版. 北京：人民出版社，1991：1094-1095.
② 江泽民. 江泽民文选：第 3 卷. 北京：人民出版社，2006：271.
③ 习近平. 习近平谈治国理政：第 2 卷. 北京：外文出版社，2017：52.

能建设和发展社会主义文明，并使其体现文明汇集民智民力的价值
要求。

二、文明指向于"共同富裕"的价值诉求

为了实现自身的不断发展与繁荣，文明除了坚持"人民至上"的价
值理念之外，还需要指向全体人民"共同富裕"的价值诉求。"共同富
裕摒弃的是个人利益最大化，彰显的是社会利益最大化，体现出开阔的
眼界和人类文明进步的要求，反映了历史发展潮流。"① 由于共同富裕
并不是指狭义的物质生活的富裕，而是指广义的物质生活和精神生活的
富裕，是全体人民都能公平公正地享有经济、政治、文化、社会、生态
文明等各方面建设成果和发展福祉的富裕，因此，它是一个社会不断走
向文明的价值诉求，其不仅呈现为一种"非剥削性"和"高质量发展"
的文明特征，而且凸显出一种"共富性"的文明要求。

第一，"非剥削性"的文明呈现。文明是时代发展的精华，是衡量
一个社会进步程度的重要标尺，呈现为一种不断摆脱野蛮与愚昧、凸显
公平与互惠互利的社会发展过程。在这样的社会发展过程中，"非剥削
性"是其文明走向的基本呈现。

纵观人类的文明发展史，第一个社会形态是原始社会。由于当时的
生产力水平极低，任何个人都无力同自然界进行斗争，为了谋取生活资
料，处于原始社会的人类必须共同劳动，共同占有生产资料和劳动成
果，因此，这一时期不存在阶级斗争和劳动剥削。随着生产力水平的不

---

① 张志丹. 论共同富裕的伦理意蕴. 道德与文明，2022（4）.

断提高，生产资料私有制开始建立，阶级斗争和劳动剥削开始出现，并不断加剧。奴隶社会是人类历史发展中的第一个私有制社会。由于石器的发展、金属工具的出现和生产的分工，奴隶社会的劳动生产率有了较大的提高，社会产品除了能满足人们的基本生活需求，还有了剩余，进而出现了历史上第一个人剥削人的形式，即奴隶占有制。虽然这种社会制度打破了原始社会氏族部落关系的狭隘性，提高了人们的生活水平，实现了社会生产规模的扩大，但其剥削人的社会形式和对奴隶人身的占有，肯定不是人类向往的文明形态。封建社会产生于奴隶社会末期，由于奴隶占有制的生产关系日益与社会生产力的进一步发展产生矛盾，各奴隶占有制国家通过长期的不同形式的革命性变革，逐步走上了封建化的道路，大土地所有者演变为封建主，奴隶和自由民转化为农奴，以剥削农奴为主的封建生产方式逐渐取代奴隶占有制为主导的生产方式。在封建社会的发展过程中，虽然劳动者的积极性有明显的提高，阶级矛盾得到很大的缓和，但社会仍然始终充斥着农民阶级反抗地主阶级旨在"均贫富"的斗争，因此，其本质依然是剥削与被剥削的阶级社会。随着社会生产力的进一步发展，人类社会进入资本主义社会。资本主义社会以资本家拥有资本和雇佣劳动为基础，以其不断榨取工人创造的剩余价值和不断加强资本积累为目的，来推动人类生产由手工业作坊向机器大工业转变，继而不断推动工业革命，并大大提高劳动生产率。在这种社会制度的支配下，社会生产力有了快速的发展。但资本的原始积累也强制性地使劳动者同他们的生产资料相分离。基于此，马克思就评价，资本主义社会"在一极是财富的积累，同时在另一极，即在把自己的产品作为资本来生产的阶级方面，是贫困、劳动折磨、受奴役、无知、粗野和道德堕落的积累"①。综上可见，从奴隶社会到资本主义社会，虽然整个社会的生产力在不断提高，但剥削却在不断地加剧，而一个始终存在剥削的社会状态并不是一个文明社会的理想状态，一个真正的文明社会应该是一个不断消除两极分化、消灭剥削的社会形态。

作为人类最伟大的实践行为之一，社会主义制度的建立废除了单一的按生产要素分配形式，实行按劳分配，彻底结束了旧的剥削制度，这不仅极大地解放和发展了社会生产力，而且极大地调动了最广大劳动者的积极性和创造性。基于此，在党的十九届六中全会上，习近平总书记总结党的百年奋斗重大成就时指出，"从新中国成立到改革开放前夕，党领导人民完成社会主义革命，消灭一切剥削制度，实现了中华民族有史以来最为广泛而深刻的社会变革，实现了一穷二白、人口众多的东方大国大步迈进社会主义社会的伟大飞跃"②。改革开放以来，中国共产党领导人民继续进行消灭剥削和消除两极分化，探索创立了中国特色社会主义制度，大力发展社会主义市场经济，创造出了社会主义物质文明的新形态。尤其是党的十八大以来，中国特色社会主义进入新时代，中国共产党历史性地解决了中国社会的绝对贫困问题，全面建成了小康社会，开启了旨在实现全体人民共同富裕的全面建设社会主义现代化国家的新征程，创造出了一个在制度上彻底消灭剥削的社会主义文明形态。由此可见，这一社会主义文明形态就是一种"非剥削性"的文明形态，

---

① 马克思，恩格斯. 马克思恩格斯文集：第3卷. 北京：人民出版社，2009：555.
② 中共中央关于党的百年奋斗重大成就和历史经验的决议. 北京：人民出版社，2021：14.

它不仅是人类历史不断发展的必然产物，而且体现和代表着人类文明发展的未来走向。

第二，"高质量发展"的文明表达。共同富裕是社会主义文明的本质特征，也是社会主义文明的必然要求。在不断推进共同富裕的过程中，文明除了要求消除"非剥削性"，还要求社会的"高质量发展"。只有在一个不仅注重"量"的高发展，而且注重"质"的高发展的社会中，共同富裕才可能真正实现，社会的文明程度也才能得到真正的提升。所谓的高质量发展是高效、公平、绿色、可持续的发展，是经济、政治、文化、社会、生态文明五位一体的协调发展。"高质量发展不只是一个经济要求，而是对经济社会发展方方面面的总要求；不是只对经济发达地区的要求，而是所有地区发展都必须贯彻的要求；不是一时一事的要求，而是必须长期坚持的要求。"① 其本质不仅是一种发展理念，也是一种发展方式，既强调发展，更强调一种高质量的发展。

一方面，"高质量发展"的核心是发展。"发展是解决我国一切问题的基础和关键"②。要实现共同富裕，其根本要求是发展，发展是共同富裕的实现路径。如果没有发展，就不可能有人民群众物质生活的富裕，更不可能有全体人民群众各个方面的共同富裕。发展就是不断满足人民群众日益增长的物质文化需求，也即对美好生活的向往。基于此，在学习贯彻党的十九届五中全会精神专题研讨班上，习近平总书记明确

① 习近平. 论把握新发展阶段、贯彻新发展理念、构建新发展格局. 北京：中央文献出版社，2021：533.

② 习近平. 决胜全面建成小康社会 夺取新时代中国特色社会主义伟大胜利：在中国共产党第十九次全国代表大会上的报告. 人民日报，2017-10-28（1）.

提出："只有坚持以人民为中心的发展思想，坚持发展为了人民、发展依靠人民、发展成果由人民共享，才会有正确的发展观、现代化观。"[1]党的二十大报告中，习近平总书记更是强调："高质量发展是全面建设社会主义现代化国家的首要任务。发展是党执政兴国的第一要务。没有坚实的物质技术基础，就不可能全面建成社会主义现代化强国。"[2]

另一方面，"高质量发展"的重点在于"高质量"。任何发展都是有质和量的规定的。在不同的阶段，社会对发展的质和量的侧重点是有所不同的。"社会主义建设和改革开放前二十年里，突出发展速度，主要是'量'的积累；21世纪前十年里，'质'和'量'兼顾，但核心仍然在'量'上。"[3]进入新时代以来，党和国家着重于发展的"质"的规定，提出以"质"为核心，但又不忽视或否定"量"的"高质量"发展方式。这里的"高质量"不仅要求促进产业结构平衡和地区分布平衡，而且更要求促进人的发展和社会的进步。基于此，2021年，习近平总书记在《扎实推动共同富裕》一文中就指出，"坚持以人民为中心的发展思想，在高质量发展中促进共同富裕"[4]。2023年3月，习近平总书记在参加江苏代表团审议时更是强调，要视质量为生命，以高质量为追求，不断"以满足人民日益增长的美好生活需要为出发点和落脚点，把发展成果不断转化为生活品质，不断增强人民群众的获得感、幸福感、

---

① 深入学习坚决贯彻党的十九届五中全会精神 确保全面建设社会主义现代化国家开好局. 人民日报，2021-01-12 (1).

② 习近平. 高举中国特色社会主义伟大旗帜 为全面建设社会主义现代化国家而团结奋斗：在中国共产党第二十次全国代表大会上的报告. 北京：人民出版社，2022：28.

③ 杨长福，杨苗苗. 高质量发展与共同富裕及其辩证关系研究. 重庆大学学报（社会科学版），2023 (5).

④ 习近平. 扎实推动共同富裕. 求是，2021 (20).

安全感"①，推动全体人民的共同富裕。

第三，"共富性"的文明诉求。如果说"非剥削性"和"高质量发展"是文明不断发展和繁荣的过程性特征，那么，"共富性"则是文明不断向前进步的目的性和结果性特征。这里的"共富性"有三重含义。一是指全体人民的"共富"，其既不是部分人、个别人的"富有"，当然，也不是全部人都一样的"平均主义"，而是全体人民共同创造和共同享有的富裕状态。二是指全体人民各个方面的"共富"，其不仅包括物质方面的富有，更包括精神方面的富有。三是指逐步的分阶段的"共富"，毕竟"共富"不可能是同步的、同时的"富有"。具体而言：

首先，全民共富。作为文明的基本指向，"共富性"的主体是全体人民，其实现方式是共同创造和共同享有，"共同富裕是以人民为中心，消除两极分化和贫穷基础上的全体人民的普遍富裕"②。因此，在不断实现全体人民共同富有的过程中，一方面要防止两极分化。改革开放初期，邓小平就提出，"如果导致两极分化，改革就算失败了"③。进入新时代后，习近平总书记更是指出："发展了，还有共同富裕问题。物质丰富了，但发展极不平衡，贫富悬殊很大，社会不公平，两极分化了，能得人心吗?"④ 另一方面要反对平均主义。"共富"一定是建立在人民群众的劳动贡献基础上的，"全体人民共同富裕是在生产充分发展基础上的共同富裕，是与劳动者的劳动贡献密切相连的共同富裕"⑤，而不

---

① 牢牢把握高质量发展这个首要任务. 人民日报，2023－03－06 (1).

② 逄锦聚. 中国共产党带领人民为共同富裕百年奋斗的理论与实践. 经济学动态，2021 (5).

③ 邓小平. 邓小平文选：第 3 卷. 北京：人民出版社，1993：139.

④ 习近平. 做焦裕禄式的县委书记. 北京：中央文献出版社，2015：35.

⑤ 骆郁廷，刘舒皓. 论共同富裕与价值引领. 思想理论教育导刊，2022 (12).

是要令所有人绝对平均享有社会财富，试图在分配方式上搞整齐划一的绝对平均化。

其次，全面共富。一个不断走向文明的社会一定是物质、精神等各个方面都逐渐富裕的社会。按照马克思主义唯物论的观点，物质生活上的富裕是其他一切方面实现富裕的基础，是一个社会不断实现文明的首要条件。人们只有在物质方面达到了更高的质量和水平，才可能谈及精神、文化等其他方面的富裕。而精神生活上的富裕是指全体人民精神状态更加丰盈、精神境界更加高远、精神力量更加强大，它是物质生活不断富裕的结果。只有人民的精神生活富足了，一个社会的文明程度才算是真正提高了。如果一个社会仅仅是在物质生活上达到了富足，而不寻求其他方面的富裕，则会落入"物质至上"的单向度社会。基于此，指向共同富裕的文明一定是致力于社会生活包括物质和精神多个向度、多个方位全面改善的全面共富。

最后，逐步共富。虽然共同富裕是人民对美好生活的期盼，也是社会文明不断发展的体现，但其实现必须要从实际出发，要在不断克服发展的不平衡不充分过程中逐步实现，而不可能是同步性的，或者是同时性的富裕。正是基于此，习近平总书记在谈及共同富裕时一再强调，实现共同富裕一定要"逐步实现"，要"分阶段推进"，要"循序渐进"，切忌"操之过急""急于求成"。在他看来，共同富裕既是一个循序渐进的过程，又是一个辩证发展的过程，我们一方面要积极改变发展的不平衡和不充分的状态，让"先富"带动"后富"，"后富"赶上"先富"；另一方面也要尽力而为，量力而行，扎实推进共同富裕，不断实现指向共同富裕的文明价值诉求。

三、文明指向于"人的全面发展"的价值目标

在人类社会历史发展的长河中，文明不仅指向于"人民至上"的价值理念和"共同富裕"的价值诉求，而且也表征着"人的全面发展"的价值目标。文明的本质就是人逐渐脱离野蛮和愚昧，由不全面走向全面、由不自由走向自由的发展过程。所谓"人的全面发展"是指每一个人都能得到的完整发展、充分发展和自由发展，是以一种全面的方式进行的，也就是作为一个总体的人，占有自己的全面的本质，进而实现自身全部才能的自由发展。具体而言，人的全面发展包括三个层次：相对于自然界，人的全面发展主要指人的劳动能力的全面发展；相对于人类社会，人的全面发展特指人的社会关系的全面发展；相对于人自身，人的全面发展强调人的素质与潜能的全面发展。

第一，人的劳动能力的全面发展。马克思主义认为，人类劳动创造了文明，文明的发展历史就是人类劳动能力不断自我生成和自我创造的历史。毕竟，有了劳动后，人类与动物才有了区别，人类也才有了叩击文明大门的基础。按照马克思主义的观点，由于劳动是人以自身的活动来调整和控制人和自然界之间的物质交换的过程，因此，在文明的发展实现过程中，文明本身就是不断指向人的劳动能力的全面发展。人的劳动能力包括多方面的内容，有体力劳动和脑力劳动，而人的任何活动又都是体力和智力的支出，基于此，人的全面发展也就是人的体力和智力的全面发展，是体力和智力劳动相结合意义上的全面发展。

人的体力是其自然属性的体现，属于自然能力的范畴，具体表现为各类生理能力和潜能，包括肌肉力量、灵活性和耐力等。体力的全面发

展旨在促使身体各部分的自然能力协调运动。当人通过这种运动作用于外部自然并改变自然时，不仅能够增强自身的自然能力，还能在与环境的互动中实现自我改造与成长。这一过程强调了人与自然之间的辩证关系，凸显了体力与个体发展的重要性。人使自身的自然中蕴藏着的潜力发挥出来，并且使这种活动受他自己控制。人的智力是人精神方面所具有的生产力，它的全面发展强调人的劳动技能、生产经验和科学文化知识等方面的不断发展。人的体力和智力两者之间的统一发展是人的其他各个方面能力全面发展的基础。如果没有体力劳动和智力劳动的统一，人的全面发展不可能真正实现，当然，也就不可能有"随自己的兴趣今天干这事，明天干那事，上午打猎，下午捕鱼，傍晚从事畜牧，晚饭后从事批判"①的惬意生活。由此可见，正是因为这种不断指向全面发展的趋势走向，劳动才使生产者有所改变，不仅炼出新的品质，造就新的力量、新的观念、新的交往方式、新的需要和新的语言，而且实现了人的本质力量的公开展示，彰显着文明的价值指向。

第二，人的社会关系的全面发展。社会关系是实践活动的展开，是文明得以推进的内在力量。人是社会关系的产物，也是社会关系的承担者，社会关系使个体变成社会的人，形成独特的社会品质，因此，社会关系实际决定着一个人能够发展到什么程度。只有在丰富的、普遍的社会交往过程中，人与人之间才能在心理、情感等方面进行交流、受到启发，从而丰富自己、充实自己和完善自己，最终实现人的全面发展。由此可见，人的全面发展是要根植于人的社会关系的高度全面和丰富的。所谓的人的社会关系的高度全面和丰富，是指个人要积极参与各领域各

---

① 马克思，恩格斯. 马克思恩格斯文集：第 1 卷. 北京：人民出版社，2009：537.

层次的社会交往，同无数其他的个人，也就是同整个世界进行物质和精神生产的普遍交换，摆脱个体的、地域的和民族的狭隘性①，进而实现个人关系的普遍性、全面性的发展。

一方面，个人关系的普遍性的发展。人的全面发展最首要的表现就是个人要与其他人建立普遍的关系。这种普遍关系是起始于物质交换关系的建立，并随着物质交换关系的不断扩展，为使个人真正融入类之中而形成的一种紧密的相互依赖关系。为了交换需要发展起来的交通和通信网络，使个人有可能从狭小的地域走向世界的舞台，必然会大大开阔人的视野，锻炼人的才能，为人的能力的发展创造条件②。正是由于这种通过交换建立起来的人与人之间的普遍关系，个人的活动空间扩大了，人的社会关系的全面发展有了不断实现的条件。由此可见，个人与类之间普遍关系的发展是人的全面发展的一个基本条件和主要内容。这种个人关系的普遍发展带来的最大价值意义就在于使人冲破了狭隘共同体的局限和等级关系的藩篱，形成了人与人之间的平等的新型关系。在这种平等的关系中，个人逐渐摆脱了对他人和共同体的依附，也摆脱了对物的依赖，成为一个真正自由全面发展的人。

另一方面，个人关系的全面性的发展。人的全面发展不仅要求个人与类之间建立普遍的关系，而且还要求这种关系是一种全面性的关系。个人关系的普遍性发展是从物质交换上理解的，如果仅仅要求到此的话，社会关系还缺乏一定的丰度，人与人之间的关系不能算丰富，比较脆弱。因此，只有人们在建立普遍性关系的同时，发展出关系的全面

---

① 陈小鸿. 论人的自由全面发展. 北京：人民出版社，2004：357.
② 同①358.

性，人的社会关系的全面性才可能真正实现，也即在物质关系的基础上进一步发展出政治法律关系、伦理道德关系、思想文化关系等，才能在这一关系范围内形成一个普遍而牢固的统一共同体，个人与类之间的关系，才能是密不可分的、一体化的关系，个人的类的特性或社会性才算得到了比较充分的发展①。而这种全面的社会关系就意味着个人以主体的身份与他人建立了全面的关系，推动了人从物或工具的状态中解放出来，充分展现了人的本质意义，进而实现了个人关系的全面性的发展。

第三，人的素质与潜能的全面发展。在文明的不断实现过程中，人的全面发展除了指向人的劳动能力和社会关系的全面发展，还强调人的素质与潜能的全面发展。人的素质与潜能主要包括人的需要、人的活动、人的能力等方面的全面发展。

首先，人的需要的全面发展。在马克思主义看来，由于人的需要是人之所以从事劳动创造和各种活动的动力与必然性规定，其在本质上体现着人的本性，因此，人要实现全面发展就需要不断丰富和全面发展人的各种需要。这种需要除了维持自身生活的物质需要，更多地表现为社会关系方面、精神生活方面的各种需求以及自我实现、发展、超越的自由需要。为了全面发展人的各种需要，马克思提出，需要"培养社会的人的一切属性，并且把他作为具有尽可能丰富的属性和联系的人"，以实现人的需要的全面发展。

其次，人的活动的全面发展。人的活动是满足人的需要的唯一手段，人的全面的需要只有通过全面的活动才能得到满足。换句话说，人只有在活动中，其需要才可能被满足，自身的素质与潜能也才能得到发

---

① 陈小鸿. 论人的自由全面发展. 北京：人民出版社，2004：360.

展和提升。为了实现人的活动的全面发展，人不再使自身局限于某一种或几种活动形式中，而是在各个领域进行各种各样的自由活动，主要体现为脑力劳动与体力劳动、生产操作与管理计划工作、物质生产劳动与艺术创造活动、娱乐活动与享受活动等的高度统一。正是这种人的活动发展的不断全面性，人的素质与潜能的全面发展得以不断实现。

最后，人的能力的全面发展。在马克思主义看来，人的能力的全面发展是人的全面发展的重要目标。因此，为了实现人的能力的全面发展，一方面，要不断开发人的实践能力，尤其是随着旧式分工的消失，人的实践能力有了突破狭小职业范围的可能，诸如科学发明、计划管理等能力开始在个体身上得到体现。另一方面，要不断提升人的认识能力。人的认识能力包括感觉能力和思维能力，它随着实践活动的发展而不断发展起来，并进一步推动着实践的发展，因此，在实践活动全面性发展的基础上，人的认识能力将是全面发展和不断提升的。

第四节

和谐的价值旨归

和谐是一种生存平衡和生活智慧，也是一种内外协调、上下有序的社会状态，是古往今来人们不断追求的价值理想，更是中国共产党领导下我国努力实现的奋斗目标之一。和谐的价值旨归不仅体现为中国特色社会主义的本质属性，内蕴着人的全面发展和构建人类命运共同体的价值取向，而且表达了人类文明新形态的品性特质，凸显了中国共产党对人类文明和谐的新型构建。

一、和谐是中国特色社会主义的本质属性

本质是一事物之所以成为一事物自身的内在规定性，是事物的根本性质。由于事物的本质不可能独自存在，其必然会存在于一定的关系之中，表现为本质属性，因此，本质属性就是事物内在规定性的外在表现。对于中国特色社会主义而言，其本质属性就是其自身所固有的，区别于其他社会形态的性质特征。虽然在 21 世纪之前中国共产党并没有明确指出中国特色社会主义的本质属性是什么，但他们在阐述社会主义外在特征时或多或少地涉及了这一问题，并将其与社会的稳定和谐相联系。如新中国成立初期，毛泽东就提出了，我们的目标就是要造成"一个又有集中又有民主，又有纪律又有自由，又有统一意志又有个人心情舒畅、生动活泼"的政治局面。进入 21 世纪，为了进一步加深对社会主义本质外在表现的全面认识，凸显中国特色社会主义的优越性，2006 年 10 月，胡锦涛在中共十六届六中全会第二次全体会议上第一次明确提出了"社会和谐是中国特色社会主义的本质属性"① 重大论断。这一论断不仅表达了和谐是中国特色社会主义的应有之义，而且强调了和谐是中国特色社会主义的内在要求和价值追求。2012 年 11 月，习近平总书记在十八届中共中央政治局第一次集体学习时明确强调："社会和谐是中国特色社会主义的本质属性，所以必须团结一切可以团结的力量，

① 胡锦涛. 胡锦涛文选：第 2 卷. 北京：人民出版社，2016：520.

最大限度增加和谐因素，增强社会创造活力，确保人民安居乐业、社会安定有序、国家长治久安。"①

第一，和谐是中国特色社会主义的应有之义。根据马克思主义的观点，任何事物都是以矛盾统一体的方式存在和发展的。在矛盾统一体中，和谐是事物在其矛盾得到妥善处理、正确解决时所呈现的一种状态。从一般意义来看，能够妥善处理和解决的矛盾都是不具有对抗性的，虽然它们之间有斗争，但其斗争总是以一种平和的形式进行的，因此，整个事物表现的仍是一种和谐状态。依据这样的逻辑思维，人类社会是在生产力与生产关系、经济基础与上层建筑的矛盾运动中不断发展的。由于不同发展阶段的基本矛盾的性质会有对抗与非对抗的不同，因此，社会形态在发展中也会呈现出不同的状态。如果基本矛盾是对抗性的，那么社会就可能出现斗争、革命等不稳定状态，反之，如果基本矛盾是非对抗性的，那么社会就会呈现出和谐状态。由此可见，一种社会形态是否具有和谐的本质属性，根本取决于社会形态的基本矛盾是不是对抗性的。在中国特色社会主义的发展过程中，其经济基础是以公有制为主体的，上层建筑是以共产党领导的人民民主专政的国家政权为核心的，这种经济基础和上层建筑决定了它们之间的基本矛盾是非对抗性的，即虽然有冲突、有矛盾，但这种矛盾是根本利益一致下的人民内部矛盾，可以通过改革不断实现社会主义制度的自我完善和发展，进而化解这种矛盾。基于此，胡锦涛在中共十六届六中全会第二次全体会议上

---

① 习近平. 紧紧围绕坚持和发展中国特色社会主义 学习宣传贯彻党的十八大精神. 人民日报，2012－11－19（2）.

明确指出，"社会主义社会开辟了通往高度和谐的未来社会的现实道路"①。综上，正是这种非对抗性决定了和谐是中国特色社会主义的应有之义。

第二，和谐是中国特色社会主义的内在要求。中国特色社会主义是中国共产党领导中国人民不断开创和推进的伟大事业。作为一项伟大事业，中国特色社会主义不仅需要积极推进经济建设以实现国家富强、推进政治建设以实现民主健全、推进文化建设以实现中华永续，而且更需要积极推进社会建设和生态文明建设以实现人与人、人与自然的和谐发展。其中，推进和谐社会建设是发展中国特色社会主义伟大事业的纽带和关节点。一方面，从"小社会"的角度出发，和谐为其他方面的建设提供了良好的社会条件和环境支撑，毕竟，只有整个社会是和谐的，社会中的每个人都能各尽其能、各得其所，经济才能发展、政治才能稳定、精神才能文明、生态才能良好，这正如 2005 年 2 月胡锦涛指出的，"加强社会主义和谐社会建设，使社会主义物质文明、政治文明、精神文明建设与和谐社会建设全面发展"②。另一方面，从"大社会"的角度出发，和谐贯穿和落实于其他方面建设的全过程中。和谐是中国特色社会主义发展中的一种平衡、协调和顺畅状态，它不仅要求经济建设、政治建设、文化建设、社会建设和生态文明建设五个方面彼此相互协调发展，形成整个社会的和谐共生，而且要求每一个建设内部也和谐发展，即：在经济建设方面协调各产业之间、区域之间的关系，不断增强

---

① 胡锦涛. 胡锦涛文选：第 2 卷. 北京：人民出版社，2016：523.
② 同①274.

发展的平衡性、协调性和可持续性；在政治建设方面坚持党的领导、人民当家作主、依法治国三者的有机统一，不断实现政治局面的安定、团结、有序；在文化建设方面以社会主义核心价值观为引领，发展社会主义先进文化，弘扬革命文化，传承中华优秀传统文化，全面铸就社会主义文化新辉煌；在社会建设方面完善体现效率、促进公平的分配制度，推进基本公共服务的均等化，不断续写社会长期稳定的奇迹；在生态文明建设方面协调好经济发展与环境保护之间的关系，促进人与自然的和谐共生。综上所述，和谐对促进经济发展、保持政治稳定、发展精神文明、维护社会稳定、推动绿色发展有着统合的功能和作用，其自然就成了中国特色社会主义事业不断推进和发展的内在要求。

第三，和谐是中国特色社会主义的价值追求。中国特色社会主义的最终目标是要实现共产主义。对于什么是共产主义这一问题，马克思和恩格斯早在《共产党宣言》中就有所阐述："代替那存在着阶级和阶级对立的资产阶级旧社会的，将是这样一个联合体，在那里，每个人的自由发展是一切人的自由发展的条件。"[1] 从马克思、恩格斯的这一表述来看，人的全面自由发展是共产主义社会最本质的特征，也是人与人和谐相处的最高境界，更是人类社会和谐发展的最高境界。由于实现人的全面自由发展就是要把人从社会关系的束缚中解放出来，而这种解放不可能是一蹴而就的，因此，其实现是一个分阶段、不断推进的过程。中国特色社会主义就是一个通过解放和发展生产力，逐步消灭剥削、消除两极分化，在推动人与人之间的关系发生根本性变化的基础上，最终达

---

① 马克思，恩格斯. 马克思恩格斯文集：第2卷. 北京：人民出版社，2009：53.

到共同富裕，进而实现社会和谐的历史阶段。在这一阶段，虽然阶级剥削和压迫制度已经消灭，但社会在一定的范围内依然存在着阶级和阶级斗争，可能在某些时候斗争还是很激烈的。可是从总的发展趋势来看，这种矛盾和斗争会越来越缓和，社会逐渐转变为不再以牺牲一部分人的自由发展为代价去换取另一部分人的自由发展，而是呈现为每一个人的自由发展是以其他人的自由发展为条件，并有利于其他人的自由发展的。由此可见，中国特色社会主义的发展过程就是社会不断追求和谐价值、表达社会和谐的过程。

二、和谐是人的全面发展的前提条件

如果说"和谐是中国特色社会主义的本质属性"是从社会发展的角度来明确和谐的价值指向的话，那么，"和谐是人的全面发展的前提条件"则是从人自身发展的角度来强调和谐的功能意义的。实现人的全面发展是马克思主义对和谐社会的经典诠释，也是中国共产党人不断构建和谐社会的价值目标。"人的全面发展"主要指人类的全面发展、全体人民的全面发展和个人的全面发展。"全面"是指"每个人都能得到作为'人'的平等发展、人的'本质力量'的完整发展、人的'社会关系'的和谐发展和人的'个性'的自由发展"[①]。而要达到这一点，人就需要不断摆脱自然、物和他人的束缚以实现自身在物质和精神上的富足。由于对各种外物的摆脱过程就是一个以和谐为前提，并不断追求和谐的过程，因此，在促进人的全面发展的过程中，和谐，一是以人与自

---

① 韩庆祥. 论人的全面发展的理论内涵和实现路径. 特区实践与理论，2022（4）.

然和谐共生为条件，使人逐步摆脱自然的束缚；二是以社会财富的不断增长为基础，使人逐步摆脱物的束缚；三是以人与人之间的自由平等为前提，使人逐步摆脱他人的束缚。具体而言：

首先，和谐使人逐步摆脱自然的束缚。自然界是"人类赖以生存发展的基本条件"[①]，也是"人的无机的身体"[②]。它不仅作为人类生产活动的一部分，为其提供物质资源，"自然界是人为了不致死亡而必须与之处于持续不断的交互作用过程的、人的身体"[③]，而且作为人类文明的生产对象和无机界，为人类发展提供可不断享用的精神食粮。在生产力不够发达的阶段，人类的物质资源和精神食粮完全受制于自然，自然是一种完全异己的、有无限威力的和不可制服的力量，人类"同自然界的关系完全像动物同自然界的关系一样，人们就像牲畜一样慑服于自然界"[④]，人受自然支配，与自然处于一种对立状态，其观念也就呈现为对自然的盲目崇拜。在这种社会状态下，实现人的生存发展都很艰难，更别说全面发展了。随着资本主义社会的到来，一方面，通过科学技术，"资本的伟大的文明作用"改变了前期人类把自然神化的现象，呈现为"把物质生产变成对自然力的科学支配"[⑤]，实现"自然力受人类支配"[⑥]，使自然完全服务于人的需要；另一方面，由于资本的逐利性，资本主义社会又存在着过度利用甚至掠夺自然的倾向。综上可见，资本

---

① 习近平. 高举中国特色社会主义伟大旗帜 为全面建设社会主义现代化国家而团结奋斗：在中国共产党第二十次全国代表大会上的报告. 北京：人民出版社，2022：49.
②③ 马克思，恩格斯. 马克思恩格斯文集：第1卷. 北京：人民出版社，2009：161.
④ 同②534.
⑤ 马克思，恩格斯. 马克思恩格斯文集：第2卷. 北京：人民出版社，2009：691.
⑥ 同②77.

虽然借助于科学使人不再受制于自然，但由于自身对利益最大化的不断追求，又使得人与自然进一步陷入敌对的关系之中，自然成了人敌视的对象。在这样一种敌对关系中，一方面，人类陶醉于战胜自然的喜悦中，另一方面，人类也时刻处于被自然报复的境域中，因此，人的全面发展是不可能实现的。到了共产主义社会，由于生产力的高度发展，"社会化的人，联合起来的生产者，将合理地调节他们和自然之间的物质变换，把它置于他们的共同控制之下，而不让它作为一种盲目的力量来统治自己"①。正是借助于共产主义的自由的、"联合起来的生产者"，人与自然不断和解，"人们第一次成为自然界的自觉的和真正的主人"②。当人类真正成为自然界的主人时，人也就成了自己的主人，人与自然之间的和谐共生才有可能实现。也只有人与自然和谐共生了，人的全面发展才有可能实现。由此可见，人正是在逐步摆脱自然的束缚过程中不断实现自身的全面发展的。

其次，和谐使人逐步摆脱物的束缚。按照马克思主义的观点，为了实现人的全面发展，除了不断化解人与自然之间的矛盾对立，在人与自然和谐共生中突破自然的束缚，还需要在推动社会财富的不断增长中追求和谐，以极大的物质丰富性来摆脱物的束缚。毕竟，只有在一个真正和谐的环境中，人才能实现社会财富的完全自由，才可能挣脱物的束缚，进而为实现自身的全面发展提供可能性条件，而"当人们还不能使自己的吃喝住穿在质和量方面得到充分保证的时候"，社会和谐不可能

---

① 马克思，恩格斯. 马克思恩格斯文集：第 7 卷. 北京：人民出版社，2009：928.
② 马克思，恩格斯. 马克思恩格斯文集：第 3 卷. 北京：人民出版社，2009：564.

得到保证，人也"就根本不能获得解放"①。当然，这里还应该注意的是，社会财富的增长必须建立在人对生产条件限制本身的全方位突破的基础上，如果人还受制于生产条件，与生产条件处于一种对抗性的不和谐状态，那么即便社会财富有所增加，人仍然要受到物的束缚，也即是说，这种束缚并不以财富的增加而变得松动和可以摆脱，自然，人的发展也就只能是某一方面的，而不是全面的。这正如马克思所提出的，"只要外在化的主要形式即私有制仍然存在"②，财富"这个同人的、精神的要素相对立的自然的、无精神内容的要素，就被捧上宝座，最后，为了完成这种外在化，金钱，这个财产的外在化了的空洞抽象物，就成了世界的统治者。人已经不再是人的奴隶，而变成了物的奴隶"③。因此，人要想真正实现全面发展，就需要以更高层面的和谐去改变与生产条件的对抗关系，也即通过破除私有制对人的限制来实现社会财富的极大增长。从人类的发展历史来看，在社会主义社会发展时期，虽然人已经成为社会的主人，但由于生产力还不够发达，社会分工依然存在，劳动仍是人们谋生的手段，人的全面发展仍然受到物的束缚。但这种对物的依赖毕竟与私有制条件下对物的依赖是不同的，它不仅是一种建立在非对抗性社会基本矛盾基础上的依赖，而且更是一种不断走向不依赖的依赖。随着和谐达到最高境界的共产主义社会的真正到来，生产力高度发达，一方面，社会财富"可以满足全体社会成员丰裕的消费和造成充

---

① 马克思，恩格斯. 马克思恩格斯文集：第 1 卷. 北京：人民出版社，2009：527.

② 同①94.

③ 同①94 - 95.

足的储备"①，另一方面，高度发达的教育也使人类摆脱了社会分工"给每个人造成的片面性"②。在这样的一种和谐发展境域中，"直接形式的劳动不再是财富的巨大源泉，劳动时间就不再是，而且必然不再是财富的尺度"③，每一个人都有充分的闲暇时间去寻求一切真正有价值的东西，以真正实现自身全面而充分的发展。

最后，和谐使人逐步摆脱他人的束缚。由于人的全面发展不仅体现为物质层面的高质量发展和富足，而且体现为精神层面的不断丰富和富有，因此，和谐最根本的是要以平等自由来不断推进人摆脱他人的束缚，最终实现人自身的精神自由。在人受制于自然和物的不和谐社会中，一方面，因为对自然认识的有限性，人总是对神灵等超自然的力量怀着崇拜和敬畏之心，其精神世界也就被宣扬神灵鬼怪的宗教所掌控，"人的幻想、人的头脑和人的心灵的自主活动对个人发生作用不取决于他个人，就是说，是作为某种异己的活动，神灵的或魔鬼的活动发生作用"④；另一方面，到了资本主义社会，由于生产条件的束缚，人的劳动并不是一种自愿的行为，而是一种被迫的强制行为，劳动的结果也不是满足自己的需要，而是满足其他人的需要。基于此，马克思、恩格斯就指出，虽然资本唤起了科学的一切力量，使人获得自由支配的时间，"给社会劳动生产力和一切生产者个人的全面发展以极大的推动"⑤，但事实上，这种自由支配的时间没有为个人丰富自身的精神世界提供支

---

① 马克思，恩格斯. 马克思恩格斯文集：第3卷. 北京：人民出版社，2009：258.
② 马克思，恩格斯. 马克思恩格斯文集：第1卷. 北京：人民出版社，2009：689.
③ 马克思，恩格斯. 马克思恩格斯文集：第8卷. 北京：人民出版社，2009：196.
④ 同②160.
⑤ 同①465.

撑，反而被用于创造剩余价值，使人陷入更深刻的对他人的依赖之中。只有社会的和谐达到最高境界，也即在共产主义社会，"由社会全体成员组成的共同联合体来共同地和有计划地利用生产力；把生产发展到能够满足所有人的需要的规模；结束牺牲一些人的利益来满足另一些人的需要的状况；彻底消灭阶级和阶级对立；通过消除旧的分工，通过产业教育、变换工种、所有人共同享受大家创造出来的福利，通过城乡的融合，使社会全体成员的才能得到全面发展"[①]，和谐才最终使人真正摆脱了他人的束缚，全方位地指向了人的全面发展。

三、和谐是命运共同体发展的意义呈现

对于和谐而言，其价值旨归不仅指向中国特色社会主义的本质属性和人的全面发展，而且指向命运共同体的生成和发展状态。所谓命运共同体是"命运"与"共同体"内在精神的有机融合。这里的"命运"是指共同体成员之间的一种生死相依、荣辱与共、休戚相关的必然联系，它"既是现实生活情境的综合化体现，表征着彼此之间已经因共同生活而发生了谁也离不开谁的密切联系，又是迎战未来生活和拥有未来生活必须具备的一种运程和禀赋，要求彼此之间不能不把彼此的生死存亡当作性命攸关的大事"[②]，其不仅表达着人类对既定关系和彼此交融事实的把握，而且呈现为人类对未来关系和发展前途的一种价值设定和意义追求。"共同体"是指个体出于"本质意志"，为了避免自身可能出现的

---

① 马克思，恩格斯. 马克思恩格斯文集：第1卷. 北京：人民出版社，2009：689.
② 王泽应. 命运共同体的伦理精义和价值特质论. 北京大学学报（哲学社会科学版），2016
（5）.

生存和发展危机而主动建构的人与人之间的关系有机体，它不仅使人获得超越危机的信心，更使人获得迎战未来的力量，给人以患难与共、休戚相关的依存感。基于此，两词合并后的"命运共同体"是指在特定的历史阶段和现实生活中，在自然规律和社会客观规律的支配下，基于不同人类个体会有的共同的感受、意识和共同命运，为了更好地生存和发展，个体主动构建的一种利益共生、价值共识和责任共担、成果共享的人类群体类型，其本质意义指向于共生、共赢和共享。其中，共生是和谐的最优化状态，共赢是和谐的内在品质追求，而共享则是和谐的美德呈现，它们共同指向"各尽其能""各得其所""共享共长"的和谐社会，彰显了命运共同体的和谐意蕴。

第一，和谐凸显了命运共同体发展的共生意蕴。作为中华文明的重要特征，和谐最基本的表现是一种内外协调、上下有序，配合得当且均匀的整体存在状态，换句话说，就是一种协同共济的"不散的精神"①。这种"不散"本身就蕴含着人类彼此关联与互助的价值，体现为一种"共生"的存在方式。这正如庄子所述，"天地与我并生，而万物与我为一"，整个世界就是一个因共生而和谐的存在体。由于共生是人类之间、自然之间以及人与自然之间形成的一种相互依存、相得益彰的命运关系，其本质是共存与合作，因此，这种命运关系不仅表现为"共存在"，而且表现为"共合作"，它是命运共同体的内在要求和基本特征。具体而言：

一方面，和谐彰显了命运共同体发展的"共存在"状态。"共存在"

---

① 吴新颖，皮伟兵. 和谐社会构建的理论思考. 长沙：湖南师范大学出版社，2007：1.

是指任何事物的存在都离不开他者的存在，都是以他者的存在为前提的，如果离开了他者的存在，这一事物的存在就会因为缺少必要的基础和协同而不复存在。因此，"共存在"是共生的基本要求和呈现形式。这正如王中江所指出的，个体的位置，个体与个体之间的关系空间，始终是共在、共存和共生的一体和整体的关系①。在命运共同体中，由于命运的"共通"与息息相关，"共存在"就呈现为所有事物的"各归其位"和"各司其职"，是一种"美满的适应"状态。而要实现这种"共存在"，一种和谐共生的发展状态就是最基本的前提条件，也是最能体现"共存在"的表达方式。毕竟，从人类的发展状态来看，无论是东方文明还是西方文明，和谐都表现为宇宙万物的各归其位、各得其所和各行其道，是一种"万物并育而不相害，道并行而不相悖"的状态。正是从这一意义上理解，和谐彰显了命运共同体发展的"共存在"状态。

另一方面，和谐凸显了命运共同体发展的"共合作"状态。为了不断实现命运共同体的发展，共生的价值意蕴不仅表现为"共存在"，而且强调要在"共存在"基础上实现"共合作"，共生就是一种"倾向于合作、结合的创造精神"②。在这"共生"的价值范式中，"共合作"是指命运共同体中的各要素既相宜相生、相得益彰，又互助互利、配合共进，它是"共存在"实现稳固可靠的进一步发展，各种存在只有互相配合才能使每个存在达到其可能的最优状态③。而要想达到"共合作"，命运共同体就需要呈现出和谐的发展状态。和谐是一种强调积极进取的

---

①　王中江. 关系空间、共生和空间解放. 中国高校社会科学，2017（2）.

②　孙国柱. 共生概念与中国哲学的现代诠释. 北京大学学报（哲学社会科学版），2023（6）.

③　赵汀阳. 共在存在论：人际与心际. 哲学研究，2009（8）.

"共存在"，是"达到共生关系的最优化"①，因此，在这一达到共生关系最优化的过程中，和谐以其自身内涵中的"配合得当""合群济众""互助共创"强调和彰显了命运共同体发展中的"共合作"状态。

第二，和谐强调了命运共同体发展的共赢意蕴。在人类社会的不断发展过程中，和谐并不是社会从来就有的天然属性，并不是社会的自然状态②。它是人类进入文明时代之后，为了摆脱自身充满私欲、自私自利且相互仇视的自然状态，结束所有人反对所有人的战争状态而人为建构的，是命运共同体治理和向善的结果。在治理和向善的过程中，要想实现共同体的不断发展，成员之间的共存共生仅仅是一个前提，其更为重要的是命运共同体中各成员要摆脱零和博弈，以和谐实现利益共赢，在利益共赢中进一步推进社会和谐。只有共同获益、共得共赢，命运共同体才能保持和谐，并持续发展，当然，也正是因为有了和谐发展，共同体才能不断实现利益共赢。基于此，和谐不仅是命运共同体利益共赢的内在要求，而且是命运共同体利益共赢的价值目标，其本身蕴含着惠及众人、泽被天下、共同进步的意义取向，呈现为一种既"各尽其能"又"各得其所"的互利共赢状态。

一方面，和谐彰显了命运共同体共赢发展的"各尽其能"。所谓的"各尽其能"是以人要活动和表现自己能力、发展自己能力为基础的，呈现为人在一切自己愿意表现其能力和个性的领域，自由地和充分地发挥和发展自己的体力、智力和创造能力，充分地实现自己个性的丰富性

---

① 袁纯清. 和谐与共生. 北京：社会科学文献出版社，2008：3.

② 汪信砚. 价值共识与和谐世界. 武汉大学学报（哲学社会科学版），2017（5）.

和多样性①。从马克思主义的观点来看，这里的"各尽"彰显了人类只要自己愿意表现和发展能力，不管是否为优势能力，共同体就能够以命运攸关为准则，给予每一个成员充分的平台和机会使其能力最大限度地表现和发展出来，而不是使能力被压抑和束缚，这是共赢的首要表现。毕竟，共赢最先在的要求就是每一个人都能按照自己的意愿，最大限度地发挥自身能力。而这种最大限度地发挥要在协调有序的和谐状态中才可能实现，在一个混乱无序的斗争状态中是不可能发挥出来的。作为人类社会的理想追求，和谐是一种内外协调、上下有序的状态②，只有在这种状态中，共同体才能真正做到"万物并育而不相害"、并行并进而共赢。基于此，和谐体现了命运共同体"各尽其能"的共赢意蕴。

另一方面，和谐彰显了命运共同体共赢发展的"各得其所"。命运共同体的观念首先蕴含了一种关系型、结构型的思维方式③，其侧重于从关系和结构的整体性角度来理解和把握共同体中每一个成员的发展状态，因此，在命运共同体中，由于共同体成员的命运相关性，为了实现其共同发展，每一个成员不仅要"各尽其能"，而且更要"各得其所"。所谓"各得其所"就是指每一个共同体成员都应该得到他自身应该得到和能够得到的利益和东西，它是共同体中各个成员共赢发展的内在指向和最终目标。其中，"应该得到"是共同体成员的合法权利所赋予的，由社会运行发展的环境与状态决定，"能够得到"则是根据共同体中每一个成员的能力高低、努力程度和贡献大小的不同所计算的能得到的回

---

①　李延明. 论各尽所能. 马克思主义研究，1986 (1).

②　樊跃发. 和谐视阈下的历史脉动. 北京：中国社会科学出版社，2009：1.

③　倪培民. 作为哲学理念的"命运共同体"与"合作共赢". 哲学分析，2017 (1).

报。无论是要得到"应该得到"的，还是要得到"能够得到"的，命运共同体内部都需要呈现出一种和谐有序的状态。这种和谐状态，在本质上，彰显了成员间"多样化的统一"，即虽然每一个成员的能力、努力程度、贡献各不相同，但为了实现共赢发展，他们都需要在各尽其能的基础上得其所得，"和"的状态就是万物各在其位、各有其分、各得其所的状态①。正是基于此，党的十六届四中全会提出，为了构建社会主义和谐社会、巩固党执政的社会基础、实现党执政的历史任务，要形成"全体人民各尽其能、各得其所而又和谐相处"②的社会。

第三，和谐表达了命运共同体发展的共享意蕴。共享是古老的文明，也是古老的美德③。由于命运共同体既是一个利益共同体，也是一个价值共同体，因此，每一个共同体成员不仅要共同从事劳动，维护共同利益，实现利益共享，而且要在相互交往中基于维护共同利益的需要而形成共同价值，实现价值共享。这种价值共享是区别于"普世价值"的一种包容性、普惠性的共享价值，它是利益共享的提炼与升华，利益共享与价值共享都是共同体的理想性目标。基于此，为了推动命运共同体的高质量发展，和谐从"关系"出发，以自身内蕴的"公平正义""和而不同"等价值理念，不断彰显命运共同体的利益共享与价值共享。

一方面，和谐彰显了命运共同体中的利益共享。利益共享是命运共同体中的利益主体在合理差异和互惠互利基础上形成的对社会共同利益

① 钱逊. "和"：万物各得其所. 清华大学学报（哲学社会科学版），2001 (5).
② 中共中央关于加强党的执政能力建设的决定. 求是，2004 (19).
③ 卢德之. 论资本与共享：兼论人类文明协同发展的重大主题. 北京：东方出版社，2017：180.

的公平享有，它是命运共同体存在和发展的基本前提。在不断追求利益共享的过程中，由于利益主体的多元化，共同体需要在实现社会利益最大化的基础上，以公平正义为原则来协调多样化的利益关系。利益共享就是要公平地对待社会中的每个人，使得社会成员在社会共同体中拥有平等的权利和享有应得的利益①。而作为人类社会的理想共同体形态，和谐，在本质上是使不同事物的利益关系"'相应'且'配合得当'，使多种要素相'统一'"②。为了做到这种"相应"与"得当"，就需要以追求公平正义为目标，以实现公平正义为己任，公平正义，既是社会主义和谐社会的重要标志，也是社会主义和谐社会的重要价值标准③。毕竟，只有一个和谐发展的共同体才能通过公平正义不断地协调利益主体之间的关系，妥善处理其多样化的利益诉求，也才能真正实现多元共存、差异共生和利益共享，进而为共同体提供一种获得性体验。由此可见，指向公平正义的社会和谐彰显了命运共同体中的利益共享要求。

另一方面，和谐彰显了命运共同体中的价值共享。在命运共同体的发展过程中，如果说利益共享是共同体得以持续发展的基本条件，那么建立在利益共享基础上的价值共享则是共同体永续性向善发展的根本动力。所谓的价值共享是指共同体成员为了避免价值分歧和冲突，以人类的共同价值为准则，在不断达成价值共识的过程中，形成共性的可以分享的价值情感、价值认知、价值评判和价值信念的过程和状态，其中，达成价值共识是价值共享的前提基础，没有达成价值共识，就不可能实

---

① 何影. 利益共享：和谐社会的必然要求. 求实，2010（5）.
② 漆玲. 和谐社会思想的由来. 天津：天津人民出版社，2006：2.
③ 孙书行，张仲华. 和谐与发展. 北京：中国社会科学出版社，2009：256.

现价值共享。基于此，为了实现价值共享，共同体最根本的先在目标是达成价值共识。"价值共识是保证命运共同体顺利生存的精神枢纽和安身立命之本。"① 而作为命运共同体的一种理想发展趋势，和谐的本质在于"和而不同"。"和而不同"是宇宙万物对立相生、互立互存、矛盾统一的世界观，它主张多元一统的处事原则，其不仅能够包容不同的价值思维观念，而且能够吸纳不同价值思维观念的优点，最大限度地凝聚价值共识。和而不同是一种差异共存的价值观，是社会和谐的理论基石②。综上可见，内蕴着"和而不同"意义的和谐不仅是价值共识形成的前提条件，而且是价值共识形成的内在要求，其在不断达成价值共识的过程中，充分彰显了命运共同体中的价值共享意蕴。

四、和谐是创造人类文明新形态的品性特质

2021 年，习近平总书记在庆祝中国共产党成立 100 周年大会上，首次提出了人类文明新形态的重大命题，他指出，我们坚持和发展中国特色社会主义，推动物质文明、政治文明、精神文明、社会文明、生态文明协调发展，在"创造了中国式现代化新道路"的基础上，全力"创造了人类文明新形态"③，拓展了发展中国家走上现代化的实现途径。从习近平总书记的这一表述可以看出，以中国式现代化为文明底本、以中国特色社会主义为文明图景的人类文明新形态，一是生成于百年中国

---

① 王泽应. 命运共同体的伦理精义和价值特质论. 北京大学学报（哲学社会科学版），2016（5）.

② 刘松. 和而不同的社会观：凝聚价值共识的思想原点. 山东社会科学，2023（6）.

③ 习近平. 在庆祝中国共产党成立 100 周年大会上的讲话. 人民日报，2021 - 07 - 02（2）.

共产党追求国家和谐发展的奋斗过程中；二是形成于中国共产党不断推进社会主义五大文明和谐发展的过程中；三是指向于一种超越"斗争"创造"和谐"新型文明观的构建过程中。基于此，这种人类文明新形态的本质就是一种"文明的和谐"，和谐不仅为人类文明新形态的生成奠定了前提基础，为其发展提供了实现路径，而且更是为其创新指明了发展方向。

　　第一，和谐为人类文明新形态的生成奠定了前提基础。作为一种文明的存在形式和具体样态，人类文明新形态是人类社会发展到一定阶段的产物，是人类社会形态和文明形态在当前发展阶段的具体呈现，是在中国式现代化发展进程中创造的文明形态，反映了社会主义文明与中华文明的深度融合①。具体而言，这种文明新形态，一是立足于"人类社会或社会的人类"，侧重于每一个文明形态或文明单位在平等互助基础上的统一性，突出了文明本身所具有的人性向善的共性维度；二是强调"新形态"，凸显出这种新形态的文明不是"简单延续我国历史文化的母版，不是简单套用马克思主义经典作家设想的模板，不是其他国家社会主义实践的再版，也不是国外现代化发展的翻版"②，而是一种既传承和弘扬中华优秀传统文化，又吸收和借鉴世界人类文明积极成果的具有鲜明中国特色、中国风格、中国气派的新型文明。由此可见，人类文明新形态的生成并不是一个孤立的局限于中国自身的单线过程，它是多样化文明交流互鉴的产物，是吸收借鉴人类一切文明精华的成果，是文明

---

　　① 杨彬彬. 论人类文明新形态的阐释逻辑和建构路径. 江西师范大学学报（哲学社会科学版），2023（6）.

　　② 习近平. 习近平谈治国理政：第 3 卷. 北京：外文出版社，2020：76.

交流互鉴的生动展现①。正是因为多样化文明的客观存在与不断交融，人类文明新形态才得以生成。

要实现文明的交流与互鉴，和谐是一个先在的基本条件。首先，和谐尊重文明的多样化。和谐的本质在于追求一种"和而不同"，即"和"是以"不同"或者"多"为前提的，"和"追求的是"多样化"的"和"，是"不同"的相互包容、共生共长。因此，和谐不仅内蕴着文明的多样化，而且也只有在和谐的境遇中，只有文明的多样化得到尊重和发展，人类文明新形态才能生成。其次，和谐要求文明的平等性。对于和谐而言，尊重文明的多样化是其内在要求和本分所在，而要想真正体现文明多样化的发展优势，生成新的文明形态，其必然要求文明的平等性。毕竟，只有在和谐的境遇中，文明的平等性才能得以彰显，换句话说，如果文明的平等得到了保证和维护，和谐的社会状态自然会形成，而如果没有各个文明之间的平等，和谐也就根本不可能存在。因此，只有秉持一种指向平等的和谐价值观，人类的文明新形态才有可能生成。最后，和谐倡导文明的共进性。和谐不是和而不动、僵化单一的，它是一种动态的、开放的平衡状态。这种开放的、平衡的发展境域极大促进了各种文明的共生与共进，和谐使得任何一种文明都可以在开放和交往中最大限度地利用世界上的一切先进成果获得自身的迅速崛起②，从而创造人类文明新形态。

第二，和谐为人类文明新形态的发展提供了实现路径。从本质上来

---

① 杨彬彬. 论人类文明新形态的阐释逻辑和建构路径. 江西师范大学学报（哲学社会科学版），2023（6）.

② 颜旭. 文明的和谐：中国现代化的战略选择. 广州：暨南大学出版社，2015：29.

看，人类文明新形态是一种主张文明共存对话、交流互鉴的新文明。在这一新文明的发展过程中，和谐促进了中华文明、社会主义文明、现代化文明三者之间的互鉴交融，形成了中国特色社会主义的文明形态。

一方面，和谐实现了中华文明与社会主义文明的交融。和谐意味着开放，一个和谐的机体，要素与要素之间，机体与环境之间，必是开放的，而不是封闭的，开放使自己与外物融为一体，封闭使自己自绝于环境，而离开环境的事物是不和谐的，也是不能存续的①。中华文明是世界上古老的文明之一，其本身具有多元复合性的特征，是多元文化要素层层叠加，不断吸纳、累进的产物。虽然社会主义文明是人类文明发展的最新成果，代表着人类文明的进步方向，但在当下民族国家仍然存在的历史阶段，它必然会在不同的民族国家推进和延展，呈现为不同民族国家的具体的文明形态。基于此，在和谐的开放境域中，社会主义文明积极根植中国大地，吸收中华文明，形成社会主义文明的中国形态；中华文明也在与社会主义文明相融合的基础上，实现了自身的创造性转化与创新性发展，呈现出了中华文明的社会主义形态。而无论是社会主义文明的中国形态，还是中华文明的社会主义形态，归根到底都是社会主义文明与中华文明充分交融的结果。

另一方面，和谐实现了中华文明与现代化文明的交融。从人类文明新形态的发展过程来看，中华文明除了与社会主义文明不断交融共进，还积极与现代化文明充分互鉴，以中国式现代化进一步发展中国特色社会主义的文明新形态。由于和而不同、兼收并蓄、强调互补互鉴是和谐

---

① 吴新颖，皮伟兵. 和谐社会构建的理论思考. 长沙：湖南师范大学出版社，2007：8.

的内在品质，因此，为了推进中国特色社会主义文明新形态的发展，和谐不仅以其自身的兼收并蓄，实现了中华文明对现代化文明中"以工业革命和科技创新为发展动力"，以现代市场经济为依托，"以工业化、市场化、民主化、城市化、个体化、绿色化等为标志"① 的工业文明的学习和借鉴，而且更是"以文明交流超越文明隔阂、文明互鉴超越文明冲突、文明共存超越文明优越"② 的包容性、互补性和创新性，实现了中国式现代化文明对西方式现代化文明的交流互鉴。由此可见，中国特色社会主义文明新形态本身就是借鉴不同文明成果，并以实际行动践行相互尊重、彼此借鉴的和谐共存理念的产物。

第三，和谐为人类文明新形态的创新指明了发展方向。对于人类文明新形态而言，其本身并不是一个一劳永逸的结果，而是不断发展的，"'创造了人类文明新形态'指的是'形成了'人类文明新形态，而不是'完成了'人类文明新形态"③。因此，在面向共产主义文明的发展过程中，人类文明新形态必然会在新时代已经创造并基本成型的基础上进一步丰富和发展自身。创新发展的方向不仅需要关注自身的进步，也需要关注世界的繁荣。具体而言，一是指向中华文明的未来期许，二是指向人类文明的美好愿景。要不断朝着而不是偏离这个方向发展，和谐就是人类文明新形态得以创新发展的一种必然选择。

一方面，和谐明确了中华文明的创新方向。中华文明是人类文明新

---

① 戴木才. 论中国式现代化的创造性发展. 哲学研究，2023（12）.

② 习近平. 决胜全面建成小康社会 夺取新时代中国特色社会主义伟大胜利：在中国共产党第十九次全国代表大会上的报告. 人民日报，2017-10-28（1）.

③ 刘建军. 论中国特色社会主义创造了人类文明新形态. 中国社会科学，2023（3）.

形态的精神血脉和文化根脉，其需要世代坚守、永续发展。而要做到这一点，中华文明就需要不断地推进自身的创造性转化和创新性发展，以保持自身的生命活力。在不断推进中华文明创新发展的过程中，和谐，一是以其蕴含的包容性彰显了其对文明多样性的尊重。这种尊重使得"人类文明多样性赋予这个世界姹紫嫣红的色彩，多样带来交流，交流孕育融合，融合产生进步"①，并最终实现了中华文明的赓续绵延。二是以其蕴含的开放性表达了其对文明互鉴性的守护。和谐强调开放，开放意味互鉴。只有交流互鉴，中华文明才能兼收并蓄、博采众长，与时俱进。也正是基于此，中华文明形成了同其他文明不断交流互鉴的开放体系。这种开放体系不仅使得中华文明能够走入其他文明的深处，而且使得中华文明打开了通往其他文明的大门，从而拓展了中华文明的发展大道，使得中华文明在兼收并蓄中始终历久弥新。

另一方面，和谐推进了人类文明的繁荣进步。在人类文明新形态的创新发展过程中，和谐除了明确中华文明的创新方向，还推进了人类文明的繁荣进步。其一，和谐实现了人类文明的繁荣。具体而言，要实现文明的繁荣，就必须推进文明的多样化，世界上只有一种或几种文明，则不能说人类文明是繁荣的。而多样化的文明一定是在和谐的环境下存在的，不断的冲突斗争很难实现各个文明的繁荣发展。其二，和谐促进了人类文明的进步。由于人类文明就是人类不断摆脱愚昧、落后，趋向真正自由的发展过程和状态，其进步一定指向各个文明的共同发展。在

---

① 中共中央文献研究室. 十八大以来重要文献选编：中. 北京：中央文献出版社，2016：697.

不断追求每一种文明发展的过程中，和谐倡导的不同文明的相互尊重、平等交往、包容差异、真诚互助是其进步的先决条件。其不仅促进了对世界文明多样性的尊重，推动了对全人类共同价值的弘扬，而且有利于各个文明的交流共进，开创"世界各国人文交流、文化交融、民心相通新局面，让世界文明百花园姹紫嫣红、生机盎然"[①]，从而为人类文明进步注入源源不断的动力。

---

① 习近平. 携手同行现代化之路. 人民日报，2023-03-16（2）.

第四章

国家层面社会主义核心价值观的实践路径

　　培育和践行社会主义核心价值观是凝魂聚气、强基固本的基础工程。党的十八大以来，习近平总书记把社会主义核心价值观建设作为基础工程和战略任务摆在突出位置，围绕"两个一百年"奋斗目标和以中国式现代化全面推进中华民族伟大复兴的宏伟蓝图，统筹国内国际两个大局，创造人类文明新形态，对培育和践行富强、民主、文明、和谐的国家层面社会主义核心价值观提出了一系列新论述、新部署，提出要坚持实现高质量发展，发展全过程人民民主，丰富人民精神世界，实现全体人民共同富裕，促进人与自然和谐共生，推动构建人类命运共同体，在经济、政治、文化、社会、生态文明等多个领域实现协同推进。这就为我们在新时代进一步发挥社会主义核心价值观的价值引领作用、全面建成社会主义现代化强国和实现中华民族伟大复兴提供了不竭的精神动力和基本的价值遵循。

第一节

以高质量发展推动全面建成社会主义现代化强国

　　全面建设社会主义现代化国家、实现中华民族伟大复兴是中国共产党百余年来始终不渝的强国梦想。百余年来，中国共产党团结带领中国人民为实现中华民族伟大复兴而始终不渝地奋斗。党的十九大报告指出：中国特色社会主义进入新时代，意味着近代以来久经磨难的中华民族迎来了从站起来、富起来到强起来的伟大飞跃，迎来了实现中华民族伟大复兴的光明前景。在庆祝中国共产党成立 100 周年大会上，习近平总书记庄严宣告，"我们实现了第一个百年奋斗目标，在中华大地上全面建成了小康社会，历史性地解决了绝对贫困问题，正在意气风发向着全面建成社会主义现代化强国的第二个百年奋斗目标迈进。"在党的二十大报告中，习近平总书记进一步指出："从现在起，中国共产党的中心任务就是团结带领全国各族人民全面建成社会主义现代化强国、实现第二个百年奋斗目标，以中国式现代化全面推进中华民族伟大复兴。"把我国建设成为综合国力和国际影响力领先的社会主义现代化强国，这是新时代新征程中国共产党的使命任务，更是一项伟大而艰巨的事业，必须全面深化改革，推进中国式现代化，聚焦构建高水平社会主义市场经济体制，充分发挥市场在资源配置中的决定性作用，更好发挥政府作用，大力推进现代化产业体系建设，完善城乡融合发展体制机制，促进区域协调发展，推动高水平对外开放，加快构建新发展格局，推动高质量发展，不断夯实全面建设社会主义现代化国家的物质基础。

一、构建高水平社会主义市场经济体制

从党的十二大提出"计划经济为主、市场调节为辅"，到党的十三大提出"社会主义有计划商品经济的体制，应该是计划与市场内在统一的体制"，我们党越来越认识到市场调节在经济社会发展中的作用。党的十四大明确提出了建立社会主义市场经济体制的改革目标，实现了我

们党对社会主义经济体制认识上的历史性突破。党的十五大提出"使市场在国家宏观调控下对资源配置起基础性作用"，党的十六大提出"在更大程度上发挥市场在资源配置中的基础性作用"，党的十七大提出"从制度上更好发挥市场在资源配置中的基础性作用"，党的十八大提出"更大程度更广范围发挥市场在资源配置中的基础性作用"。进入新时代，以习近平同志为核心的党中央立足于新的历史起点，围绕加快完善社会主义市场经济体制和深化经济体制改革，提出了一系列重要举措和战略部署。党的十八届三中全会明确提出"使市场在资源配置中起决定性作用和更好发挥政府作用"，深化了对政府和市场关系的认识，标志着社会主义市场经济发展进入一个新阶段。党的十九届四中全会首次将社会主义市场经济体制纳入社会主义基本经济制度中，进一步拓展了我国基本经济制度的内涵，标志着社会主义市场经济体制已经日臻成熟。党的二十大着眼于全面建设社会主义现代化国家的历史任务，进一步提出构建高水平社会主义市场经济体制并进行了战略部署。

习近平总书记在十八届中央政治局第二十八次集体学习时指出："在社会主义条件下发展市场经济，是我们党的一个伟大创举。我国经济发展获得巨大成功的一个关键因素，就是我们既发挥了市场经济的长处，又发挥了社会主义制度的优越性。"在党的二十届三中全会上，习近平总书记进一步强调："高水平社会主义市场经济体制是中国式现代化的重要保障。"经过长期的努力，我国经济发展取得了巨大成就，但在新时代新征程，我们将面对纷繁复杂的国际国内形势，面对新一轮科技革命和产业变革，面对人民群众新期待，推动高质量发展依然面临发展不平衡不充分的突出问题。比如，市场体系仍不健全，市场发育还不充分，政府和市场的关系尚未完全理顺，创新能力不适应高质量发展要求，产业体系整体大而不强、全而不精，关键核心技术受制于人的状况没有根本改变，农业基础还不稳固，城乡区域发展和收入分配差距仍然较大，民生保障、生态环境保护仍存短板，等等。这些发展中的问题对进一步全面深化经济体制改革提出了更高的要求，必须围绕处理好政府和市场的关系这个核心问题，聚焦经济体制改革重点领域和关键环节，全面建成高水平社会主义市场经济体制，为全面建成社会主义现代化强国提供强大动力和制度保障。

首先，处理好政府和市场的关系。处理好政府和市场的关系，是经济体制改革的核心问题，其实质就是要处理好在资源配置中市场起决定性作用还是政府起决定性作用这个问题。党的十八大以来，以习近平同志为核心的党中央多次强调，要构建既"放得活"又"管得住"的高水平社会主义市场经济体制。其一，放得活，就是要充分发挥市场在资源配置中的决定性作用。"理论和实践都证明，市场配置资源是最有效率的形式。市场决定资源配置是市场经济的一般规律，市场经济本质上就是市场决定资源配置的经济。健全社会主义市场经济体制必须遵循这条规律，着力解决市场体系不完善、政府干预过多和监管不到位问题。"构建高水平社会主义市场经济体制，必须进一步发挥市场机制作用，不断完善市场体系，创造更加公平、更有活力的市场环境，实现资源配置效率最优化和效益最大化。其二，管得住，就是要更好发挥政府作用。习近平总书记反复指出：市场在资源配置中起决定性作用，并不是起全部作用。发展社会主义市场经济，既要发挥市场作用，也要发挥政府作用，但市场作用和政府作用的职能是不同的。政府的职责和作用主要是保持宏观经济稳定，加强和优化公共服务，保障公平竞争，加强市场监管，维护市场秩序，推动可持续发展，促进共同富裕，弥补市场失灵。加大政府职能转变力度，既积极主动放掉该放的权，又认真负责管好该管的事，从"越位点"退出，把"缺位点"补上。

其次，坚持和落实"两个毫不动摇"。一是毫不动摇巩固和发展公有制经济。生产资料公有制是社会主义制度区别于资本主义制度的根本特征，国有企业是推进国家现代化、保障人民共同利益的重要力量。目前，国有企业总体上已经同市场经济相融合，但仍然积累了一些问题，存在一些弊端，必须进一步推进改革，推进国有经济布局优化和结构调整，推动国有资本向关系国家安全、国民经济命脉的重要行业和关键领域集中，向关系国计民生的公共服务、应急能力、公益性领域等集中，向前瞻性战略性新兴产业集中，增强国有经济的核心竞争力，不断夯实中国特色社会主义的重要物质基础和政治基础。二是毫不动摇鼓励、支持、引导非公有制经济发展。公有制经济和非公有制经济都是社会主义市场经济的重要组成部分，都是我国经济社会发展的重要基础。在"全面建设社会主义现代化国家的新征程中，我国民营经济只能壮大、不能弱化，不仅不能'离场'，而且要走向更加广阔的舞台"。构建高水平社会主义市场经济体制，需要进一步充分发挥非公有制经济的重要作用。着眼于推动非公有制经济发展，习近平总书记在党的二十届三中全会上指出，坚持致力于为非公有制经济发展营造良好环境和提供更多机会的方针政策，保证各种所有制经济依法平等使用生产要素、公平参与市场竞争、同等受到法律保护，完善中国特色现代企业制度，弘扬企业家精神，支持和引导各类企业提高资源要素利用效率和经营管理水平、履行社会责任。

最后，构建全国统一大市场。构建全国统一大市场，是构建高水平社会主义市场经济体制的内在要求，同时也是构建新发展格局、推动高质量发展的重要支撑。党的十八大以来，以习近平同志为核心的党中央从党和国家事业发展全局和战略高度对构建全国统一大市场进行了一系列重要部署。一是要规范不当市场竞争和市场干预行为，清理和废除妨碍全国统一市场和公平竞争的各种规定和做法，加强公平竞争审查刚性约束，强化反垄断和反不正当竞争，规范地方招商引资法规制度，严禁违法违规给予政策优惠行为。二是要强化统一的市场监管，建立健全统一规范、信息共享的招标投标和政府、事业单位、国有企业采购等公共资源交易平台体系，实现项目全流程公开管理，提升市场综合监管能力和水平。健全国家标准体系，加快强制性国家标准的制定和修订，深化地方标准管理制度改革。三是要完善市场制度和规则，推动生产要素畅通流动、各类资源高效配置、市场潜力充分释放。要深化要素市场化改革，引导资源要素向先进生产力集聚，完善主要由市场供求关系决定要素价格机制，防止政府对价格形成的不当干预，健全劳动、资本、土地、知识、技术、管理、数据等生产要素由市场评价贡献、按贡献决定报酬的机制。四是要完善流通体制，加快发展物联网，健全一体衔接的流通规则和标准，降低全社会物流成本，深化综合交通运输体系改革。

深化能源管理体制改革，建设全国统一电力市场，优化油气管网运行调度机制。五是要加快培育完整内需体系，把超大规模市场优势和巨大内需潜力充分激发出来。要完善投资体制机制，健全政府投资有效带动社会投资体制机制；要深化投资审批制度改革，持续破除民间投资各类准入壁垒，完善激发社会资本投资活力和促进投资落地机制；要完善扩大消费长效机制，减少限制性措施，合理增加公共消费，积极推进首发经济。

二、大力推进现代化产业体系建设

现代化产业体系是现代化国家的物质技术基础，是推进中国式现代化的重要支撑。习近平总书记在党的二十大报告中强调："没有坚实的物质技术基础，就不可能全面建成社会主义现代化强国。"党的十八大以来，以习近平同志为核心的党中央全面贯彻新发展理念，不断深化对我国经济发展阶段性特征和规律的认识，明确提出坚持以推动高质量发展为主题，大力推进现代化产业体系建设。党的二十届三中全会进一步强调，要以新发展理念引领改革，立足新发展阶段，围绕发展以高技术、高效能、高质量为特征的生产力，深化供给侧结构性改革，加强新领域新赛道制度供给，建立未来产业投入增长机制，以国家标准提升引领传统产业优化升级，促进各类先进生产要素向发展新质生产力集聚，完善推动高质量发展激励约束机制，塑造发展新动能新优势。

第一，加快发展新质生产力。习近平总书记创造性提出"发展新质生产力"，这是对马克思主义生产力理论的创新发展。发展新质生产力是全面贯彻新发展理念、扎实推动高质量发展的现实需要，也是适应新一轮科技革命和产业变革促进生产力跃升、赢得发展主动权的时代要求。新时代，围绕加快发展新质生产力，一是要提升产业体系现代化水平。经过长期发展，我国传统产业在规模体量、结构体系、技术水平、国际市场占有率等方面取得显著成效，但同时也存在着"大而不强""全而不精"，部分领域"产能冗余"等问题，必须以国家标准引领传统产业改造升级，包括培育壮大新兴产业，布局未来产业，完善推动新一代信息技术、人工智能、航空航天、新能源、新材料、高端装备、生物医药、量子科技等战略性产业发展政策和治理体系，用数智技术、绿色技术、国家标准改造升级传统产业。二是要加快形成同新质生产力更相适应的生产关系。发展新质生产力，有赖于各类生产要素的质量提升和配置效率提高，为此，要健全相关规则和政策，促进各类先进生产要素向发展新质生产力集聚，大幅提升全要素生产率；鼓励和规范发展天使投资、风险投资、私募股权投资，更好发挥政府投资基金作用，发展耐心资本。

第二，加速发展数字经济，促进实体经济与数字经济的深度融合。数字经济具有高创新性、强渗透性、广覆盖性，是构建现代化经济体系的重要引擎。实体经济和数字经济深度融合是推动高质量发展的关键举措和建设现代化产业体系的重要途径。一是要坚持把发展经济的着力点放在实体经济上，推进新型工业化，引导各类要素资源向实体经济特别是制造业集聚发力，推动制造业高端化、智能化、绿色化发展，培育壮大先进制造业集群，加快建设制造强国、质量强国、航天强国、交通强国、网络强国、数字中国。二是要加快发展数字经济，利用互联网新技术应用，加速推动制造业、农业、服务业数字化、网络化、智能化转型，发展工业互联网，打造具有国际竞争力的数字产业集群。发挥我国市场规模、人力资源和金融体系优势，支持数字企业发展壮大，促进平台经济规范健康持续发展。加快建设和运营国家数据基础设施，促进数据共享。加快建立数据资源产权、交易流通、跨境传输和安全保护等基础制度和标准规范，促进数据采集、挖掘、清洗、标注、存储、分析等形成完整供应链，推动数据资源开发利用。提高数字技术基础研发能力，加快建设新一代移动通信、数据中心等数字基础设施，促进信息高效联通和开发利用。

第三，构建优质高效的服务业新体系。现代服务业成为主导产业并占较大比重，是现代化产业体系的重要部分。一是要聚焦产业转型升级，加快发展研发、物流、金融等现代服务业，推动现代服务业同先进制造业、现代农业深度融合。二是要完善支持服务业发展政策体系，进一步放宽市场准入，优化服务业核算，构建协同高效的现代服务业监管体系，推进服务业标准化建设。三是要聚焦重点环节，分领域推进生产性服务业高质量发展，发展产业互联网平台，破除跨地区经营行政壁垒，推进生产性服务业融合发展。四是要适应居民消费升级需要，加快发展健康、养老、育幼、家政等服务业，推动生活性服务业多样化和高品质发展。五是要完善中介服务机构法规制度体系，促进中介服务机构诚实守信、依法履责。

第四，构建现代化基础设施体系。习近平总书记在中央财经委员会第十一次会议上，就全面加强基础设施建设强调，"基础设施是经济社会发展的重要支撑，要统筹发展和安全，优化基础设施布局、结构、功能和发展模式，构建现代化基础设施体系，为全面建设社会主义现代化国家打下坚实基础"。现代化基础设施，是构建新发展格局、推动高质量发展的重要支撑。构建现代化基础设施体系，是一项综合性工程，必须坚持立足长远、适度超前、科学规划、多轮驱动、注重效益，统筹当前与长远，统筹发展与安全。一是要加强交通、能源、水利等网络型基础设施建设，把联网、补网、强链作为建设的重点，着力提升网络效益。二是要加快建设国家综合立体交通网主骨架，加强沿海和内河港口航道规划建设，优化提升全国水运设施网络。发展分布式智能电网，建设一批新型绿色低碳能源基地，加快完善油气管网。加快构建国家水网主骨架和大动脉，推进重点水源、灌区、蓄滞洪区建设和现代化改造。三是要加强信息、科技、物流等产业升级基础设施建设，布局建设新一代超算、云计算、人工智能平台、宽带基础网络等设施，推进重大科技基础设施布局建设，加强综合交通枢纽及集疏运体系建设，布局建设一批支线机场、通用机场和货运机场。四是要加强城市基础设施建设，打造高品质生活空间，推进城市群交通一体化，建设便捷高效的城际铁路网，发展市域（郊）铁路和城市轨道交通，推动建设城市综合道路交通体系，有序推进地下综合管廊建设，加强城市防洪排涝、污水和垃圾收集处理体系建设，加强防灾减灾基础设施建设，加强公共卫生应急设施建设，加强智能道路、智能电源、智能公交等智慧基础设施建设。要加强农业农村基础设施建设，完善农田水利设施，加强高标准农田建设，稳步推进建设"四好农村路",完善农村交通运输体系,加快城乡冷链物流设施建设,实施规模化供水工程,加强农村污水和垃圾收集处理设施建设,以基础设施现代化促进农业农村现代化。五是要加强国家安全基础设施建设,适度超前,布局有利于引领产业发展和维护国家安全的基础设施,同时把握好超前建设的度,加快提升应对极端情况的能力。

第五,提升产业链供应链韧性和安全水平。提升产业链供应链韧性和安全水平既是应对新一轮科技革命和产业变革的时代要求,也是统筹发展与安全、建设社会主义现代化强国的重要举措。习近平总书记在党的二十届三中全会上提出,"健全提升产业链供应链韧性和安全水平制度"。这标志着党中央已经将提升产业链供应链韧性和安全水平的相关政策举措上升到国家制度层面,凸显了新时代保障我国产业链供应链韧性与安全工作的战略性和艰巨性。一是要打造自主可控的产业链供应链。自主可控,是高科技领域提升产业链供应链韧性和安全水平的重要标志,意味着掌握核心产品生产和销售的主动权。要加大基础研究、应用基础研究投入,形成前沿性、原创性科学问题发现和提出机制,健全强化集成电路、工业母机、医疗装备、仪器仪表、基础软件、工业软件、先进材料等重点产业链发展体制机制,全链条推进技术攻关、成果应用。二是要建立产业链供应链安全风险评估和应对能力体系。通过建设大数据监测分析平台,灵活捕捉产业链供应链运行中的潜在风险,并根据风险的类型,提供有针对性的处置措施。三是要完善链式创新的流程体系。要在大数据、云计算、人工智能等创新要素的驱动下,完善产业在国内梯度有序转移的协作机制,推动创新链、产业链、资金链、人才链实现深度融合，推动转出地和承接地利益共享，发挥创新要素之间的协同作用。四是要建立完善国家储备体系。全球产业链供应链正在加紧重构，这给我国产业链供应链带来了极大的不确定性，可能在某个特定的时间内会超出经济系统正常的吸收能力，需要即时调配大量的能源、国家粮食储备来保障经济社会和人民群众的生活正常稳定运转。国家储备体系的完善，需要充分发挥各个地区超大规模市场优势、资源和区位优势，建设国家战略腹地和关键产业备份，确保产业链供应链始终处于稳定的运行状态。五是要完善战略性矿产资源探产供储销统筹和衔接体系。对战略性矿产资源的统筹管理是产业链供应链安全机制的组成部分。战略性矿产资源关系到一国产业发展和战略安全，近年来，部分新兴产业发展又进一步带来了对上游矿产的广泛需求，为此，要扎实推进新一轮找矿突破战略行动，优化矿产资源管理政策，推动能源和重要矿产资源勘探开发和增储上产，健全矿产地储备制度。

三、完善城乡融合发展体制机制

城乡融合发展是中国式现代化的必然要求。坚持城乡融合发展是新时代新征程构建新发展格局、推动高质量发展和促进共同富裕的必然选择。"在现代化进程中，如何处理好工农关系、城乡关系，在一定程度上决定着现代化的成败。"党的二十大、二十届三中全会上，以习近平同志为核心的党中央，坚持以人民为中心的发展思想，坚持农业农村优先发展，强化以工补农、以城带乡、协调发展，稳中求进、守正创新、先立后破、系统集成，对推动城乡融合发展、完善城乡融合发展体制机制作出了重要战略部署，对推进社会主义现代化强国建设具有重要的意义。

第一，健全推进新型城镇化体制机制。城镇化是现代化的必由之路。我们要构建产业升级、人口集聚、城镇发展良性互动机制，加快农业转移人口市民化。保障进城落户农民合法土地权益，依法维护进城落户农民的土地承包权、宅基地使用权、集体收益分配权。引导大中小城市和小城镇协调发展、集约紧凑布局，推动形成超大特大城市智慧高效治理新体系，建立都市圈同城化发展体制机制。

第二，巩固和完善农村基本经营制度。农村基本经营制度是党的农村政策的基石。有序推进第二轮土地承包到期后再延长三十年试点，深化承包地所有权、承包权、经营权分置改革，发展农业适度规模经营。完善农业经营体系，完善承包地经营权流转价格形成机制，促进农民合作经营，推动新型农业经营主体扶持政策同带动农户增收挂钩。

第三，完善强农惠农富农支持制度。全方位夯实粮食安全根基，推动粮食等重要农产品价格保持在合理水平，保障粮食等重要农产品稳定安全供给。统筹建立粮食产销区省际横向利益补偿机制，在主产区利益补偿上迈出实质步伐。壮大县域富民产业，构建多元化食物供给体系，培育乡村新产业新业态。优化农业补贴政策体系，发展多层次农业保险。完善覆盖农村人口的常态化防止返贫致贫机制，建立农村低收入人口和欠发达地区分层分类帮扶制度。健全脱贫攻坚国家投入形成资产的长效管理机制。

四、促进区域协调发展

党的二十大报告提出："深入实施区域协调发展战略、区域重大战略、主体功能区战略、新型城镇化战略，优化重大生产力布局，构建优势互补、高质量发展的区域经济布局和国土空间体系。"区域协调发展是高质量发展的内在特征，也是推进中国式现代化的必然要求，有利于缩小区域发展差距，破除城乡二元结构。长期以来，我国发展普遍存在不协调的问题，这其中最为突出的就表现在区域的不协调，必须采取更有效的措施，以化解区域发展中不平衡不充分问题，促进区域协调发展向高质量迈进。

第一，深入实施区域协调发展战略。实施区域协调发展战略，是关乎我国经济发展全局的重要战略举措。要从实际出发，完善支持西部大开发、东北振兴、中部崛起、东部率先发展的政策体系。一是提高政策精准性，抓重点，补短板，推动西部大开发形成新格局；二是围绕粮食安全、能源安全等战略需要，推动东北全面振兴取得新突破；三是充分发挥中部地区承东启西的区位优势，促进中部地区加快崛起；四是发挥东部地区创新引领作用，鼓励东部地区加快推进现代化；五是支持革命老区、民族地区加快发展等。

第二，深入实施区域重大战略。要进一步完善区域战略统筹机制，健全市场一体化发展机制，促进区域间融合互动。一是推动京津冀、长三角、粤港澳大湾区等地区更好发挥高质量发展动力源作用，优化长江经济带发展、黄河流域生态保护和高质量发展机制。高标准高质量推进雄安新区建设。推动成渝地区双城经济圈建设走深走实。二是积极发挥长江和黄河联动东中西、协调南北方的纽带作用。坚持生态优先、绿色发展的战略定位和共抓大保护、不搞大开发的战略导向，推进长江经济带生态环境系统性保护修复，全面推动长江经济带高质量发展。

第三，深入实施主体功能区战略，立足不同区域的资源环境承载能力，科学布局生产空间、生活空间、生态空间，加快形成高质量发展的国土空间新格局。一是坚持"一盘棋"，根据不同区域主体功能定位，逐步形成城市化地区、农产品主产区、生态功能区三大空间格局。二是进一步细化主体功能区划分，按照主体功能定位划分政策单元，健全区际利益补偿机制。

第四，深入实施新型城镇化战略。要深入推进以人为核心的新型城镇化，以城市群、都市圈为依托促进大中小城市和小城镇协调联动、特色化发展，促进各类要素合理流动和高效集聚，为实现高质量发展提供强大动能。

五、推动高水平对外开放

对外开放是我国的基本国策。开放是人类文明进步的重要动力，是世界繁荣发展的必由之路。高水平对外开放促进高质量发展，只有开放的中国，才会成为现代化的中国。以开放促改革、促发展，是我国现代化建设不断取得新成就的重要法宝。自党的十一届三中全会以来，中国坚定不移推进对外开放，形成了全方位、多层次、宽领域的对外开放格局，创造出举世瞩目的发展奇迹。党的十八大以来，以习近平同志为核心的党中央面对世界百年未有之大变局，实行了更加积极主动的开放战略，提出了推进高水平对外开放的新要求。党的二十届三中全会明确提出"开放是中国式现代化的鲜明标识"，并对新时代新征程高水平对外开放进行了战略部署。

第一，稳步扩大制度型开放。制度型开放是高水平对外开放的重要内容，是我国推动新一轮高水平对外开放的核心指向。习近平总书记在2018年12月中央经济工作会议上明确提出"制度型开放"概念："要适应新形势、把握新特点，推动由商品和要素流动型开放向规则等制度型开放转变。"之后，党的十九届四中全会、十九届五中全会、二十大等都对制度型开放进行了阐释。党的二十届三中全会围绕进一步全面深化改革，对制度型开放进行了详尽和明确的部署。一是主动对接国际高标准经贸规则。以推动世界贸易组织（WTO）改革和申请加入《全面与进步跨太平洋伙伴关系协定》（CPTPP）、《数字经济伙伴关系协定》（DEPA）等为重点，在产权保护、产业补贴、环境标准、劳动保护、政府采购、电子商务、金融领域等领域积极参与和引领国际贸易新规则构建，在规则、规制、管理、标准等方面率先与国际接轨，打造透明稳定可预期的制度环境。二是坚定不移扩大自主开放和对最不发达国家单边开放，有序扩大我国商品市场、服务市场、资本市场、劳务市场等对外开放，将包括最不发达国家的广大发展中国家市场作为我们开拓国际市场的新的增长点。三是积极参与和推动全球经贸体系变革重塑，维护以世界贸易组织为核心的多边贸易体制，利用二十国集团、亚太经合组织、金砖国家、上海合作组织等多边平台深度参与全球治理，在全球经贸体系中争取更加有利的位置。

第二，加快推进贸易强国建设。党的十八大以来，我国积极应对经济全球化变局，建设完善了开放型外贸新体制，贸易第一大国地位更加稳固。新时代新阶段，加快建设贸易强国，是全面建设社会主义现代化强国的必然要求。一是要升级货物贸易，强化贸易政策和财税、金融、产业政策协同，强调推进通关、税务、外汇等监管创新，营造有利于新业态新模式发展的制度环境。二是要创新提升服务贸易。顺应我国装备制造业"走出去"的趋势，发展生产性服务贸易。要全面实施跨境服务贸易负面清单，推进服务业扩大开放综合试点示范，鼓励专业服务机构提升国际化服务能力。要加快推进离岸贸易发展，发展新型离岸国际贸易业务。三是要创新数字贸易，培育数字贸易新业态新模式，加快贸易全链条数字化赋能，提升贸易数字化水平。以数字化绿色化为方向，进一步提升国际分工地位，向全球价值链中高端迈进。

第三，把吸引外商投资放在更加重要的位置，稳住外贸外资基本盘。外商投资是参与中国式现代化建设、推动中国经济与世界经济共同繁荣发展的重要力量。一是扩大市场准入，合理缩减外商投资准入负面清单，落实全面取消制造业领域外资准入限制措施，推动电信、互联网、教育、文化、医疗等领域有序扩大开放。二是加大政策力度，保障外资企业在要素获取、资质许可、标准制定、政府采购等方面的国民待遇，落实税收支持政策，加大金融支持力度，提升对外商投资吸引力。三是优化公平竞争环境，依法保护外商投资权益，营造市场化、法治化、国际化一流营商环境，做好外商投资企业服务。四是畅通创新要素流动，优化外国人在华工作和居留许可管理，完善境外人员入境居住、医疗、支付等生活便利制度，便利国际商务人员往来，支持国内外机构合作创新，促进内外资企业创新合作。五是完善国内规制，加强知识产权保护，加大对接国际高标准经贸规则试点力度，更好对接国际高标准经贸规则。

第四，优化区域开放布局，打造形态多样的开放高地。区域开放布局是开放的一个全局性和基础性问题，是高水平对外开放的重要组成，对于培育和发挥区域比较优势、充分利用好国内各区域各地方开放资源、促进区域协调发展有着重要作用。党的二十届三中全会提出，"巩固东部沿海地区开放先导地位，提高中西部和东北地区开放水平，加快形成陆海内外联动、东西双向互济的全面开放格局"。具体来说：一是优化区域开放功能分工。巩固东部沿海地区开放先导地位，加快推进现代化的制度和政策体系；健全推动西部大开发形成新格局、东北全面振兴取得新突破、中部地区加快崛起，让内陆腹地跻身开放高地，加快形成陆海内外联动、东西双向互济的全面开放格局。二是实施自贸试验区提升战略。加快建设海南自由贸易港，鼓励首创性、集成式探索，以制度创新为核心，推动全产业链创新发展，让自贸试验区更好发挥示范作用。三是加快建设具有世界影响力的中国特色自由贸易港。充分发挥"一国两制"制度优势，巩固提升香港国际金融、航运、贸易中心地位，支持香港、澳门打造国际高端人才集聚高地，健全香港、澳门在国家对外开放中更好发挥作用机制。深化粤港澳大湾区合作，强化规则衔接、机制对接。完善促进两岸经济文化交流合作制度和政策，深化两岸融合发展。

第五，推动共建"一带一路"高质量发展。2013 年，习近平主席首次提出共建"一带一路"倡议，强调要坚持"共商共建共享"的原则，推动实现经济大融合、发展大联动、成果大共享。之后，习近平主席在多个场合阐释，"一带一路"倡议，旨在同沿线各国分享中国发展机遇，实现共同繁荣。他指出，中方愿同各方深化"一带一路"合作伙伴关系，推动共建"一带一路"进入高质量发展的新阶段，为实现世界各国的现代化作出不懈努力。10 多年来，中国已同 150 多个国家、30 多个国际组织签署了 230 多份共建"一带一路"合作文件，涵盖投资、经贸、金融、人文、生态等合作领域。高质量共建是"一带一路"的时代要求。2023 年 10 月，习近平主席在第三届"一带一路"国际合作高峰论坛开幕式上发表主旨演讲，提出了高质量共建"一带一路"的八项行动，为新时代共建"一带一路"确立了基本遵循。一是构建"一带一路"立体互联互通网络。加快推进中欧班列高质量发展，积极推进"丝路海运"港航贸一体化发展，加快陆海新通道、空中丝绸之路建设。二是支持建设开放型世界经济。每年举办"全球数字贸易博览会"，创建"丝路电商"合作先行区，同更多国家商签自由贸易协定、投资保护协定。三是开展务实合作。将统筹推进标志性工程和"小而美"民生项目，还将实施 1 000 个小型民生援助项目，通过鲁班工坊等推进中外职业教育合作。四是促进绿色发展。持续深化绿色基建、绿色能源、绿色交通等领域合作，加大对"一带一路"绿色发展国际联盟的支持。五是推动科技创新。继续实施"一带一路"科技创新行动计划，举办首届

"一带一路"科技交流大会，支持各国青年科学家来华短期工作。六是支持民间交往。将举办"良渚论坛"，深化同共建"一带一路"国家的文明对话。在已经成立丝绸之路国际剧院、艺术节、博物馆、美术馆、图书馆联盟的基础上，成立丝绸之路旅游城市联盟。七是建设廉洁之路。将会同合作伙伴发布《"一带一路"廉洁建设成效与展望》，推出《"一带一路"廉洁建设高级原则》，建立"一带一路"企业廉洁合规评价体系。八是完善"一带一路"国际合作机制。中国将同共建"一带一路"各国加强能源、税收、金融、绿色发展、减灾、反腐败、智库、媒体、文化等领域的多边合作平台建设，继续举办"一带一路"国际合作高峰论坛。

第二节

丰富全过程人民民主的实现形式

中国特色社会主义政治发展道路是团结亿万人民共同奋斗的正确道路，我国已经形成了具有中国特色的民主发展模式。我们必须坚定不移地继续沿着这条道路探索民主政治建设的发展路径，以使我国社会主义民主政治展现出更加旺盛的生命力。对于全过程人民民主而言，其理论的提出是具有原创性的，而在实践中的不断发展和推进更是具有开创性。党的十八大以来，中国共产党在加强党的领导、人民当家作主和依法治国有机统一的基础上，通过不断健全社会主义的各项民主制度、拓宽民主的实施渠道，丰富民主的实现形式，提升民主的效能，全方位强力推进全过程人民民主在中国的实践发展。

一、坚持党的领导、人民当家作主和依法治国的有机统一

要想发展最广泛、最真实、最管用的民主，首要问题就是如何既能保证人民真正拥有国家主人的地位，又能保证国家政治生活充满活力的同时安定有序，也就是如何将民主的根本价值和实践要求有效地转化为国家建设和治理的核心能力。对于这一问题，党的十六大明确提出，要把坚持党的领导、人民当家作主和依法治国有机统一起来。之后，这一命题在党的十七大、十八大、十九大、二十大等重要会议以及有关重要文件中都得到了重申和强调，是对中国特色社会主义民主政治建设的根本要求，是中国式民主政治的本质特征。党的十九届六中全会，从积极发展全过程人民民主的角度，将该命题作为我们党建设社会主义民主政治的重要经验进行了总结①。党的二十大进一步明确指出："必须坚定不移走中国特色社会主义政治发展道路，坚持党的领导、人民当家作主、依法治国有机统一，坚持人民主体地位，充分体现人民意志、保障人民权益、激发人民创造活力。"②

党的领导、人民当家作主、依法治国三者之所以能够成为有机的统

---

① 中共中央关于党的百年奋斗重大成就和历史经验的决议. 北京：人民出版社，2021：39.
② 习近平. 高举中国特色社会主义伟大旗帜 为全面建设社会主义现代化国家而团结奋斗：在中国共产党第二十次全国代表大会上的报告. 北京：人民出版社，2022：37.

一体，是因为党的领导是人民当家作主和依法治国的根本保证，人民当家作主是社会主义民主政治的本质要求，依法治国是党领导人民治理国家的基本方略。坚持党的领导、人民当家作主、依法治国有机统一，是中国特色社会主义民主的基本要求，是划清中国特色社会主义民主同西方资本主义民主界限的重要标志。三者的有机统一构成了社会主义民主政治的理论依据和实践路径，为发展社会主义民主政治指明了方向。

（一）党的领导是人民当家作主和依法治国的根本保证

首先，党的领导是实现人民当家作主的根本保证。中国共产党的一个显著标志"就是和最广大的人民群众取得最密切的联系。全心全意地为人民服务，一刻也不脱离群众；一切从人民的利益出发，而不是从个人或小集团的利益出发"。就此而言，党的领导与人民当家作主在本质上是相通的，党的领导就是要代表中国最广大人民的根本利益，组织和支持人民依照宪法和法律管理国家和社会事务、管理经济和文化事业，实现人民当家作主。中国共产党自成立之日起，就以争取和实现人民当家作主为己任，并为此进行了长期不懈的努力。在中国共产党的领导下，经过 28 年的人民民主革命，实现了国家独立和民族解放，建立了人民民主专政的国家政权，为人民民主的实现提供了政治前提；通过社会主义改造，建立了社会主义基本制度，为人民民主的实现奠定了制度基础。改革开放 40 多年来，我们总结发展社会主义民主正反两方面经验，强调坚持国家一切权力属于人民，要以保证人民当家作主为根本，以增强党和国家活力、调动人民积极性为目标；要适应扩大人民民主、促进经济社会发展的新要求，积极稳妥推进政治体制改革，发展更加广泛、更加充分、更加健全的人民民主。历史反复证明，党的领导是实现人民民主的根本保证。在中国这样一个大国，没有共产党的领导，就不可能维护最广大人民的根本利益，真正实现人民当家作主。

其次，党的领导是依法治国的根本保证。把党的领导贯彻到依法治国全过程和各方面，是我国社会主义法治建设的一条基本经验。党的领导是中国特色社会主义最本质的特征，也是中国特色社会主义制度的最大优势，更是国家和人民的命脉所在、利益所系，因此，党的领导不仅是全过程人民民主的应有之义和前提条件，更是全过程人民民主的根本保证。有一种错误的观点认为，要实现依法治国就要摆脱政党的领导，"法律高于一切""法学家们高于一切"，有共产党的领导就不是依法治国。这是对依法治国精髓的曲解和误解。依法治国的实质就是党领导人民依法治国，离开了党，离开了人民，依法治国这一命题本身就不成立。在全过程人民民主中，由于中国共产党是最高的政治领导力量，因此，它将自身组织的意识形态深度嵌入国家社会的各个领域，推进了人民意志的高度整合和集中表达，有效地"保证人民民主的理念、方针、政策贯彻到国家政治生活和社会生活的方方面面"①，真正实现"人民至上"的民主意义。只有在党的领导下依法治国、厉行法治，人民当家作主才能充分实现，国家和社会生活法治化才能有序推进。没有党的领导，就没有人民民主，就没有社会主义现代化，就不可能建成社会主义法治国家。

---

① 中国的民主. 人民日报，2021－12－05（5）.

（二）人民当家作主是社会主义民主政治的本质要求

首先，人民当家作主是党的领导的目的和归宿。人民性是中国特色社会主义政治发展道路的显著特征，是中国特色社会主义民主政治优越性的根本体现。在我国，无论是在法律上还是在政治上，人民都是国家的最高权力主体。《宪法》"总纲"第一条就规定："中华人民共和国是工人阶级领导的、以工农联盟为基础的人民民主专政的社会主义国家。"这一规定阐明了包括社会各个阶层在内的中国最广大人民是国家的主人。人民群众是党的执政基础，中国共产党来自人民，服务人民，唯一宗旨就是全心全意为人民服务。因此，党对国家生活的领导，最本质的内容就是组织和支持人民当家作主，最广泛地动员和组织人民群众依法管理国家和社会事务，管理经济和文化事业，以维护和实现人民群众的根本利益。

其次，人民是依法治国的主体和力量源泉。所谓的人民当家作主就是"由民作主"，即人民自下而上地直接参加全部国家生活的行为活动，它是全过程人民民主的根本特征和生动实践，彰显了社会主义民主政治的本质和核心。习近平总书记指出："我们要坚持国家一切权力属于人民的宪法理念，最广泛地动员和组织人民依照宪法和法律规定，通过各级人民代表大会行使国家权力，通过各种途径和形式管理国家和社会事务、管理经济和文化事业，共同建设，共同享有，共同发展，成为国家、社会和自己命运的主人。"① 因此，我们党在依法治理国家的实践中，始终将"人民拥护不拥护""人民赞成不赞成""人民高兴不高兴"

---

① 习近平. 习近平谈治国理政：第1卷. 2版. 北京：外文出版社，2018：139.

"人民答应不答应"作为制定各项法律法规的出发点和归宿，恪守以民为本、立法为民的理念。"发展社会主义民主政治就是要体现人民意志、保障人民权益、激发人民创造活力，用制度体系保证人民当家作主。"①在全过程人民民主中，为了将人民当家作主具体落实到人民生活的各个领域和环节，中国共产党进行了对根本政治制度、基本政治制度、重要政治制度的全面完善。通过这些具体的制度设计和有效安排，全过程人民民主既保障了人民的主体地位，实现了一切权力源于人民、一切权力属于人民、一切权力为了人民，也保障了人民的民主权利，实现了最广大人民的根本利益。

（三）依法治国是党领导人民治理国家的基本方略

依法治国的本质是使法律的实施和建设充分体现人民意志、保障人民权利、维护人民利益，它是全过程人民民主的基本方式，体现了全过程人民民主的本质要求。

首先，党对国家政治生活的领导必须在宪法和法律的范围内进行。在新时代，依法执政是党治国治党的基本方式。依法执政，既要求党依据宪法和法律治国理政，又要求党依据党内法规管党治党。一方面，党要善于通过法定程序使党的主张成为国家意志、形成法律，通过法律保障党的政策有效实施。党领导人民制定宪法和法律，党也领导人民执行宪法和法律。作为执政党的中国共产党，其各级党组织和全体党员尤其是党员领导干部，必须受到党章党规党纪的刚性约束，必须模范遵守国家法律法规。作为中国工人阶级的先锋队、中国人民和中华民族的先锋

---

① 习近平. 习近平谈治国理政：第 3 卷. 北京：外文出版社，2020：28.

队，共产党员和干部应该成为遵法守法的先锋队。党自身必须在宪法和法律范围内活动，决不允许任何组织或者个人有超越法律的特权。另一方面，党内法规体系是中国特色社会主义法治体系的重要组成部分。党要运用党内法规把党要管党、从严治党落到实处，使党员干部带头遵守国家法律法规，引导全社会守法崇法、树立法治信仰，确保党发挥总揽全局、协调各方的领导核心作用。新时代，我们党一贯强调要科学执政、民主执政、依法执政。依法执政，就是党要坚持依法治国，领导立法，带头守法，保证执法，不断推进经济、政治、文化、社会、生态文明等的法治化、规范化，以法治的理念、法治的体制、法治的程序保证党领导人民有效治理国家。"新形势下，我们党要履行好执政兴国的重大职责，必须依据党章从严治党、依据宪法治国理政。党领导人民制定宪法和法律，党领导人民执行宪法和法律，党自身必须在宪法和法律范围内活动，真正做到党领导立法、保证执法、带头守法。"[1]

其次，依法治国也是人民当家作主的有力保障。邓小平曾深刻指出："为了保障人民民主，必须加强法制。必须使民主制度化、法律化，使这种制度和法律不因领导人的改变而改变，不因领导人的看法和注意力的改变而改变。"改革开放40多年来，我国在党的领导下推进依法治国，不仅通过有章可循的法律规范，积极吸纳人民意志、拓宽人民有序参与国家法治建设的渠道，依法保证人民广泛而深度地参与国家社会建设，而且通过创新广大人民群众参与立法、执法、司法、守法等法治实施各个环节的方法途径，先后制定出有利于人民利益实现的各项法律法

---

① 习近平. 习近平谈治国理政：第1卷. 2版. 北京：外文出版社，2018：142.

规，形成了中国特色社会主义法律体系。中国特色社会主义法律体系的形成，把国家各项事业发展纳入法治化轨道，从制度上、法律上解决了国家发展中根本性、全局性、稳定性和长期性的问题，有力保障了人民当家作主，保证人民依法实行民主选举、民主协商、民主决策、民主管理、民主监督，保证人民依法享有广泛权利和自由，为社会主义民主政治的深入发展确定了明确的价值取向和发展方向，为人民利益的实现奠定了坚实的法治基础。

二、健全全面、广泛、有机衔接的人民当家作主制度体系

在全过程人民民主的实践过程中，要想使人民至上的民主理念全方位实现，就必须要有一套完整的制度体系加以落实。为此，自成立开始，中国共产党逐渐建立了工人阶级领导的、以工农联盟为基础的人民民主专政的国家政权，人民代表大会制度的政权组织形式，中国共产党领导的多党合作和政治协商制度、民族区域自治制度、基层群众自治制度等基本政治制度。进入新时代，以习近平同志为核心的党中央更是不断健全和发展这一体现人民当家作主的民主政治制度体系。

一方面，不断增强人民当家作主制度体系的全面性和广泛性。实现人民当家作主本身就是一个极为复杂的系统工程，在制度的建设过程中需要全面和广泛，不能有制度的盲区和死角。因此，党的十八大以来，中国共产党不断健全和发展人民当家作主的制度体系。从制度体系的构成来看，人民当家作主制度体系包括人民代表大会制度、中国共产党领导的多党合作和政治协商制度、民族区域自治制度、基层群众自治制度

和爱国统一战线制度。为了增强其全面性，人民当家作主制度体系不仅从权力的来源维度明确了人民当家作主的根本途径，将人民代表大会制度作为根本载体，而且从人民、政党、团体、民族、阶层、区域等方面全方位践行人民当家作主的民主原则，呈现出制度体系的全面性。从制度体系的运行来看，人民当家作主制度体系既注重实体性制度建设，更强调程序性的运行环节与过程。制度建设的目的在于通过制度运行释放制度功能；制度也只有在运行中，才能够进一步总结规律与优势，发现不足和短板，为其不断完善提供动力和依据①。人民当家作主制度的运行过程有民主选举、民主协商、民主决策、民主管理、民主监督。通过"五民主"的闭合环节运行，这一制度不仅保障了广大人民群众充分享有知情权、参与权、表达权、监督权，而且保障了广大人民群众能够依法有序、稳定地参政议政，在最广泛意义上实现了人民建言献策的民主诉求，体现了制度体系的广泛性。

另一方面，不断增强人民当家作主制度体系内部的有机衔接性。在一项项制度建立起来后，进一步的发展就要求通过体系建构对各项制度进行关联性的整合和互补性的对接②。为了明确中国特色社会主义各个制度的地位功能及其之间的对接关系，中国共产党在党的十九届四中全会上，将中国特色社会主义制度创造性地划分为根本制度、基本制度、重要制度。在这一划分布局中，人民代表大会制度为根本政治制度，它

① 赵永红. 人民当家作主制度体系的由来、构成、优势与发展. 新疆师范大学学报（哲学社会科学版），2020（3）.

② 齐卫平. 中国特色社会主义制度体系：框架建构和结构层次：兼论根本制度、基本制度、重要制度的关系. 思想理论教育，2020（3）.

是中国人民当家作主的根本途径和最高实现形式，属于顶层决定性、全域覆盖性、全局指导性的制度；中国共产党领导的多党合作和政治协商制度、民族区域自治制度、基层群众自治制度是基本政治制度，它们是由中国国情内生而来的基本政治形态及其运行机制，为根本政治制度和重要政治制度的有效落实、上下贯通提供了根本性遵循和决定性通道；爱国统一战线制度是重要政治制度，它属于根本政治制度和基本政治制度的派生性制度。作为一种派生性的具体制度，爱国统一战线制度上接人民代表大会这一根本政治制度、中国共产党领导的多党合作和政治协商制度等基本政治制度，下连受制度规范和制约的一切活动，呈现出针对性和具体化的特征。通过上述制度范式的改革创新，中国共产党构筑了一个严密的、完整的、有机衔接的人民当家作主的制度体系。

三、不断提升"解决人民要解决的问题"的社会主义民主效能

评价一个国家的民主状况，不仅要看民主的理念、民主的形式，更要看民主的效能。在中国的民主发展实践中，民主从来就不是装饰品，也不是用来做摆设的，而是要用来解决人民要解决的问题的。正如习近平总书记所提道的："一个国家民主不民主，关键在于是不是真正做到了人民当家作主，要看人民有没有投票权，更要看人民有没有广泛参与权；要看人民在选举过程中得到了什么口头许诺，更要看选举后这些承诺实现了多少；要看制度和法律规定了什么样的政治程序和政治规

则，更要看这些制度和法律是不是真正得到了执行；要看权力运行规则和程序是否民主，更要看权力是否真正受到人民监督和制约。"① 为此，新时代的全过程人民民主充分保障人民的民主权利和利益，不断提升自身的民主效能。

一方面，充分保障人民权利。《宪法》明确规定：中华人民共和国的一切权力属于人民。人民依照法律规定，通过各种途径和形式，管理国家事务，管理经济和文化事业，管理社会事务。党的十八大以来，为了充分保障人民管理国家的各项权利，中国共产党，通过立法调研、立法建议、专家咨询、智库研究、议题征集、议题协商、草案公开、征集监督意见、专项监督等方式，不断提升人民的参政议政率，提高民众的话语权。为了进一步增强人民享有权利的丰富性和全面性，2020 年 5 月 28 日，第十三届全国人民代表大会第三次会议通过了《中华人民共和国民法典》。它是新中国成立后第一部以法典命名的法律，共 7 编、1 260 条，各编依次为总则、物权、合同、人格权、婚姻家庭、继承、侵权责任。这部法典通篇贯穿以人民为中心的发展思想，着眼于人民对美好生活的需要，对公民的人身权、财产权、人格权等作出明确规定，体现了对人民权利的充分保障，被誉为"新时代人民权利的宣言书"。

另一方面，充分实现人民利益。在全过程人民民主的实践过程中，"人民利益要求既能畅通表达，也能有效实现。民主，起始于人民意愿充分表达，落实于人民意愿有效实现。人民意愿只能表达、不能实现，

---

① 中国的民主. 人民日报，2021 - 12 - 05 (5).

不是真正意义的民主"①。为了充分实现人民利益，建设一种高质量的民主，中国共产党把人民对美好生活的向往确定为我们的奋斗目标，把让人民群众过上好日子作为我们一切工作的出发点和落脚点，将补齐民生保障短板、解决好人民群众急难愁盼问题作为社会建设的紧迫任务。自党的十八大以来，党和国家在收入分配、就业、教育、社会保障、医疗卫生、住房保障等方面推出一系列重大举措，不断实现人民的整体利益和核心利益。正是基于这些政策的贯彻，在今天的中国，人民的期盼、希望和诉求，经过民主决策程序成为党和国家的方针政策，并通过中央、省、市、县、乡镇各个层级的紧密配合、层层落实，通过各个职能部门之间主管、主办、协管、协办的分工合作、协调配合，通过决策、执行、检查、监督、问责等各个环节的相互配合、有机衔接，全方位地转化为实现人民意愿的具体实践，真正实现了人民既是民主的参与者，也是民主的受益者的愿望。

第三节

创造中华文明的现代文化形态

作为中华民族历史上创造的物质财富和精神财富总和的精华呈现，

---

① 中国的民主. 人民日报，2021 - 12 - 05 (5).

中华文明根源于劳动人民的伟大创造，是中国经济发展、社会基础和民族文化等要素的综合反映，是中国人民在几千年的历史发展中基于自然又超越自然，不断脱离原始、野蛮、暴力、无序状态时，所展现出的鲜明的民族性特征，它是中华民族的精神力量和历史根基，其本身具有连续性、创新性、统一性、包容性、和平性的突出特征。进入新时代以来，中华民族伟大复兴展现出了光明的前景，中华文明也进入一个前所未有的大发展阶段。2023 年 6 月 2 日，习近平总书记在文化传承发展座谈会上提出，要站"在新的历史起点上继续推动文化繁荣、建设文化强国、建设中华民族现代文明"①。我们既要深刻理解"两个结合"的重大意义，牢牢把握建设中华文明的根本遵循，又要坚定文化主体性，以守正创新的方式推动实现中华文明的现代转型。

一、在"两个结合"中铸就中华文明的马克思主义魂

一般而言，文明并不是一个静止不动的存在，它是一个随着时代的进步而不断创新发展的动态过程。对于中华文明也是不例外的，自古以来，中华文明总是与其他文明不断地交流融合，进而实现自身的转型与重构。但到了近代，外敌入侵，中华民族危亡，中华文明开始蒙尘。为了救亡图存，中国共产党以马克思主义为指导，担负起了实现中华民族伟大复兴的历史大任。在这一过程中，中国共产党坚持把马克思主义基本原理同中国具体实际相结合、同中华优秀传统文化相结合，不断开辟马克思主义中国化时代化的新境界，这才使得新时代的我们比历史上任

---

① 担负起新的文化使命 努力建设中华民族现代文明. 人民日报，2023－06－03（1）.

何时期都更接近、更有信心和能力实现中华民族伟大复兴的目标。正是基于此，党的二十大着眼于新时代新征程的中国发展，继续坚持"两个结合"，提出："只有把马克思主义基本原理同中国具体实际相结合、同中华优秀传统文化相结合，坚持运用辩证唯物主义和历史唯物主义，才能正确回答时代和实践提出的重大问题，才能始终保持马克思主义的蓬勃生机和旺盛活力。"[1] 尤其是"第二个结合"，坚持把马克思主义基本原理同中华优秀传统文化相结合，它不仅使马克思主义真理之树在中国能够根深叶茂地不断生长，更使中华文明在马克思主义的指导、激活过程中成为现代的文明，进而实现中华文明的永续发展。具体而言：

一是坚持以马克思主义指导中华文明的现代化发展。马克思主义是我们党和国家的指导思想，是中国共产党的灵魂和旗帜，也是我们党指导中华文明实现现代化发展的强大思想武器。"我们必须坚持马克思主义这个立党立国、兴党兴国之本不动摇，坚持植根本国、本民族历史文化沃土发展马克思主义不停步"[2]。在这一过程中，马克思主义不仅优化了中华文明的价值理想，而且强化了中华文明的使命担当。

一方面，以马克思主义优化中华文明的价值理想。从发展演进过程来看，文明总是存在于具体的、现实的环境中，并带着特定历史时期的烙印，它的价值取向及其实现程度主要取决于它所处的社会制度以及为之服务的政治力量状况[3]。对于中华文明而言，在其 5 000 多年的发展

---

① 习近平. 高举中国特色社会主义伟大旗帜 为全面建设社会主义现代化国家而团结奋斗：在中国共产党第二十次全国代表大会上的报告. 北京：人民出版社，2022：17.

② 习近平. 开辟马克思主义中国化时代化新境界. 求是，2023（20）.

③ 庞虎，蔡亦恬. 马克思主义中国化与中华文明. 浙江社会科学，2022（8）.

历程中，虽然它形成了具有引领性的中华民族的价值诉求——大同的社会理想，但这一理想也受到社会条件等因素的制约，最终尘封于历史，无法实现。马克思主义是一种科学的理论，其具有价值性与现实性相统一的特质。具体而言，它以唯物主义的哲学理论为基础，不仅通过对资本主义生产关系内在矛盾的分析，揭示了其剥削的奥秘，论证了科学社会主义价值理想胜利的必然性，而且为实现这一价值理想提出了"社会革命"的切实可行的具体路径。由此可见，马克思主义正是基于这种科学性，通过与中国的革命和建设实践相结合，实现了对中华文明几千年来不断追求的大同社会价值理想的优化升级。

另一方面，以马克思主义强化中华文明的使命担当。社会实践是文明不断新陈代谢，向前发展的根本动力。任何一种文明形态，只有专注于时代的变迁，不断适应社会发展的变化，满足社会发展的需要，才能始终风华正茂。但近代以来，中国社会处于内忧外患的生存境域、中华民族面临生死存亡的危急时刻，而这一时期的中华文明并没有发挥出自身的优势，也没有积极适应社会时局的变化及时调整发展方向，最终使国家和民族陷入举步维艰的困难境地。20世纪初，自从马克思主义来到中国，马克思主义理论就不是理论的教条而是行动的指南，它随着中国实践的发展而发展，在中国落地生根，不断形成中国化时代化的马克思主义，开启了中华民族伟大复兴的新征程。在中国化时代化的马克思主义指导下，中国共产党人"浴血奋战、百折不挠，创造了新民主主义革命的伟大成就；自力更生、发愤图强，创造了社会主义革命和建设的伟大成就；解放思想、锐意进取，创造了改革开放和社会主义现代化建设的伟大成就；自信自强、守正创新，创造了新时代中国特色社会主义的伟大成就"①。也正是在这一不断推进中华民族伟大复兴的过程中，中国社会以马克思主义为指导，形成了中华优秀传统文化、社会主义先进文化和革命文化有机统一的文化新形态，其不仅极大地丰富了中华文明的内容体系，而且强化了中华文明在实现中华民族伟大复兴过程中的使命担当。

二是坚持以马克思主义激活中华文明的价值基因。作为世界上唯一一个从未中断过的文明形态，中华文明在漫长的历史发展中已经形成道统、政统、学统三位一体的超稳定的价值观念、思维模式和评价体系。这种超稳定的垄断地位，一方面能够最大限度地保证中华文明形态的延续性和一贯性，彰显了中华文明的优越性，另一方面也会导致其不思进取，丧失自我革新与创造的勇气和动力，进而不利于实现中华文明中文化基因的充分激发。基于此，早在 2014 年 3 月 27 日，习近平主席在联合国教科文组织总部就明确指出，"中国人民在实现中国梦的进程中，将按照时代的新进步，推动中华文明创造性转化和创新性发展，激活其生命力"②。而激活中华文明生命力的主体则是马克思主义。"在近代中国最危急的时刻，中国共产党人找到了马克思列宁主义，并坚持把马克思列宁主义同中国实际相结合，用马克思主义真理的力量激活了中华民族历经几千年创造的伟大文明，使中华文明再次迸发出强大精神力

---

① 中共中央关于党的百年奋斗重大成就和历史经验的决议. 北京：人民出版社，2021：1-2.
② 习近平. 出席第三届核安全峰会并访问欧洲四国和联合国教科文组织总部、欧盟总部时的演讲. 北京：人民出版社，2014：17.

量。"①这一激活内容不仅表现为中华文明的创新思维，而且表现为中华文明的价值内核和光明前景。

一方面，以马克思主义激活中华文明的价值内核。马克思主义在中国的 100 多年里，中国共产党始终站在中国的立场上，将实现中华民族伟大复兴作为中心任务，从时代特征和中国需要出发，推陈出新、古为今用。在这一过程中，马克思主义不仅持守了中华文明的科学内核，如"天下为公、民为邦本、为政以德、革故鼎新、任人唯贤、天人合一、自强不息、厚德载物、讲信修睦、亲仁善邻"② 等价值理念，更是赋予了中华文明马克思主义的时代价值，自身也成为中国化时代化马克思主义的重要思想来源之一，推动了中华文明的繁荣和发展。

另一方面，以马克思主义激活中华文明的光明前景。文明的发展是一个社会发展的精髓呈现。对于中华文明来说，其光明前景是由中国社会经济的发展道路和实力决定的。为了不断推进中国社会的发展进步，中国共产党始终坚持以马克思主义为指导，在实践中将社会主义与市场经济相结合，建立社会主义市场经济体制，成功地开辟、拓展和深化了中国式现代化。而这一中国式现代化的本质就是"坚持中国共产党领导，坚持中国特色社会主义，实现高质量发展，发展全过程人民民主，丰富人民精神世界，实现全体人民共同富裕，促进人与自然和谐共生，推动构建人类命运共同体，创造人类文明新形态"③，凸显了中华文明

---

① 习近平. 在党史学习教育动员大会上的讲话. 求是，2021（7）.

② 习近平. 高举中国特色社会主义伟大旗帜 为全面建设社会主义现代化国家而团结奋斗：在中国共产党第二十次全国代表大会上的报告. 北京：人民出版社，2022：18.

③ 同②23 - 24.

的光明前景。

二、在"坚定文化主体性"中传承中华文明的精神要义

文化是一个国家、一个民族发展的灵魂，其发挥着刻录时代更替的跌宕起伏、构思美好未来图景的重要功能。而文化的主体性则是指一个国家或民族在发展进程中形成的有别于其他国家或民族的独特文化特征，是一种文化之所以成为其自身的内在要求。它昭示文明的品格和气质，直接影响着一个国家或民族能否在精神层面凝聚人心，并保持精神的自主性和独立性。如果没有文化的主体性，就不会有精神上的独立性，也就不能真正实现民族的独立自主和自立自强。正是基于此，习近平总书记在 2023 年 6 月的文化传承发展座谈会上提出："任何文化要立得住、行得远，要有引领力、凝聚力、塑造力、辐射力，就必须有自己的主体性。"[①] 中华文化是中华民族得以持续存在、复兴发展的根基和灵魂，也是中华文明区别于世界其他文明的文化标识，更是中华文明能够在当今世界文化激荡中不会迷失自我的精神力量。因此，在实现中华民族伟大复兴、推进中华文明发展的过程中，我们必须要坚定中华文化的主体性，毕竟"有了文化主体性，就有了文化意义上坚定的自我，文化自信就有了根本依托，中国共产党就有了引领时代的强大文化力量，中华民族和中国人民就有了国家认同的坚实文化基础，中华文明就有了和世界其他文明交流互鉴的鲜明文化特性"[②]。

坚定中华文化的主体性，传承是基础。"不忘历史才能开辟未来，

[①②]　习近平. 在文化传承发展座谈会上的讲话. 求是，2023（17）.

善于继承才能善于创新。优秀传统文化是一个国家、一个民族传承和发展的根本，如果丢掉了，就割断了精神命脉。"[①] 只有坚持传承，中华文化才可能更好地坚守主体性，也才能使中华民族始终保持自身的精神独立。因此，为了推进中华文明的不断发展，我们就需要在坚定中华文化主体性的过程中积极传承中华文明的精神内核。中华文明的精神内核主要表现为"天下为公、天下大同的社会理想，民为邦本、为政以德的治理思想，九州共贯、多元一体的大一统传统，修齐治平、兴亡有责的家国情怀，厚德载物、明德弘道的精神追求，富民厚生、义利兼顾的经济伦理，天人合一、万物并育的生态理念，实事求是、知行合一的哲学思想，执两用中、守中致和的思维方法，讲信修睦、亲仁善邻的交往之道等"[②]，这些思想观念不仅是支撑中华文明绵延发展的精神大厦，而且为之提供了能够持续发展的价值力量，因此，我们要坚持文化的主体性，最基本的就是要传承这些价值观念。具体而言：

一是传承天下为公、天下大同的社会理想。天下为公、天下大同是在中国传统文化中产生恒久影响并具有普遍价值的内核，它既体现了中华民族共同体在其历史生活中生发的基本价值取向，也表达了中华民族对未来社会的美好向往。新时代，我们在坚守文化主体性的过程中最首要的就是不断地继承和发展中华民族的这种"大道之行也，天下为公""美美与共，天下大同"的社会理想。

二是传承民为邦本、为政以德的治理思想。《尚书·五子之歌》中

---

① 习近平. 习近平谈治国理政：第2卷. 北京：外文出版社，2017：313.
② 习近平. 在文化传承发展座谈会上的讲话. 求是，2023（17）.

提出"民惟邦本,本固邦宁"的治国主张,认为人民是一个国家得以存在的根本,统治者必须牢牢把握住人民这一坚实根基,时刻从人民的利益出发,这样国家才可能安宁太平,为此,统治者必须要爱民,而不能轻视人民。进入新时代后,习近平总书记进一步坚持这一思想,指出,我们党开创的人民代表大会制度、政治协商制度,与中华文明的民本思想,天下共治理念,"共和""商量"的施政传统,"兼容并包、求同存异"的政治智慧都有深刻关联①。

三是传承九州共贯、多元一体的大一统传统。中华文明不但起源于本土,而且是多源并发、九州共贯的产物。中华文明自起源至秦汉,经历了从不同地域各种文化的"多元并行",到周边文化向中原地区汇聚的"多元一体",再到秦汉统一以后多民族国家形成的"多元一统"的发展进程②,呈现出中华文明是多元文明相互融合为一体的发展格局。而正是这种文明的一体性铸造了中华民族的国土不可分、国家不可乱、民族不可散、文明不可断的共同体意识和集体人格魅力。因此,坚持文化主体性的根本就在于不断坚守中华文明的统一性。

四是传承修齐治平、兴亡有责的家国情怀。以修齐治平和兴亡有责为核心内容的家国情怀是中华优秀传统文化的重要基因和精髓要义。它不仅表达了一种宏大而细腻的民族情感和文明认同,而且凝结着中国人对家国共同体归属认同、责任使命、守望相助、休戚与共的价值信念。因此,我们要坚守文化主体性,就要传承修齐治平、兴亡有责的家国情

---

① 习近平. 在文化传承发展座谈会上的讲话. 求是,2023 (17).
② 中国社会科学杂志社. 建设中华民族现代文明. 北京:社会科学文献出版社,2023:82.

怀，以此来不断激发中华民族的凝聚力和向心力，铸牢中华民族共同体意识。

五是传承厚德载物、明德弘道的精神追求。作为中华优秀传统文化的一个重要元素，"厚德载物、明德弘道"是中华民族传统道德观念的核心要义，是中华民族最深沉的精神追求。"厚德载物"是修身做人的根本遵循，既表达了古人对和而不同的包容开放精神的追求，也呈现着其对宽以待人、上善若水谦卑品质的推崇。"明德弘道"则强调人要自觉立身行道，承担弘扬正道的责任使命。基于此，我们在坚守文化主体性的过程中，要积极传承这种厚德载物、明德弘道的精神追求，推进中华文明的永续发展。

六是传承富民厚生、义利兼顾的经济伦理。富民厚生、义利兼顾是中国古代社会的重要经济伦理主张，它体现了古人关于经济社会发展的民生导向和仁义原则，是中华民族在历史长河中积淀出的有关治国理政、经邦济世的宝贵精神财富，已经成为中华民族的基本共识。新时代，我们要坚守文化主体性，就要继续遵循这一经济伦理要求，统筹推进经济发展和民生保障的有机结合，不断实现全体人民共同富裕。

七是传承天人合一、万物并育的生态理念。作为中华文明的核心命题之一，"天人合一、万物并育"是中华民族自然观的表现方式，体现了中国传统文化中人们对人与宇宙万物之间关系的哲学思考。所谓"天人合一"是指人类要了解自然，适应自然，并积极制定出符合自然规律的制度来造福人类。"万物并育"则是指自然界中的万物各有其生长繁育的空间，彼此之间不应相互危害，而应和谐共生。在新时代，我们要保持文化的主体性，就需要继续坚守这种人与自然共生的生态理念，不断建设优越的地理环境以实现文明的永久延续。

八是传承实事求是、知行合一的哲学思想。"实事求是、知行合一"是中华优秀传统文化的重要元素。"实事求是"出自东汉史学家班固的"修学好古，实事求是"，其意为在摸清事实的基础上探求其真相与真义。"知行合一"是由明朝王阳明提出的一种修身智慧，强调人要具有言行一致、表里如一的修养品质。"实事求是、知行合一"的核心精神是注重理论与实践的结合。这种哲学思想不仅有助于形成不惧形势变化、勇于创新变革的无畏品格，而且有助于共同体产生向内凝聚的磅礴力量，使中华文明成为一种"多元一体、团结集中"的统一性文明。因此，我们要保持文化的主体性，就需要继承和发扬实事求是、知行合一的哲学思想，使其成为新时代中国特色社会主义道德修养、社会风尚与文化气韵的鲜明精神标识。

九是传承执两用中、守中致和的思维方法。作为一种中和辩证的哲学智慧，"执两用中"出自《礼记·中庸》的"执其两端，用其中于民"，强调采用适中的做法，既不过于保守，也不过于激进。"守中致和"出自《礼记·中庸》的"致中和，天地位焉，万物育焉"，意为如果执守中道，就可以达到天地和谐运行、万物并生的中和状态。其核心精神在于要注意天、地、人的有机统一，即"中和"思维。这种"中和"思维不仅有利于中华民族以不偏不倚、不走极端的方法考察问题，有效解决问题，而且有利于中华民族以和而不同、求同存异的方式化解在发展进程中的各种冲突危机，增进文明认同和创新。因此，要坚守文化的主体性，就需要始终遵循"执两用中、守中致和"的思维方法。

十是传承讲信修睦、亲仁善邻的交往之道。"讲信修睦"最早见于《礼记·礼运》的"大道之行也，天下为公，选贤与能，讲信修睦"，它表达了中国人亲诚惠容的道德秉性。"亲仁善邻"最早见于《左传·隐公六年》的"亲仁善邻，国之宝也"，其呈现出中国人对亲人和邻里怀有一种美好祝愿和期望。作为中华文明的核心精神，"讲信修睦"和"亲仁善邻"共同构成了中国人的交往之道，塑造了中国人的道德准则和社会生活，是多元一体的中华民族共同体形成的基本准则。因此，要坚守文化的主体性，我们就需要积极传承和践行"讲信修睦、亲仁善邻"的交往之道。

三、在"守正创新"中实现中华文明的现代转型

为了推进中华文明的建设，更好地担负起新的文化使命，除了要在"两个结合"中铸就中华文明的马克思主义魂、在"坚定文化主体性"中传承中华文明的精神要义，还要在"守正创新"中实现中华文明的现代转型。习近平总书记在文化传承发展座谈会上提出，"坚持守正创新"，"以守正创新的正气和锐气，赓续历史文脉、谱写当代华章"。在他看来，"守正"守的就是"马克思主义在意识形态领域指导地位的根本制度，守的是'两个结合'的根本要求，守的是中国共产党的文化领导权和中华民族的文化主体性"；"创新"创的就是"新思路、新话语、新机制、新形式，要在马克思主义指导下真正做到古为今用、洋为中

用、辩证取舍、推陈出新，实现传统与现代的有机衔接"①。基于此，我们要实现中华文明的现代转型，就不仅要坚持马克思主义在意识形态领域指导地位的根本制度和中国共产党的文化领导权，更要积极推进中华优秀传统文化的创造性转化和创新性发展。

第一，坚持马克思主义在意识形态领域指导地位的根本制度。马克思主义是我们立党立国、兴党兴国的根本指导思想，是社会主义意识形态的旗帜和灵魂。坚持马克思主义在意识形态领域指导地位的根本制度，是党坚持和加强对文化事业全面领导的本质要求，更是推进社会主义文化强国建设的有力保障。它不仅有利于中国特色社会主义文化发展，而且有利于中华文明的永续发展。因此，要坚持马克思主义在意识形态领域指导地位的根本制度，就需要把马克思主义的指导地位贯穿到中华文明建设的各方面，深入实施马克思主义理论研究和建设工程，并落实意识形态工作责任制。

首先，把马克思主义的指导地位贯穿到中华文明建设的各方面。由于坚持马克思主义在意识形态领域指导地位的根本制度，是具体的、现实的，是能看得见的，而不是抽象的、空洞的、无法把握的，因此，我们在推进文化发展领域的所有工作时都需要围绕马克思主义这一根本制度展开。不管是进行理论武装还是进行新闻宣传，也不管是进行文艺创作生产还是推进文化体制改革，我们都要高举马克思主义旗帜，坚定马克思主义的立场、观点和方法，确保中华文明的发展始终沿着正确的方向前进。

---

① 习近平. 在文化传承发展座谈会上的讲话. 求是，2023（17）.

其次，深入实施马克思主义理论研究和建设工程。由于马克思主义理论研究和建设工程是坚持和巩固马克思主义在意识形态领域指导地位的基础工程、战略工程，因此，一方面，我们要按照新时代的新要求，积极将以马克思主义为指导全面落实到思想理论建设、哲学社会科学研究、教育教学各方面，不断深化对中国特色社会主义道路、理论、制度和文化的研究；另一方面，我们要"用中国理论阐释中国实践，用中国实践发展中国理论，强化问题意识和问题导向，以我们正在做的事情为中心"①，不断加大对重大理论问题、现实问题的研究力度，努力建设以马克思主义为指导的学科体系、学术体系、话语体系。

最后，落实意识形态工作责任制。建立意识形态工作责任制不仅是党全面领导意识形态工作的重大举措，而且是党坚持马克思主义在意识形态领域指导地位这一根本制度的重要体现。因此，我们一方面，要坚持党管宣传、党管意识形态不动摇，牢牢把握意识形态工作的领导权，不断增强党在意识形态领域中的主导权和话语权；另一方面，要注意区分政治原则问题、思想认识问题、学术观点问题，坚持做到具体问题具体分析，既不能将什么问题都上升到政治层面，搞"泛政治化"，也不能将什么问题都淡而处之，搞"去意识形态化"。

第二，坚持中国共产党的文化领导权。牢牢把握住党的文化领导权事关党和国家的前途命运，其不仅有利于发展面向世界、面向未来的，

---

① 黄坤明. 坚持马克思主义在意识形态领域指导地位的根本制度. 人民日报，2019－11－20 (6).

民族的科学的大众的社会主义文化，而且有利于推进中华文明的永续发展，增强实现中华民族伟大复兴的精神力量。在全面推进文化繁荣、建设中华文明的过程中，由于意识形态领导权是党把握文化领导权的核心，理论的不断构建是党把握文化领导权的基础，社会主义核心价值观的践行是党把握文化领导权的关键，因此，要坚持中国共产党的文化领导权，就要在牢牢把握意识形态领导权的基础上，持续推进党的理论创新，并积极践行社会主义核心价值观。

首先，牢牢把握意识形态领导权。牢牢把握住意识形态领导权不仅有利于建设具有强大凝聚力和引领力的社会主义意识形态，而且有利于坚定党的文化领导权，维护国家政治安全、制度安全和文化安全。由于意识形态的领导权可以从领导权、管理权和话语权三个层面来理解，因此，我们要牢牢把握意识形态领导权就需要做到以下几点：一是掌握党对意识形态工作的领导权，"全面落实意识形态工作责任制，巩固壮大奋进新时代的主流思想舆论"①。二是加强党对意识形态工作的管理权，既要健全用党的创新理论武装全党、教育人民、指导实践的工作体系，也要加强全媒体传播体系建设，塑造主流舆论新格局。三是加强党对意识形态工作的话语权，全面构建中国特色哲学社会科学学科体系、学术体系、话语体系，培育壮大哲学社会科学人才队伍。

其次，持续推进党的理论创新。中华民族要想站在世界文明的前列，中国共产党就一刻也不能没有理论思维和理论创新。由于马克思主

① 习近平. 高举中国特色社会主义伟大旗帜 为全面建设社会主义现代化国家而团结奋斗：在中国共产党第二十次全国代表大会上的报告. 北京：人民出版社，2022：43.

义理论不是教条而是行动指南，其必须根据中华文明的特质，随着中国实践的发展而发展，因此，中国共产党的理论创新就需要不断地把马克思主义基本原理同中国具体实际相结合、同中华优秀传统文化相结合。在这一理论创新过程中，"我们必须坚持解放思想、实事求是、与时俱进、求真务实，一切从实际出发"[①]，才能真正"作出符合中国实际和时代要求的正确回答，得出符合客观规律的科学认识，形成与时俱进的理论成果，更好指导中国实践"[②]，推进中华文明的不断发展。

最后，积极践行社会主义核心价值观。习近平总书记指出，"文化的影响力首先是价值观念的影响力"[③]，因此，要坚持中国共产党的文化领导权，不仅要不断推进党的理论创新，加强党对文化发展的科学理论引领，还要积极践行社会主义核心价值观。具体而言，一是要用好红色资源，深入开展社会主义核心价值观的宣传教育，不断深化爱国主义、集体主义、社会主义教育，着力培养能够担当民族复兴大任的时代新人；二是要不断推进理想信念教育常态化制度化，抓好"五史"教育，不断坚定中国特色社会主义的共同理想；三是要用社会主义核心价值观铸魂育人，不断完善思想政治工作体系，推进大中小学思想政治教育一体化建设。

第三，坚持中华优秀传统文化的创造性转化和创新性发展。习近平总书记指出："中华优秀传统文化是中华民族的精神命脉，是涵养社会

---

① 习近平. 高举中国特色社会主义伟大旗帜 为全面建设社会主义现代化国家而团结奋斗：在中国共产党第二十次全国代表大会上的报告. 北京：人民出版社，2022：17.

② 同①17 - 18.

③ 闻言. 坚定文化自信，建设社会主义文化强国. 人民日报，2017 - 10 - 16 (7).

主义核心价值观的重要源泉，也是我们在世界文化激荡中站稳脚跟的坚实根基。"① 它不仅为中华民族的生生不息和发展壮大提供了丰厚的精神滋养，而且为中华文明获得持续的生命力，并延续精神血脉提供了精神之源。因此，要发展中华文明就需要坚定中华优秀传统文化的发展。进一步，要推进中华优秀传统文化的发展，就需要顺应社会发展的客观要求，不断推进中华优秀传统文化的创造性转化和创新性发展。正是基于此，习近平总书记明确指出传承和弘扬中华优秀传统文化，要坚持"创造性转化和创新性发展"。所谓的创造性转化"就是要按照时代特点和要求，对那些至今仍有借鉴价值的内涵和陈旧的表现形式加以改造，赋予其新的时代内涵和现代表达形式，激活其生命力"，创新性发展"就是要按照时代的新进步新进展，对中华优秀传统文化的内涵加以补充、拓展、完善，增强其影响力和感召力"②。而要实现中华优秀传统文化的创造性转化和创新性发展，最根本的就是要坚持"古为今用、洋为中用、辩证取舍、推陈出新"③ 的方针，具体做到：

首先，深刻把握"第二个结合"的重大意义，推进中华优秀传统文化的再创造。中华优秀传统文化是中华民族的精神之根，马克思主义是中国共产党人的信仰之本，虽然二者产生的时代空间不同、来源不同，但彼此存在着高度的契合性。正是因为相互契合才能有机结合，也正是因为有机结合才能相互成就，进而促进中华优秀传统文化的再创造。在

---

① 习近平. 在文艺工作座谈会上的讲话. 人民日报，2015-10-15（2）.
② 中共中央宣传部. 习近平新时代中国特色社会主义思想学习纲要（2023年版）. 北京：学习出版社，2023：194.
③ 同①.

马克思主义基本原理同中华优秀传统文化相结合的过程中，一方面，中华优秀传统文化受马克思主义立场、观点、方法的检视、批判、选择、改造，探索面向未来的中国理论和制度创新，完成了现代转型；另一方面，马克思主义从形式到内容被打上了"中华民族"的烙印，成为"中国化"的马克思主义，也最终成为中华文明的一部分。基于此，习近平总书记指出，通过"第二个结合"，可以"让马克思主义成为中国的，中华优秀传统文化成为现代的，让经由'结合'而形成的新文化成为中国式现代化的文化形态"①，最终实现中华优秀传统文化的再创造。

其次，不断立足时代任务，深入挖掘阐发中华优秀传统文化的精髓。要实现中华优秀传统文化的创造性转化和创新性发展，最为基本的就是要在立足时代任务的基础上，深入挖掘阐发中华优秀传统文化的精髓，挖掘和阐发就是要从当代的政治、经济、科学、社会、文化生活的需要去看，使古代文化的意义能与现时代联结起来②。如新时代的中国共产党，从新时代新征程自身的使命任务出发，提出要在地广物丰、人口众多的农牧文明基础上创造"人口规模巨大的现代化"，在"以民为贵"传统社会观和"邻里和睦"传统伦理观基础上创造"全体人民共同富裕的现代化"，在"修身齐家""刚正无私"的传统精神道德基础上创造"物质文明和精神文明相协调的现代化"，在"敬畏自然""天人合一"传统宇宙观基础上创新发展"人与自然和谐共生的现代化"，在"协和万邦""和而不同"传统天下观基础上创新发展"走和平

---

① 习近平. 在文化传承发展座谈会上的讲话. 求是，2023（17）.
② 陈来. 中华优秀文化的传承和发展. 光明日报，2017-03-20（15）.

发展道路的现代化"。正是在这种以时代任务为出发点，不断挖掘中华优秀传统文化精髓的过程中，中华优秀传统文化才真正得以实现创造性转化和创新性发展。

最后，积极推进交流互鉴，促进中华优秀传统文化的创新发展。一方面，要讲好中国故事，使国际社会全面正确认识中华优秀传统文化。"越是民族的，越是世界的"，中华优秀传统文化之所以对海外民众有非常大的吸引力，主要是因为它的民族特色。为此，在内容方面，我们"应充分挖掘提炼中华优秀传统文化的精髓与精神标识，筛选具有鲜明民族特色的文化元素和标志性符号讲好中国故事"[①]。在方法方面，我们应积极探索中华优秀传统文化国际表达的恰当范式，"有效规避文化差异和语言障碍造成的话语失效和价值观对立"[②]。另一方面，要广泛吸收借鉴各国先进文明成果，丰富发展中华优秀传统文化。一是围绕中华优秀传统文化与世界其他各国文化的契合点、互补性以及人类社会共同价值诉求广泛开展文化交流活动。二是从中国国情出发，在辩证分析的基础上吸收借鉴国际先进文化成果，并通过本土化的转化再造、发展创新做到以我为主、为我所用，不断推动中华优秀传统文化在与世界文明的交流互鉴中创新发展。

四、在"人类文明新形态"的视域中建设中华文明的现代文化形态

文明是文化发展的成果和结晶，也是作为类的人区别于其他动物的

---

① 王丽霞. 中华优秀传统文化创造性转化和创新性发展路径探析. 山东社会科学, 2021 (11).
② 张明, 陈波. 中华优秀传统文化国际传播感召力建构研究. 湖北社会科学, 2021 (8).

根本标尺。虽然不同的自然环境、经济制度、文化基因和风土人情会衍生出不同的文明形态，但各个文明又都是在把握世界文明发展一般规律的基础上形成的具有本民族特色的、有利于生产力发展和人的发展的文明形态。习近平总书记在庆祝中国共产党成立 100 周年大会上指出："我们坚持和发展中国特色社会主义，推动物质文明、政治文明、精神文明、社会文明、生态文明协调发展，创造了中国式现代化新道路，创造了人类文明新形态。"① 作为超越资本主义现代文明形态的中华文明最新表现样态，"人类文明新形态"是其不断兼容并包、遵循人类文明发展演进规律的产物，也是马克思主义与中国国情、中华文明相融合的产物，更是中国式现代化实践不断深化的最精髓呈现。其"新"主要体现为，它不仅在实践上是对资本主义文明形态的彻底超越，从时序上看，它是最新近于"现时代"的文明，而且在理论上强调科学社会主义在当代世界的胜利，凸显了社会主义文明的不断生成。基于此，为了实现中华文明的永续发展，我们必须站在人类文明新形态的高度，在人类文明新形态开创的人类文明发展新动向、人类解放新途径和人类发展新前景的实践框架中不断建设中华文明的现代文化形态。

第一，在开创人与自然和解的新道路上建设中华文明的现代文化形态。资本主义文明是以资本逻辑为驱动的，"其目的是使自然界（不管是作为消费品，还是作为生产资料）服从于人的需要"②。由于其是借助于资本扩张、疯狂圈占自然资源等方式推进文明发展的，因此，资本

---

① 习近平. 在庆祝中国共产党成立 100 周年大会上的讲话. 人民日报，2021-07-02 (2).
② 马克思，恩格斯. 马克思恩格斯文集：第 8 卷. 北京：人民出版社，2009：91.

主义文明必然引发人与自然的深度矛盾，造成现代文明的悖论。而以社会主义文明为主要标识的人类文明新形态则强调人与自然的生命共同体属性，它通过合理地调节人与自然之间的物质变换，实现了人与自然的彻底复归，进而最终使人第一次成为自然界真正的主人。基于此，我们在建设中华文明的现代文化形态的过程中，就需要在人类文明新形态开创的人与自然和解的道路上，坚持"中国式现代化是人与自然和谐共生的现代化"，强调"人与自然是生命共同体"，"坚持可持续发展，坚持节约优先、保护优先、自然恢复为主的方针"，"坚定不移走生产发展、生活富裕、生态良好的文明发展道路，实现中华民族永续发展"[①]。

第二，在开创人类社会发展新模式中建设中华文明的现代文化形态。从人类社会的发展模式来看，有扩张侵略性的道路，也有独立自主性的道路，有依靠资本逻辑实现价值增值的模式，也有依靠人的逻辑实现社会发展的模式。就资本主义文明而言，它开创的是一条以生产资料私人占有、以资本家为主导力量的发展模式。这种模式由于自身的扩张性和其奉行的资本逻辑，最终导致了人的异化。而人类文明新形态则重置了人与发展之间的关系，把人作为发展的目的，而不是工具，是一种以人为本的文明形态，是把人作为发展主体的文明形态。因此，在人类文明新形态的视域下，我们建设的中华文明的现代文化形态一定是以人民为中心的，把握人民愿望、尊重人民创造、集中人民智慧的文明。为此，我们不仅要提升人民的物质富足度，"坚持把实现人民对美好生活

---

① 习近平. 高举中国特色社会主义伟大旗帜 为全面建设社会主义现代化国家而团结奋斗：在中国共产党第二十次全国代表大会上的报告. 北京：人民出版社，2022：23.

的向往作为现代化建设的出发点和落脚点，着力维护和促进社会公平正义，着力促进全体人民共同富裕，坚决防止两极分化"①，而且要提升人民的精神富有度，"大力发展社会主义先进文化，加强理想信念教育，传承中华文明"②，促进精神的全面富有和人的全面发展。

第三，在开创世界和平共荣的新价值理念中建设中华文明的现代文化形态。在人类文明的发展过程中，马克思主义唯物史观的提出为人类社会历史发展开创了一个不同于资本主义文明的全新场景。在这一全新的发展场景中，"人的全面发展""自由人联合体"是人类历史发展的终极目标，人类最终要建立起属于"社会化人类"的真正共同体，进而实现世界的大同。作为以马克思主义唯物史观为指导的文明形态，中国共产党提出的人类文明新形态的"新"就在于"它打破了资本主义文明一统天下的局面，破除了资本主义引发的文明冲突与对抗、世界分化与鸿沟，弘扬世界和平、发展、公平、正义、民主、自由的全人类共同价值，坚持胸怀天下，坚守天下为公"③。由此可见，这种新文明高举和平、发展、合作、共赢的旗帜，将不断推进世界的和平发展、文明的交流互鉴作为根本目标，其本质是一种超越文明冲突与对抗的崭新文明。基于此，我们在建设中华文明的现代文化形态的过程中，一方面，要坚持胸怀天下的世界观，"拓展世界眼光，深刻洞察人类发展进步潮流，积极回应各国人民普遍关切，为解决人类面临的共同问题作出贡献，以海纳百川的

---

① 习近平. 高举中国特色社会主义伟大旗帜 为全面建设社会主义现代化国家而团结奋斗：在中国共产党第二十次全国代表大会上的报告. 北京：人民出版社，2022：22.

② 同①23.

③ 黄建军. 唯物史观视域中的人类文明新形态. 中国社会科学，2023（10）.

宽阔胸襟借鉴吸收人类一切优秀文明成果，推动建设更加美好的世界"①，不断谱写人类文明发展的新篇章；另一方面，要坚持走和平发展道路的现代化，坚定地站在历史正确的一边，站在人类文明进步的一边，不仅反对"零和博弈"，而且反对"丛林法则"，"在坚定维护世界和平与发展中谋求自身发展，又以自身发展更好维护世界和平与发展"②。

第四，在开创人的解放的新意境中建设中华文明的现代文化形态。从文明的本质来看，由于人是历史创造的主体，也是文明创造的主体，"人，本质上就是文化的人，而不是'物化'的人；是能动的、全面的人，而不是僵化的、'单向度'的人"③，因此，人类文明发展的目的应具有"为人性"，也即要促使人类整体向更高位阶发展。然而，资本主义文明却使"人的社会关系转化为物的社会关系；人的能力转化为物的能力"④，违背了人类文明发展的本真。相比而言，中国共产党创造的人类文明新形态是一种既"为人民谋幸福"也"为人类谋解放"的文明形态，是"蕴含人类共同价值、具有社会发展的普遍性特征的新形态"⑤，其全部的价值指向就在于不断地促进人的解放与人的全面发展，体现着中国共产党为世界人民谋大同的使命担当。基于此，为了建设中华文明的现代文化形态，一方面，我们必须始终坚持中国特色社会主义，全面贯彻习近平新时代中国特色社会主义思想，在坚定文化自信自强中不断推

---

① 习近平. 高举中国特色社会主义伟大旗帜 为全面建设社会主义现代化国家而团结奋斗：在中国共产党第二十次全国代表大会上的报告. 北京：人民出版社，2022：21.

② 同①23.

③ 习近平. 之江新语. 杭州：浙江人民出版社，2007：150.

④ 马克思，恩格斯. 马克思恩格斯文集：第8卷. 北京：人民出版社，2009：51.

⑤ 顾海良. "坚持中国道路"的历史回溯和时代蕴含. 红旗文稿，2022（2）.

进中华文明的现代文化形态的发展，为促进人的解放提供"中国做法"；另一方面，我们必须积极倡导构建人类命运共同体，将"和平、发展、合作、共赢"作为人类发展共同价值和文明交往的方式，推动建设持久和平、共同繁荣的和谐世界，不断续写人类文明新形态的华彩乐章。

第四节

努力构建社会主义和谐社会

古往今来，无论是在中国还是在西方国家，构建和谐社会都是人类梦寐以求、不懈奋斗的理想目标。中华民族有"小康社会""大同社会"的憧憬，古希腊时期哲人有"理想国"的构想，空想社会主义者有"乌托邦"的期盼，马克思、恩格斯通过论证人类社会的发展规律，提出以共产主义代替资本主义，建立"自由人联合体"，实现社会和谐和人的自由全面发展。作为一个马克思主义政党，中国共产党自成立起，就把实现和谐社会的高级形态——共产主义作为最高理想和最终目标，并在社会主义革命和建设时期、改革开放和社会主义现代化建设新时期、中国特色社会主义新时代的长期实践中，对社会和谐进行了艰辛探索和不懈努力，逐渐形成了坚持党的领导、推进经济高质量发展、推进社会主义和谐政治建设、加强社会主义和谐文化建设、加强社会建设与治理的构建路径。

一、坚持党的领导

构建社会主义和谐社会是一项复杂的系统工程和实践任务，其涉及经济、政治、文化、社会、生态文明等各个方面的发展。在这一艰巨而复杂的实践任务推进过程中，需要一个坚强的领导核心来实现最广大人民群众的利益，化解社会各阶层的矛盾，实现社会主义社会的和谐发展和科学发展。中国共产党是中国工人阶级的先锋队，同时是中国人民和中华民族的先锋队。党不仅代表工人阶级的利益，而且代表中国人民和中华民族的利益。因此，在构建社会主义和谐社会的过程中，为了维护最大多数人民的根本利益，把14亿多人的思想统一起来，把所有的力量团结起来，就必须要坚持党的领导。

第一，只有中国共产党有资格有能力领导和谐社会的建设。中华民族是一个崇尚和谐的民族，但自近代以来国家备受外来侵略，人民饱受苦难煎熬。为了摆脱凌辱与压迫、贫穷与落后，实现社会和谐，许多的有识之士不断寻求中国的救亡图存之路。从洋务运动、戊戌变法到辛亥革命，优秀的中华儿女为实现救国救民前仆后继、英勇斗争，各种救国方案轮番出台，但都以失败告终。十月革命一声炮响，给中国送来了马克思列宁主义，促进了中国人民和中华民族的伟大觉醒。在马克思列宁主义同中国工人运动的紧密结合中，中国共产党应运而生。"中国产生了共产党，这是开天辟地的大事变，中国革命的面貌从此焕然一新"①，

---

① 中共中央关于党的百年奋斗重大成就和历史经验的决议. 北京：人民出版社，2021：4.

这种"焕然一新"意味着中国共产党担负起了救国救民的历史重任。至此，经过顽强斗争，中国共产党赶走了外国列强，摧垮了封建统治，不仅把中国与中国人民从危难中解救出来，洗刷了近代以来中华民族"挨打""挨饿"的耻辱，而且带领中国人民艰苦奋斗，把一个贫困交加、四分五裂的旧中国建设成了一个团结统一、前途光明、自信自强、充满和谐生机的新中国。在这一不断完成历史任务的过程中，中国共产党始终将人民的利益放在最高位，坚持全心全意为人民服务的革命宗旨，尊重人民，造福人民，关心人民。正是基于此，党的十九届六中全会在总结党的百年重大成就和历史经验时掷地有声地指出："中国共产党是领导我们事业的核心力量。中国人民和中华民族之所以能够扭转近代以后的历史命运、取得今天的伟大成就，最根本的是有中国共产党的坚强领导。"[①]

第二，只有坚持中国共产党的领导，才能保证和谐社会的社会主义性质。自古以来，无论在中国还是在西方国家，都产生过不少的社会和谐思想，而我们要建立的是社会主义性质的和谐社会。这种和谐社会在根本上不同于传统的和谐社会，其基本特征为：民主法治、公平正义、诚信友爱、充满活力、安定有序、人与自然和谐相处。具体而言，这样的和谐社会，一是社会主义民主得到充分发扬、各方面积极因素都得到广泛调动的社会，二是各方面的利益关系得到妥善协调、公平正义得到切实维护和实现的社会，三是人们互帮互助、平等友爱、融洽相处的社会，四是一切有利于社会进步的愿望得到尊重、创造才能得到发挥、创

---

① 中共中央关于党的百年奋斗重大成就和历史经验的决议. 北京：人民出版社，2021：65.

造成果得到肯定的社会，五是管理完善、秩序良好、安定团结、人民安居乐业的社会，六是生产发展、生活富裕、生态良好的社会。由此可见，社会主义和谐社会是体现社会主义本质要求的现代性的新型的和谐社会。显然，建设这样的和谐社会，只有在中国共产党的领导下才能实现。

第三，只有坚持中国共产党的领导，才能推动社会主义和谐社会顺利实现。在中国社会发生深刻变革的历史进程中，能否建设一个全体人民各尽其能、各得其所而又和谐相处的社会，是对中国共产党执政能力和先进性的重大考验。改革开放40多年，中国经济社会发展取得了历史性的伟大成就，不仅成功地使中国特色社会主义进入新时代，而且完成了脱贫攻坚、全面建成小康社会的历史任务，实现了第一个百年奋斗目标。必须看到，中国已进入改革的深水区和关键时期，社会主义和谐社会的建设面临着如"发展不平衡不充分问题仍然突出，推进高质量发展还有许多卡点瓶颈，科技创新能力还不强；确保粮食、能源、产业链供应链可靠安全和防范金融风险还须解决许多重大问题；重点领域改革还有不少硬骨头要啃；意识形态领域存在不少挑战"[1] 等一系列问题。而要正确地应对和解决这些问题，促进社会和谐，就必须充分发挥党的领导核心作用。首先，中国共产党具有强大的思想理论优势。尤其是新时代以来创立的习近平新时代中国特色社会主义思想，明确了坚持和发展中国特色社会主义的基本方略，提出了一系列治国理政的新理念新思想新战略，全方位地保证了社会主义和谐社会的正确方向。其次，中国

---

① 习近平. 高举中国特色社会主义伟大旗帜 为全面建设社会主义现代化国家而团结奋斗：在中国共产党第二十次全国代表大会上的报告. 北京：人民出版社，2022：14.

共产党具有强大的组织优势，为社会主义和谐社会提供了坚实的组织基础。"严密的组织体系是党的优势所在、力量所在。"① 到2023年底，中国共产党有500多万个基层党组织和9 900多万名党员，他们分布在社会生产生活的各个领域，充分发挥各级党组织的战斗堡垒作用和广大党员的先锋模范作用。这有利于把构建社会主义和谐社会的要求落到实处。最后，中国共产党具有密切联系群众的优势。人心是最大的政治。通过群众路线和思想政治工作，中国共产党能够动员和团结广大人民群众，把各方面的力量最大限度地凝聚起来。

综上可见，在构建社会主义和谐社会的过程中，必须坚持党的领导不动摇，充分发挥其领导核心作用，这是构建社会主义和谐社会的重要政治保证。

二、推进经济高质量发展

要想真正构建起社会主义和谐社会，最基本的物质基础就是保持经济持续、快速、协调和健康发展，全力推进经济高质量发展。只有实现了经济的高质量发展，经济社会才能协调发展，才能形成更加完善的分配关系和社会保障体系，也才能创造更多的就业机会，不断满足人民群众对美好生活的需求，最终促进整个社会的和谐发展。基于此，我们必须立足新发展阶段，"完整、准确、全面贯彻新发展理念，坚持社会主义市场经济改革方向，坚持高水平对外开放，加快构建以国内大循环为

---

① 习近平. 高举中国特色社会主义伟大旗帜 为全面建设社会主义现代化国家而团结奋斗：在中国共产党第二十次全国代表大会上的报告. 北京：人民出版社，2022：67.

主体、国内国际双循环相互促进的新发展格局"①，不断以中国式现代化推进全体人民共同富裕。

第一，立足新发展阶段。2020年8月24日，习近平总书记在主持召开经济社会领域专家座谈会时第一次提出"新发展阶段"命题，指出："'十四五'时期是我国全面建成小康社会、实现第一个百年奋斗目标之后，乘势而上开启全面建设社会主义现代化国家新征程、向第二个百年奋斗目标进军的第一个五年，我国将进入新发展阶段。"②2021年1月，他在省部级主要领导干部学习贯彻党的十九届五中全会精神专题研讨班上进一步指出，"新发展阶段"是"社会主义初级阶段中的一个阶段，同时是其中经过几十年积累、站到了新的起点上的一个阶段"③。

具体而言，一是新发展阶段是中国社会发展进程中的一个新阶段。它反映了中国经济社会发展"质的飞跃"，是生产力不断发展而产生的结果。自新中国成立以来，中国生产力发展经历了社会主义革命和建设时期、改革开放和社会主义现代化建设新时期、中国特色社会主义新时代三个阶段。第一个阶段通过生产关系的变革，奠定了中国社会发展的根本政治前提和制度基础。第二个阶段通过体制、机制的变革，为中国社会发展提供了充满活力的体制保障。第三个阶段通过一系列历史性变革，使中国发展实现了从生产力相对落后到经济总量跃居世界第二的历

---

① 习近平. 高举中国特色社会主义伟大旗帜 为全面建设社会主义现代化国家而团结奋斗：在中国共产党第二十次全国代表大会上的报告. 北京：人民出版社，2022：28.

② 习近平. 论把握新发展阶段、贯彻新发展理念、构建新发展格局. 北京：中央文献出版社，2021：371.

③ 习近平. 习近平谈治国理政：第4卷. 北京：外文出版社，2022：162.

史性突破。而新发展阶段属于中国生产力发展进程中的第三个阶段中的一个新阶段。从纵向来看，这个阶段表征着中国社会主义现代化建设站在了全面建设社会主义现代化国家、向第二个百年奋斗目标进军的新起点上。从横向来看，这个阶段表明中国经济发展的环境和条件发生了新变化，其指导原则是贯彻新发展理念，路径选择为构建新发展格局，鲜明主题是推动高质量发展。二是新发展阶段是中国社会主义发展进程中的从初级阶段向更高阶段迈进的新阶段。它规定了新发展阶段的性质，其内涵主要包括三个方面：首先，新发展阶段是社会主义初级阶段中的一个阶段。从时间范畴看，它是社会主义初级阶段发展中的一个特定阶段；从主要任务看，它是针对社会主义初级阶段中全面建成社会主义现代化强国的任务提出的。其次，新发展阶段是社会主义初级阶段在新的起点上向下一个阶段前进的阶段。它不同于社会主义初级阶段的起始时期，也不同于改革开放时期，而是站在了全面建成小康社会的新的历史起点上，是社会主义初级阶段的最新发展阶段。最后，新发展阶段是社会主义从初级阶段迈向更高阶段的过渡阶段。这个过渡阶段就是社会主义的比较发达阶段。经过新发展阶段的过渡，社会主义初级阶段迈向高级阶段的条件会更充分和更坚实。

由此可见，新发展阶段不仅明确了社会主义初级阶段的基本走向，更为我国全面构建社会主义和谐社会提供了明确的历史方位，是中华民族伟大复兴的关键阶段。基于此，习近平总书记指出："正确认识党和人民事业所处的历史方位和发展阶段，是我们党明确阶段性中心任务、制定路线方针政策的根本依据，也是我们党领导革命、建设、改革不断取得胜利的重要经验。"①

第二，贯彻新发展理念。发展是解决我国一切问题的基础和关键，发展必须是科学发展，我们必须坚定不移贯彻创新、协调、绿色、开放、共享的发展理念。因此，在推动经济高质量发展的过程中，新时代的中国共产党要求全面贯彻新发展理念。这种新发展理念是一场关涉经济发展全局的深刻变革，其与以往发展理念的最大不同表现为不再"简单以生产总值增长率论英雄"，而是要实现创新成为第一动力、协调成为内生特点、绿色成为普遍形态、开放成为必由之路、共享成为根本目的的高质量发展。

具体而言：一是创新。由于创新不仅是先进生产力发展的必然产物，而且是历次科技革命的第一推动力，因此，要想实现经济的高质量发展，我们就要重视创新、勇于创新，通过创新培育发展新动力、培育先发优势，不断占领发展的制高点。二是协调。协调发展是经济高质量发展的最基本要求。要协调，就必须掌握辩证法，不仅要"处理好局部和全局、当前和长远、重点和非重点的关系，在权衡利弊中趋利避害、作出最为有利的战略抉择"②，而且要"着力推动区域协调发展、城乡协调发展、物质文明和精神文明协调发展，推动经济建设和国防建设融合发展"③。三是绿色。高质量发展最核心的就是人民生活的高质量。生活高质量的基础就是生活环境的发展，只有在发展的态势中保持绿色的质量，才会有高质量发展。基于此，习近平总书记指出，我们必须

---

① 深入学习坚决贯彻党的十九届五中全会精神 确保全面建设社会主义现代化国家开好局. 人民日报，2021-01-12 (1).

②③ 习近平. 习近平谈治国理政：第2卷. 北京：外文出版社，2017：206.

"坚定推进绿色发展，推动自然资本大量增值，让良好生态环境成为人民生活的增长点、成为展现我国良好形象的发力点"①。四是开放。开放是发展的必由之路。如果没有开放，高质量的发展就无从谈起。当然，在开放的过程中，我们也应该注意到，"今天开放发展的大环境总体上比以往任何时候都更为有利，同时面临的矛盾、风险、博弈也前所未有，稍不留神就可能掉入别人精心设置的陷阱"②。五是共享。共享是高质量发展的根本目的，体现了中国共产党的人民立场。只有实现了经济发展的共享，其高质量才是真正落地。为此，我们要以共建推动共享，做好兜底保障，夯实共享的基础，在提高共享能力和共享水平的过程中不断实现共同富裕。

第三，构建新发展格局。所谓的新发展格局就是以国内大循环为主体、国内国际双循环相互促进的战略构想。它不仅是全面建设社会主义现代化国家的必由之路，更是实现经济高质量发展的题中之义。要构建新发展格局，新时代的中国共产党提出，必须要对内深化改革，增强内生动力和可靠性的同时，扩大对外开放，深度参与国际大循环。

首先，实施扩大内需战略。扩大内需战略、培育完整的内需体系是加快构建新发展格局、推动经济高质量发展的当务之急。为此，一是顺应消费升级趋势，培育新型消费，发展服务消费，适当增加公共消费，开拓城乡消费市场，不断完善消费体系，夯实消费对经济发展的基础性

① 习近平. 习近平谈治国理政：第 2 卷. 北京：外文出版社，2017：210.
② 同①213.

作用。二是深化收入分配改革，提高劳动报酬在初次分配中的比重，加大税收、社会保障等再分配的调节力度，引导和支持第三次分配，促进整体消费水平提升和消费结构优化。三是完善流通体系，打造覆盖全国、贯通城乡、运转高效的物流网络。

其次，建设全国统一大市场。建设全国统一大市场的目的在于打破地方市场分割格局，形成全国统一的市场规则。为此，一是深化要素的市场化改革。不仅要完善要素产权制度，建立完备的要素市场，而且要健全要素市场运行机制，推动要素配置依据市场规则、市场价格、市场竞争实现效益最大化和效率最优化。二是积极推进供给侧结构性改革，不断实现产业结构、区域结构、要素投入结构、经济发展动力结构和收入分配结构的优化调整，充分发挥市场在资源配置中的决定性作用。三是完善全国统一大市场的制度体系。其主要包括建立健全全国统一的产权制度、市场准入制度，形成公平竞争制度，建立健全法律制度体系和信用制度体系。

最后，构建更高水平开放型经济新体制。中国作为世界第二大经济体，已经踏上了全面建设社会主义现代化国家的新征程。在社会主义现代化强国的建设过程中，发展仍然是第一要务。而要发展，对外开放还是一个必选项。因此，我们必须通过更高水平的开放来促进高质量发展。具体而言：一是加快建设自由贸易区和自由贸易港，集中制造业、服务业等的优势资源，主动扩大进口规模。二是持续优化营商环境，不仅要进一步深化政府的"放管服"改革，而且要进一步通过制度性开放等措施吸引更多高质量外资进入中国。三是积极倡导贸易自由化、投资便利化和经济全球化，与全球相关国家积极签订双边、多边和区域之间的贸易协定和投资协定。四是通过共建"一带一路"合作倡议，发挥各个国家和地区的比较优势，不断形成双赢和多赢的利益共同体，实现各国的互利共赢。

三、推进社会主义和谐政治建设

社会主义和谐政治建设是中国特色社会主义事业的重要组成部分，是实现社会稳定、促进社会公平正义的基础性条件。推进社会主义和谐政治建设，可以从加强民主法治建设、完善协商民主机制、推动基层治理创新等方面着手，确保中国特色社会主义政治系统在融洽、均衡、协调有序的状态中运行与发展。

第一，加强民主法治建设，为和谐政治提供制度保障。民主法治既是推动社会和谐稳定的目标和任务，又是实现社会公平正义、保障人民安居乐业、维护国家长治久安的重要制度保障。民主法治建设的核心在于保障人民当家作主的权利，通过健全法律面前人人平等的制度机制，进一步维护社会公平正义，从而实现社会的和谐稳定和国家的长治久安。

一方面，加强人民当家作主的制度保障。党的十八大以来，以习近平同志为核心的党中央从巩固中国特色社会主义制度的战略高度出发，深入认识和推进民主政治发展，坚持用制度体系保障人民当家作主。习近平总书记多次指出："中国共产党领导人民实行人民民主，就是保证和支持人民当家作主。保证和支持人民当家作主不是一句口号、不是一句空话，必须落实到国家政治生活和社会生活之中，保证人民依法有效行使管理国家事务、管理经济和文化事业、管理社会事务的权力。"①人民代表大会制度是支持和保障人民行使国家权力、保证国家政治生活既充满活力又安定有序的根本政治制度，要坚持好、完善好、运行好。要健全人大对行政机关、监察机关、审判机关、检察机关的监督制度，完善监督法及其实施机制，强化人大预算决算审查监督和国有资产管理、政府债务管理监督，健全人大议事规则和论证、评估、评议、听证制度，保障全体人民依法实行民主选举、民主协商、民主决策、民主管理、民主监督，依法通过各种途径和形式管理国家事务、经济和文化事业、社会事务，有效克服一些国家存在的那种人民形式上有权、实际上无权和选举时漫天许诺、选举后无人过问的现象。

另一方面，完善中国特色社会主义法治体系。习近平总书记指出："中国特色社会主义法治体系，本质上是中国特色社会主义制度的法律表现形式。"②党的二十届三中全会审议通过的《中共中央关于进一步全面深化改革 推进中国式现代化的决定》提出：法治是中国式现代化的重要保障。必须全面贯彻实施宪法，维护宪法权威，协同推进立法、执法、司法、守法各环节改革，全面推进国家各方面工作法治化。首先，深化立法领域改革，完善以宪法为核心的中国特色社会主义法律体系，健全保证宪法全面实施制度体系，进一步加强党对立法工作的领

---

① 习近平. 在庆祝中国人民政治协商会议成立 65 周年大会上的讲话. 人民日报，2014 - 09 - 22 (2).

② 习近平. 坚定不移走中国特色社会主义法治道路 为全面建设社会主义现代化国家提供有力法治保障. 求是，2021 (5).

导，健全党内法规同国家法律法规衔接协调机制，以数字化手段推动法律规范的统一。其次，深入推进依法行政，推进政府机构、职能、权限、程序、责任法定化，促进政务服务标准化、规范化、便利化，完善重大决策、规范性文件合法性审查机制，完善基层综合执法体制机制，健全行政复议体制机制，构建纵向管理和地方协同的行政管理架构。再次，健全公正执法司法体制机制，确保监察、公安、检察、审判、司法各环节的相互制衡与有效监督，深化审判权和执行权分离改革，强化当事人、检察机关和社会公众对执行活动的全程监督，完善国家赔偿制度，规范专门法院设置。又次，完善推进法治社会建设机制，健全覆盖城乡的公共法律服务体系，深化律师制度、公证体制、仲裁制度、调解制度、司法鉴定管理体制改革，改进法治宣传教育，完善以实践为导向的法学院校教育培养机制，并加强和改进未成年人权益保护。最后，加强涉外法治建设，建立一体推进涉外立法、执法、司法、守法和法律服务、法治人才培养的工作机制，完善涉外法律法规体系和法治实施体系深化执法司法国际合作，健全国际商事仲裁和调解制度，为涉外法律适用提供保障①。

第二，完善协商民主机制，构建社会和谐的多元平台。协商民主是中国特色社会主义民主政治的特有形式，是凝聚各方力量、调动一切积极因素、推动政治和谐的重要手段。通过协商民主，不同群体得以在平等、公开的平台上对话，表达诉求，解决利益冲突，从而维护和促进社

---

① 中共中央关于进一步全面深化改革 推进中国式现代化的决定. 人民日报, 2024 - 07 - 22 (1).

会的团结与稳定。

一方面，构建纵横交错、系统完备的协商民主体系。党的二十大报告明确要求，"完善协商民主体系，统筹推进政党协商、人大协商、政府协商、政协协商、人民团体协商、基层协商以及社会组织协商，健全各种制度化协商平台"①。这要求将不同领域和层级的协商机制打通，建立一个纵向畅通、横向协调的体系，以提升社会主义民主政治的和谐程度。在纵向方面，各层级需要建立相应的协商平台，保障协商成果能够沿纵向链条有效传递，实现各层级的顺畅沟通。在横向方面，协商民主体系以政党协商为核心，包括人大协商、政府协商、政协协商、人民团体协商、基层协商、社会组织协商等多个主体，旨在实现各主体的整体协调。

另一方面，夯实协商民主体系的制度基础，使其与其他根本制度、基本制度和重要制度相互协调，彼此支撑。党的二十大报告提出，要全面发展协商民主，必须坚持"党的领导、统一战线、协商民主有机结合"②。首先，坚持党的领导。党的领导是协商民主的政治保障，确保民主政治始终沿着社会主义方向发展，为和谐政治奠定坚实基础。其次，完善统一战线。作为协调整合各党派、民族、阶层和团体利益的机制，统一战线为社会主义民主政治注入了和谐内涵。进一步完善统一战线格局，有助于增强团结，发扬民主，保持政治和谐稳定。最后，发展协商民主。只有通过协商才能使不同的政治观点得到充分的阐释、论证

①② 习近平. 高举中国特色社会主义伟大旗帜 为全面建设社会主义现代化国家而团结奋斗：在中国共产党第二十次全国代表大会上的报告. 北京：人民出版社，2022：38.

和倾听，进而使不同的参与者在利益权衡与偏好转换的过程中寻找到"最大公约数"，最终实现政治的和谐发展。此外，协商民主还注重完善利益表达渠道，以确保公众在参与过程中可以真正发挥作用。例如，一些地方通过居民代表、专家学者共同参与社区议事，使得社区在事关民生的议题上具有协商对话的平台。协商民主机制不仅有助于减少政府与民众间的隔阂，也能够有效化解政策实施过程中的潜在矛盾，达成社会和谐。

第三，推动基层治理创新，实现和谐政治的基础保障。基层治理不仅是社会治理的最基本单元，更是推进和谐政治建设的保障。在社会多元化的背景下，基层治理创新愈显重要。近年来，社区治理的"网格化管理"和村民自治机制的创新正是基层治理创新的具体体现。这些制度的推广让居民直接参与到公共事务中，从而提升了他们的公共参与意识，使社会治理的过程更加透明与高效。

基层治理创新的核心在于强化基层民主，提高基层群众的自我管理能力。基层民主既是社会主义民主政治的重要体现，也是推进和谐政治建设的基本目标。党的十八大以来，中国共产党不断推动基层治理创新，通过规范基层民主选举制度、构建基层民主协商实践体系、实现人民意愿和科学民主决策的统一、提高基层群众的自我管理能力、强化基层民主监督，逐步构建起高质量发展的基层民主治理格局。这一系列措施不仅完善了基层治理制度，也为社会主义和谐政治建设奠定了坚实的群众基础。

一是规范基层民主选举制度。确保基层群众自治制度在党的领导下、社会和谐的框架内运行，始终坚持农村基层党组织的领导地位，推动高效、先进的基层党组织建设，积极发展基层民主，使群众通过合法合规的选举机制表达诉求，充分体现社会主义基层民主的活力。

二是构建基层民主协商实践体系。拓展群众自治的范围和途径，提供平等对话、共同协商的空间。通过构建程序完善、环节完整的协商民主体系，营造"众人的事情由众人商量"的民主氛围。同时，推进基层协商的常态化，创新开展全过程的基层民主协商，确保各类公共事务在充分讨论中达成共识，保障协商成果的有效性。

三是实现人民意愿和科学民主决策的统一。通过事前广泛动员、事中搭建平台、事后及时反馈的全过程管理，使基层民主形成民主决策全链条、全流程的闭环，使决策更科学、务实，切实增强群众的参与感和认同感。

四是提高基层群众的自我管理能力。营造"民事民办、民事民管、民事民议、民事民评"的氛围，推动群众积极参与、管理本地公共事务，逐步实现基层的自我治理。在社区层面，引导居民参与小区事务、公共环境维护等活动，使群众逐步增强责任意识，形成广泛的自治氛围。

五是强化基层民主监督。通过信访举报信箱、党风政风热线等渠道保障群众的监督权，设立村（居）务监督委员会、实行政务公开等措施，保障群众的知情权、参与权和监督权，让基层群众能切实监督事务发展方向，提升基层治理的透明度和公信力。

四、加强社会主义和谐文化建设

文化表征着社会的思想观念、道德观念和价值准则，体现着社会的精神气质和文明层次，是维系社会发展的精神支柱。社会主义和谐文化是与社会主义和谐社会相适应的思想文化体系，是关于人自身和谐、人际关系和谐、人与社会关系和谐、人与自然关系和谐、中国与世界关系和谐的思想观念、价值体系、行为规范、文化产品、社会风尚、制度体制等①，它是社会主义和谐社会的重要组成部分，也是建设社会主义和谐社会的价值导向、智力支撑和精神武装。加强社会主义和谐文化建设，就是要在坚持"以人民为中心"的基础上，广泛践行社会主义核心价值观，使全社会崇尚和平、和睦、和谐的精神，形成共同的和谐社会理想，奉行互助、合作、团结、稳定的社会准则，提高全社会的文明程度。

第一，坚持"以人民为中心"。"以人民为中心"是始终将人民放在心中最高位置的思想观念、价值取向和评价尺度。这里的"人民"是一个社会历史范畴，其不仅包括社会一定数量的人口，而且特指承担一定的社会责任和伦理义务，并对人类社会历史和生产力发展起推动和促进作用的社会进步力量②。以人民为中心是习近平新时代中国特色社会主义思想的本质要求和价值旨归，更是构建社会主义和谐社会的首要价值和基本原则。因此，建设社会主义和谐文化必须坚持以人民为中心的最高价值取向，始终把人民对美好文化生活的向往作为奋斗目标。具体而言，在社会主义和谐文化的建设过程中，首先，一切依靠人民。人民是社会历史的创造主体，也是精神财富的创造主体，更是先进文化的创造

①　李君如. 社会主义和谐社会论. 2版. 北京：人民出版社，2006：212.
②　牛庆燕. "以人民为中心"的逻辑理路及价值主线. 深圳大学学报（人文社会科学版），2022（3）.

主体。为了发挥人民的主观能动性和聪明才智，构建和谐文化必须坚持人民主体地位，尊重人民、解放人民，不断激发和调动人民群众的创造活力，促进人的自由全面发展。其次，一切为了人民。加强社会主义和谐文化建设要以满足人民群众日益增长的精神文化需求为目标，要坚持贴近实际、贴近生活、贴近群众的原则。为此，不仅需要以人民生活为和谐文化建设源泉，而且需要以人民心声、人民故事为和谐文化建设主旨，不断促进社会主义文化的繁荣发展。最后，让人民享有更多文化发展成果。人民是和谐文化建设的根本依靠力量，同时也是和谐文化建设成果的享有者。因此，和谐文化的建设一定要与人民群众的生活密切联系，着力解决人民群众最关心最直接最现实的利益问题，从而使和谐文化真正惠及每一个人的精神生活，并最终成为人民群众的自觉追求。

第二，广泛践行社会主义核心价值观。核心价值观是一个国家共同的思想道德基础，其承载着一个民族、一个国家的精神追求。社会主义核心价值观是社会主义文化的根基所在，"是凝聚人心、汇聚民力的强大力量"①，更是当代中国精神的集中体现，凝结着全体人民共同的价值追求。积极弘扬和广泛践行社会主义核心价值观关系着文化和谐、社会稳定和国家长安，是新时代建设社会主义和谐社会的重大任务，也是提高人民思想境界、增强人民精神力量、丰富人民精神世界的内在要求。

在广泛践行社会主义核心价值观的过程中，新时代的中国共产党不

---

① 习近平. 高举中国特色社会主义伟大旗帜 为全面建设社会主义现代化国家而团结奋斗：在中国共产党第二十次全国代表大会上的报告. 北京：人民出版社，2022：44.

仅倡导用好红色资源，深入开展社会主义核心价值观宣传教育，持续抓好"五史"教育，坚持不懈用社会主义核心价值观铸魂育人，而且要求完善思想政治工作体系，坚持把社会主义核心价值观融入法治建设、社会发展与日常生活。首先，深入开展社会主义核心价值观宣传教育。对于社会主义核心价值观而言，宣传教育是"广泛践行"的第一步。只有进行了深度的宣传教育后，社会主义核心价值观才可能被广泛践行。基于此种认识，在宣传教育的过程中，新时代的中国共产党认为，一是抓好以伟大建党精神为源头的中国共产党人精神谱系的红色资源宣传教育；二是抓好对爱国主义、集体主义、社会主义的深化宣传教育；三是抓好对党史、新中国史、改革开放史、社会主义发展史、中华民族发展史的持续宣传教育；四是推动理想信念教育常态化制度化。其次，坚持不懈用社会主义核心价值观铸魂育人。为了实现社会主义核心价值观的广泛践行，新时代的中国共产党除了深入开展宣传教育，更为重要的是还用社会主义核心价值观铸魂育人。一是积极推进马克思主义中国化时代化最新成果进教材、进课堂、进头脑；二是完善思想政治工作体系，统筹并进各行各业思想政治工作，深入推进大中小学思想政治教育一体化建设。最后，坚持把社会主义核心价值观融入法治建设、社会发展与日常生活。一是将社会主义核心价值观转化为刚性的法律约束，通过公正司法彰显社会主义核心价值观；二是将社会主义核心价值观融入社会发展中，充分发挥社会主义核心价值观在举旗帜、聚民心等方面的积极作用；三是将社会主义核心价值观融入日常生活，使社会主义核心价值观成为大家日用而不觉的基本遵循。

　　第三，提高全社会的文明程度。社会文明是人类进步与发展的深刻反映和显著标志，也是构建和谐文化的应有之义和目标指向。不断提高全社会的文明程度是建设社会主义文化强国、推进社会和谐的必由之路。为了提高全社会的文明程度，构建和谐文化，新时代的中国共产党不仅要求以学习践行科学理论为首要任务，而且要求丰富文明形态，弘扬诚信文化。

　　首先，学习践行科学理论。"思想就是力量。一个民族要走在时代前列，就一刻不能没有理论思维，一刻不能没有思想指引。"[①] 新时代的思想指引力量主要是作为当代中国马克思主义、21 世纪马克思主义的习近平新时代中国特色社会主义思想。这一思想不仅是我们构建和谐文化的指导思想，更是我们建设社会主义和谐社会的根本遵循。因此，要提高全社会的文明程度，首要的任务就是学习和践行习近平新时代中国特色社会主义思想，以科学理论为新时代社会主义文明建设"定向"和"固本"。其次，丰富文明形态。"文明观念本身就是一种实践精神，只有通过日常化、具体化、生活化的实践才能实现内化、固化、转化。"[②] 基于此，要想真正提高全社会的文明程度，就需要通过丰富文明的各种形态，把文明观念融入人民的日常生活，使文明因子"日用而不觉"。具体来说，一是完善志愿服务制度和工作体系；二是广泛开展文明城市、文明单位、文明家庭等群众性的文明创建活动；三是进行时代楷模、道德模范、最美人物等先进典型人物的选树活动；四是利用传

---

①　习近平. 在党史学习教育动员大会上的讲话. 求是，2021（7）.
②　张明海. 新时代社会文明程度的理论意涵与提升路径. 探索，2021（5）.

统节日、重大节庆和纪念日，开展主题鲜明、群众参与、覆盖面广的文明实践活动和纪念仪式。在开展这些具体的针对性的活动过程中，社会主义文明不断走深、走实，全社会的文明程度不断提高。最后，弘扬诚信文化。诚信文化是和谐文化的重要标志，更是社会和谐的基本要求。为了提高社会的文明程度，构建和谐社会，弘扬诚信文化，我们需要将诚信精神切实转化为公民的自觉行为。一是通过加强诚信理念宣传和完善社会监督机制来营造崇尚诚信、践行诚信的社会氛围；二是加快构建以互通共享为特征的诚信数据平台，促进社会各主体树立诚信意识；三是不断完善以统一社会信用代码、严重失信行为联合惩戒和信用修复为主体的诚信制度体系。

五、加强社会建设与治理

加强社会建设与治理，保持社会安定有序，是构建社会主义和谐社会的重要内容。社会建设与治理是一项系统性的复杂工程，其需要各方力量的合力推进。具体来说，它不仅需要将人民对美好生活的向往作为社会建设的出发点和落脚点，维护社会公平正义，促进全体人民共同富裕，而且需要实现好、维护好、发展好最广大人民的根本利益，解决好人民群众急难愁盼问题，不断增进民生福祉，还需要以人民安全为宗旨，加强社会治理，积极维护社会的安全稳定。基于此，对于新时代的中国共产党而言，加强社会建设与治理主要在于扎实推进共同富裕、保障和增进民生福祉以及形成维护社会稳定与安全的长效机制。

第一，扎实推进共同富裕。共同富裕是共产党人的理想目标，是社会主义本质的具体体现，也是社会主义和谐社会的应有之义。为了实现社会和谐，以习近平同志为核心的党中央明确指出，新时代要构建的社会主义社会是一个全体人民共同富裕的社会，我们要"着力促进全体人民共同富裕，坚决防止两极分化"①。在推进全体人民共同富裕的过程中，为了调动人民群众的积极性，激发社会活力，新时代的中国共产党提出，不仅要坚持和完善社会主义市场经济体制，而且要全面推进乡村振兴，大力推动民营经济发展。

首先，坚持和完善社会主义市场经济体制。制度优势是一个国家能够赢得民心、获得大发展的最大优势。中国经济发展的奇迹就在于建立了社会主义市场经济体制。新时代，为了实现全体人民共同富裕，构筑和谐社会，以习近平同志为核心的党中央提出，我们必须要坚持和完善社会主义市场经济体制，使一切创造财富的源泉竞相迸发。具体而言，一是坚持"两个毫不动摇"，释放各种市场主体活力，使其朝着共同富裕目标齐头并进；二是通过完善产权制度和深化要素市场化配置改革，建设高标准市场体系；三是通过加快转变政府职能、完善政府部门之间的协同联动机制等措施，扎实推动政府经济治理能力的提升。

其次，全面推进乡村振兴。习近平总书记指出，"促进共同富裕，最艰巨最繁重的任务仍然在农村"②。为了实现全体人民共同富裕，全面推进乡村振兴，新时代的中国共产党，一是通过优化相对贫困治理机制和稳定完善动态监测帮扶政策，增强相对贫困人口的内生发展动力，

---

① 习近平. 高举中国特色社会主义伟大旗帜 为全面建设社会主义现代化国家而团结奋斗：在中国共产党第二十次全国代表大会上的报告. 北京：人民出版社，2022：22.
② 习近平. 扎实推动共同富裕. 求是，2021（20）.

全面巩固拓展了脱贫攻坚成果；二是深化农村土地制度改革，完善农村的基本经营制度和农业支持保护制度，健全农村金融服务体系，赋予农民更加充分、更加自由的财产权益；三是促进农业农村转型升级，建设现代农业，尤其是结合区域特色，构建乡村特色优势产业体系，发挥乡村产业的竞争优势，持续带动农民增收致富。

最后，大力推动民营经济发展。民营经济是中国经济发展的内在要素，也是共同富裕的重要基础。一是支持民营经济创新发展。通过支持民营企业参与关键核心技术研发、推进产业链条的智能化绿色化等方式，不断提升民营企业的竞争力。二是增大民营经济的社会贡献。这种社会贡献主要体现为民营经济的高质量发展能够带来更多、更高质量的就业岗位，其有助于低收入者转化为中等收入者，推进共同富裕进程。三是强化民营经济的风险防控工作，尤其是防范化解市场风险、投资风险和债务风险，守住共同富裕道路上人民群众的生命健康和财产安全底线。

第二，保障和增进民生福祉。增进民生福祉是共同富裕的具体表现和根本目的。为了不断增进民生福祉，提高人民生活品质，以习近平同志为核心的党中央提出，要"健全基本公共服务体系，提高公共服务水平，增强均衡性和可及性，扎实推进共同富裕"①。具体而言，就是要完善分配体制，实施就业优先战略，健全社会保障体系。

首先，完善分配制度。进入新时代以来，在分配制度方面，中国已

① 习近平. 高举中国特色社会主义伟大旗帜 为全面建设社会主义现代化国家而团结奋斗：在中国共产党第二十次全国代表大会上的报告. 北京：人民出版社，2022：46.

经构建起了初次分配、再分配和第三次分配协调配套的制度体系。其中，初次分配是按照多劳多得的原则进行的效率优先的分配制度，起基础性作用；再分配是按照政府参与的原则进行的兼顾公平的分配制度，是政府参与市场的重要方式；第三次分配是按照自觉自愿的原则进行的道义关注的分配制度，起补充作用。为了增进民生福祉，提高全体人民的收入水平，在分配制度的完善过程中，新时代的中国共产党，一是提高劳动报酬在初次分配中的比重；二是加大税收、社会保障、转移支付等的调节力度；三是引导、支持有意愿的企业组织积极参与公益慈善事业。

其次，实施就业优先战略。为了提高人民生活品质，使人人都有通过勤奋劳动实现自身发展的机会，以习近平同志为核心的党中央要求，必须强化就业优先政策，促进高质量充分就业。具体而言，一是健全就业公共服务体系，加强困难群体就业兜底帮扶；二是统筹城乡就业政策体系，消除影响平等就业的不合理限制和就业歧视；三是健全终身职业技能培训制度，推动解决结构性就业矛盾；四是完善促进创业带动就业的保障制度，支持和规范发展新就业形态；五是健全劳动法律法规，完善劳动关系协商协调机制和劳动者权益保障制度，加强灵活就业和新就业形态下的劳动者权益保障。

最后，健全社会保障体系。社会保障体系是人民生活的安全网和社会发展的稳定器。"健全覆盖全民、统筹城乡、公平统一、安全规范、可持续的多层次社会保障体系"① 是实现共同富裕的重要路径之一。为

---

① 习近平. 高举中国特色社会主义伟大旗帜 为全面建设社会主义现代化国家而团结奋斗：在中国共产党第二十次全国代表大会上的报告. 北京：人民出版社，2022：48.

了使每一个人都能共享社会发展成果，在健全社会保障体系的过程中，新时代的中国共产党要求，一是健全社会保障的制度体系，如完善基本养老保险全国统筹制度、残疾人社会保障制度，加快建立租购并举的住房制度等；二是扩大社会保险的覆盖面，不断扩大基本医疗保险、失业保险、工伤保险等的统筹范围；三是健全多层次的社会保障体系，以满足多样化的需求为出发点，着重在养老保险、医疗保障、长期护理保险、社会救助体系等方面分层次、分类别提高保障的个性化程度和针对性。

第三，形成维护社会稳定与安全的长效机制。社会稳定与安全是社会和谐的重点要求，维护社会稳定与安全的关键是健全社会预警机制，有效发挥司法机关维护稳定的职能，健全社会治安综合治理工作机制。

首先，健全社会预警机制。为了维护社会的稳定与安全，新时代的中国共产党提出：一是建立科学严密的自然灾难和大规模流行病的预警体系，尤其是做好对洪涝灾难、大规模传染病的预报工作，建立起统一指挥、反应灵敏、运转有效的应急机制。二是建立完整的社会信息反馈网络体系。通过及时获取、准确分析、按需监控的信息反馈网络体系，党和政府对社会动态及时了解，确保了情报信息渠道的畅通无阻。三是建立完备的突发事件管理制度、紧急状态法律制度和人民群众自我动员、自我保护机制。

其次，有效发挥司法机关维护稳定的职能。一是各级人民法院要立足于审判工作和执行工作，积极参与社会治安综合治理，加大对民间矛盾纠纷的调处力度，保护群众利益，推进司法为民各项措施的落实。二是各级司法行政机关要针对矛盾纠纷的特点，切实将人民调解工作抓实、抓细、抓出成效。三是各级公安机关要始终把群众利益放在第一位，深入群众之中，真正为群众排忧解难，充分发挥自身在筑牢化解矛盾纠纷、维护社会稳定"第一道防线"中的职能作用。

最后，健全社会治安综合治理工作机制。搞好社会治安是关系人民群众切身利益、保证社会和谐稳定的大事。在维护社会治安的过程中，一是加强社会治安防控机制建设。坚持打防结合、预防为主，专群结合、依靠群众，依法打击各种犯罪活动，尤其是重点打击各类严重暴力犯罪、黑恶势力犯罪、有组织犯罪和集资诈骗犯罪等，切实保障群众的生命财产安全。二是提高社会治安整体防控能力。要逐步建立党委、政府直接领导统一协调，以公安机关为骨干，以社会面、居民区和单位内部的防范工作为基础，以案件多发的人群、区域、行业、时段为重点，覆盖全社会的、严密的现代化社会治安防控体系，牢牢把握住工作的主动权，以实现社会治安的长期稳定。

参考文献

[1] 马克思，恩格斯. 马克思恩格斯选集：第 1-4 卷 [M]. 3 版. 北京：人民出版社，2012.

[2] 马克思，恩格斯. 马克思恩格斯文集：第 1、2、3、4、5、7、8、9、10 卷 [M]. 北京：人民出版社，2009.

[3] 马克思，恩格斯. 马克思恩格斯全集：第 1、30 卷 [M]. 2 版. 北京：人民出版社，1995.

[4] 马克思，恩格斯. 马克思恩格斯全集：第 3 卷 [M]. 2 版. 北京：人民出版社，2002.

[5] 列宁. 列宁选集：第 1、3 卷 [M]. 3 版修订版. 北京：人民出版社，2012.

[6] 列宁. 列宁全集：第 28 卷. [M]. 2 版. 北京：人民出版社，1990.

[7] 毛泽东. 毛泽东选集：第 1-2 卷 [M]. 2 版. 北京：人民出版社，1991.

[8] 中共中央文献研究室. 毛泽东文集：第 2 卷 [M]. 北京：人民出版社，1993.

［9］中共中央文献研究室. 毛泽东文集：第 5 卷［M］. 北京：人民出版社，1996.

［10］中共中央文献研究室. 毛泽东文集：第 6、7 卷［M］. 北京：人民出版社，1999.

［11］毛泽东著作选读：下册［M］. 北京：人民出版社，1986.

［12］邓小平. 邓小平文选：第 2 卷［M］. 2 版. 北京：人民出版社，1994.

［13］邓小平. 邓小平文选：第 3 卷［M］. 北京：人民出版社，1993.

［14］江泽民. 江泽民文选：第 1、3 卷［M］. 北京：人民出版社，2006.

［15］胡锦涛. 胡锦涛文选：第 2、3 卷［M］. 北京：人民出版社，2016.

［16］习近平. 习近平谈治国理政：第 1 卷［M］. 2 版. 北京：外文出版社，2018.

［17］习近平. 习近平谈治国理政：第 2 卷［M］. 北京：外文出版社，2017.

［18］习近平. 习近平谈治国理政：第 3 卷［M］. 北京：外文出版社，2020.

［19］习近平. 习近平谈治国理政：第 4 卷［M］. 北京：外文出版社，2022.

［20］中共中央文献研究室. 习近平关于全面建成小康社会论述摘

编 [M]. 北京：中央文献出版社，2016.

[21] 习近平. 高举中国特色社会主义伟大旗帜 为全面建设社会主义现代化国家而团结奋斗：在中国共产党第二十次全国代表大会上的报告 [M]. 北京：人民出版社，2022.

[22] 中共中央党史和文献研究院. 习近平关于尊重和保障人权论述摘编 [M]. 北京：中央文献出版社，2021.

[23] 中共中央文献研究室. 习近平关于社会主义社会建设论述摘编 [M]. 北京：中央文献出版社，2017.

[24] 习近平. 之江新语 [M]. 杭州：浙江人民出版社，2007.

[25] 习近平. 论把握新发展阶段、贯彻新发展理念、构建新发展格局 [M]. 北京：中央文献出版社，2021.

[26] 孙中山. 孙中山全集：第1卷 [M]. 北京：中华书局，1981.

[27] 陈独秀. 陈独秀文集：第2卷 [M]. 北京：人民出版社，2013.

[28] 中国李大钊研究会. 李大钊全集：第1-2卷 [M]. 北京：人民出版社，2013.

[29] 瞿秋白. 瞿秋白文集：政治理论编：第2卷 [M]. 北京：人民出版社，1988.

[30] 中共中央关于党的百年奋斗重大成就和历史经验的决议 [M]. 北京：人民出版社，2021.

[31] 中共中央文献研究室，中央档案馆. 建党以来重要文献选编（1921—1949）：第1、11、18册 [M]. 北京：中央文献出版社，2011.

［32］中共江西省委党校党史教研室，江西省档案馆. 中央革命根据地史料选编：下［M］. 南昌：江西人民出版社，1982.

［33］曾国藩. 曾国藩全集·日记［M］. 长沙：岳麓书社，1988.

［34］梁启超. 饮冰室文集点校：第1集［M］. 昆明：云南教育出版社，2001.

［35］王韬. 弢园文录外编［M］. 上海：上海书店出版社，2002.

［36］钱穆. 中国文化史导论［M］. 上海：上海三联书店，1988.

［37］韩震，章伟文，等. 中国的价值观［M］. 2版. 北京：中国社会科学出版社，2018.

［38］韩震. 社会主义核心价值观的话语构建与传播［M］. 北京：中国人民大学出版社，2019.

［39］韩震，原理，石碧球，等. 民意为本：中国民主的关键词［M］. 北京：中国人民大学出版社，2023.

［40］韩保江，等. 全体人民共同富裕的物质文明［M］. 北京：社会科学文献出版社，2022.

［41］陈学明，等. 走向人类文明新形态［M］. 天津：天津人民出版社，2022.

［42］郑必坚. 中华文明与中国共产党［M］. 北京：外文出版社，2021.

［43］陈小鸿. 论人的自由全面发展［M］. 北京：人民出版社，2004.

［44］杨奎. 和谐的历史、现实与马克思主义［M］. 北京：人民出版社，2008.

[45] 李君如. 社会主义和谐社会论 [M]. 2 版. 北京：人民出版社，2006.

[46] 王荣华，童世骏. 多学科视野中的和谐社会 [M]. 上海：学林出版社，2006.

[47] 阿伯拉斯特. 民主 [M]. 孙荣飞，等译. 长春：吉林人民出版社，2005.

[48] 密尔. 代议制政府 [M]. 汪瑄，译. 北京：商务印书馆，1982.

[49] 卢梭. 社会契约论 [M]. 何兆武，译. 修订第 2 版. 北京：商务印书馆，1980.

[50] 沟口雄三. 中国前近代思想的屈折与展开 [M]. 龚颖，译. 北京：生活·读书·新知三联书店，2011.

[51] 布罗代尔. 文明史纲 [M]. 肖昶，等译. 桂林：广西师范大学出版社，2003.

[52] 基佐. 欧洲文明史 [M]. 程洪逵，等译. 北京：商务印书馆，2005.

[53] 孟德斯鸠. 论法的精神 [M]. 张雁深，译. 北京：商务印书馆，1961.

[54] 福泽谕吉. 文明论概略 [M]. 北京编译社，译. 北京：商务印书馆，1959.

[55] 马兹利什. 文明及其内涵 [M]. 汪辉，译. 北京：商务印书馆，2017.

[56] 费孝通. 中华民族的多元一体格局 [J]. 北京大学学报，1989 (4).

［57］韩震. 论新时代的中国时代精神［J］. 中国社会科学，2023（1）.

［58］王泽应. 命运共同体的伦理精义和价值特质论［J］. 北京大学学报（哲学社会科学版），2016（5）.

［59］王中江. 关系空间、共生和空间解放［J］. 中国高校社会科学，2017（2）.

［60］孙国柱. 共生概念与中国哲学的现代诠释［J］. 北京大学学报（哲学社会科学版），2023（6）.

［61］戴木才. 论中国式现代化的创造性发展［J］. 哲学研究，2023（12）.

［62］刘建军. 论中国特色社会主义创造了人类文明新形态［J］. 中国社会科学，2023（3）.

［63］邹诗鹏. 马克思的社会存在概念及其基础性意义［J］. 中国社会科学，2019（7）.

［64］项久雨. 新时代美好生活的样态变革及价值引领［J］. 中国社会科学，2019（11）.